本书受国家自然科学基金项目（项目号：71603177）资助

新时代"三农"问题研究丛书

农民合作社创新行为的作用机制与动态演化规律研究

Nongmin Hezuoshe Chuangxin Xingwei de
Zuoyong Jizhi yu Dongtai Yanhua Guilü Yanjiu

李后建 ○ 著

西南财经大学出版社
Southwestern University of Finance & Economics Press
中国·成都

图书在版编目（CIP）数据

农民合作社创新行为的作用机制与动态演化规律研究/李后建著.—成都：
西南财经大学出版社,2021.12
ISBN 978-7-5504-5131-5

Ⅰ.①农… Ⅱ.①李… Ⅲ.①农业合作社—研究—中国 Ⅳ.①F321.42

中国版本图书馆 CIP 数据核字（2021）第 227028 号

农民合作社创新行为的作用机制与动态演化规律研究
李后建 著

责任编辑:植苗
责任校对:廖韧
封面设计:何东琳设计工作室
责任印制:朱曼丽

出版发行	西南财经大学出版社(四川省成都市光华村街55号)
网　　址	http://cbs.swufe.edu.cn
电子邮件	bookcj@swufe.edu.cn
邮政编码	610074
电　　话	028-87353785
照　　排	四川胜翔数码印务设计有限公司
印　　刷	郫县犀浦印刷厂
成品尺寸	170mm×240mm
印　　张	16.75
字　　数	380 千字
版　　次	2021 年 12 月第 1 版
印　　次	2021 年 12 月第 1 次印刷
书　　号	ISBN 978-7-5504-5131-5
定　　价	88.00 元

前言

农民合作社是引领我国农业生产经营体制创新的重要主体，在实现乡村振兴和现代农业发展的过程中起到了不可替代的作用。要正确认识并激发农民合作社持续发展的活力，就离不开对农民合作社创新行为的准确把握。在属于"熟人或半熟人社会"的农村，农民合作社的创新行为取决于嵌入理事长社会网络的资源，以及理事长社会网络这种内生化外部力量和风险分散机制。社会关系网络运行的是一种典型的非正式制度，对中国农村资源的配置产生了深刻影响，也在农村经济组织创新的过程中起到引领作用。合作社理事长社会关系网络是指理事长在合作社内部和外部的社会交往中所认识的人员组成的关系网。其中，内部关系网络由农民合作社内部成员组成，而外部关系网络是指除去社员外的所有理事长可以直接或间接接触到的人员所组成的复杂关系网络。农民合作社从内外部获取资源，并利用这些资源进行自主创新和产品引进等创新活动。这意味着，农民合作社理事长的社会关系网络对合作社的创新起到了至关重要的作用。

全书有十一章。第一章对研究背景、研究意义、研究内容和研究方法等相关内容进行了系统的描述。第二章对相关理论及现有相关文献进行了梳理。第三章对农民合作社的现状进行了分析。第四章至第十章从实证的角度探究了"互联网+"背景下理事长内外部社会网络与农民合作社创新行为之间关系的过程机制和动态演化规律，并提出了相应的政策建议。其中，第四章研究了互联网应用对农民合作社创新行为的影响；第五章研究了互联网应用对农民合作社创新行为的作用机制；第六章研究了"互联网+"视角下农民合作社创新能力的动态演化机制；第七章研究了理事长社会关系网络对农民合作社创新行为影响的扎根理论；第八章实证分析了理事长社会关系网络对农民合作社创新行为的影响；第九章研究了理事长社会关系网络对农民合作社创新能力影响的作用机制；第十章研究了理事长社会关系网络对农民合作社创新行为影响的动态演化规律。第十一章对全书进行了总结，并对农民合作社创新行为的进一步研究方向进行了展望。

本书创新之处如下：其一，将农民合作社理事长内外部社会网络纳入统一的分析框架，弥补了现有研究将内外部社会网络割裂开来进行研究的缺陷；其二，首次将社会网络理论引入农民合作社创新行为作用机制的研究框架，揭开了农民合作社创新过程的"黑箱"；其三，在充分考虑"互联网+"情境化的基础上，提供了对中国特定情境中农民合作社创新行为的有效描述以及可以解释农民合作社创新的有效理论；其四，揭示了理事长内外部社会网络协同、要素协同与农民合作社创新行为之间的动态演化规律，进一步深化了对创新行为战略路径和作用机制的认识。全书写作思路清晰，层次鲜明，重点突出，具有重要的学术价值和应用价值，对政府出台推动农民合作社发展相关政策以及农民合作社如何提升创新能力具有理论指导意义和实践指导意义。

感谢参与本书编写的所有成员。本书的完成得力于四川农业大学经济学院郭丽丽博士、臧敦刚副教授、张剑副教授、王玉峰教授和四川农业大学管理学院程亚博士、刘宇荧博士参与研讨，并提供了富有创意的研究思想。具体分工如下：第一章，李后建；第二章，李后建、郭丽丽、王玉峰；第三章，李后建、扈益、张玲玲、郭安达、曹安迪、周晓磊；第四章，李后建、张剑、张玲玲；第五章，李后建、张玲玲、郭丽丽、郭安达；第六章，李后建、臧敦刚、刘宇荧；第七章，李后建、王玉峰、曹安迪、周德桁；第八章，李后建、刘宇荧、程亚、陈心怡；第九章，李后建、程亚、郭丽丽；第十章，李后建、张剑、臧敦刚、曹安迪。张玲玲、郭安达、曹安迪、周晓磊、周德桁、陈心怡对本书内容进行了后期的增补、修改和完善。

　　本书虽做了大量的系统性研究，但疏漏之处在所难免，恳请广大读者批评指正。

李后建

2021 年 11 月

目录

第一章　绪论

第一节　研究背景

　　作为引领我国农业生产经营体制创新的重要主体，农民合作社在转变农业发展方式、推进农业现代化的过程中扮演着至关重要的角色。各地各有关部门把发展农民合作社作为深化农村改革的重要举措，采取有效措施，加强制度建设，完善扶持政策，强化指导服务，引导农民合作社的规范运行、创新发展。在各地政府部门的大力扶持下，农民合作社数量从 2008 年 6 月的不足 6 万家，增加到 2015 年 10 月的 147.9 万家，数量上增长了近 25 倍（《中国县域经济报》，2015）。尽管农民合作社的数量实现飞跃式增长，但农民合作社的质量偏低，陷入了"低水平合作的恶性循环"。创新意愿不高、创新动力不足和创新能力不强已经成为制约农民合作社健康发展的重要瓶颈。特别是在经济新常态的背景下，如何引导农民合作社走创新发展之路是事关我国农业可持续发展的关键问题之一，也是"三农"问题中亟待破解的重大课题之一。

　　农民合作社名称的演变主要分为四个阶段。第一阶段：1982—2003 年，农民合作社的名称表述为"地区性合作经济组织"。第二阶段：2004—2008 年，其名称被更正为"农民专业合作组织"或"农民专业合作社"；在《中华人民共和国农民专业合作社法》颁布前，农民合作社甚至连名称都不统一。因此，要实现农民合作社的规范化发展，就先要规范其名称。第三阶段：2009—2012 年，相关部门又将"农民专业合作组织"这个名称废除，统称为"农民专业合作社"。在此期间，合作社创新发展了一些新型合作社类型，如合作社联合社、土地股份合作社等，在一定程度上促进了合作社的发展。第四阶段：2013 年以后，相关部门将合作社的名字改为"农民合作社"，就此变化我们可以清楚地看到去掉了"专业"二字，不再突出合作社的"专业"性，包容合作社的多样化。此外，农民合作社在演变过程中的发展定位也存在较大变化。2007年，我国首次将合作社定位为"经营主体"，要求积极发展农民专业合作组织等各类适应现代农业发展要求的经营主体；2013年，我国将合作社的发展定位从2007年的"经营主体"上升为"基本主体""新型主体"和"有效载体"，对其给予了很高的定位；2014年，我国将合作社发展定位改为"新型农村经营主体"，这与2007年的定位最明显的区别是强调了"新型"二字。合作社名称和发展定位在演变过程中逐步规范化、合理化、清晰化，为农民合作社的发展提供了明确的思路和方向。

世界各国的研究和经验表明，农民合作社对降低成本、提高效益、实现规模化经营具有不可替代的作用，在推进农业现代化过程中扮演着重要角色。这也是中国大力推广农民合作社的原因之一。在中国农村中普遍存在"小农户—大市场"问题，即小农户经营规模小，进入外部市场的成本高昂。要解决这一问题，就要实现规模化经营。在中国农村要实现规模化经营最可行的方案就是成立农民合作社，对资源进行整合，使其经营规模变大。只有经营规模变大了，其在区域农产品市场上的市场份额才会更大，市场势力就会更强，在农产品购销环节的议价能力也会更强，从而实现规模效应。规模化是现代农业的重要特征，能够降低公共成本和外部成本，提高农业的效益和竞争力。而且在农民合作社这个组织中，农户既是所有者又是劳动者，因此成员相互监督更有效率，其成本也相对廉价，农民合作社在特定的条件下能实现成员总体利益更大化。美国农业经济学家西奥多·W.舒尔茨（1943）认为，一个国家如果能将传统农业改造成现代农业的发展中国家，那么该国家的农业将成为其经济增长的动力。然而，中国农业现代化水平远远落后于发达国家，农业现代化已成为中国现代化的短板，因此借助农民合作社推进农业现代化已刻不容缓。但是当前农民合作社的发展还存在众多问题，如农民合作社融资难、农民合作社的产品多为初级产品、专业人才缺乏、农民合作社规模较小、合作层次较低、缺少自身品牌。所以虽然我国的农民合作社数量飞跃式增长，但是质量偏低。在新时代下，提升农民合作社的发展能力，促进合作社更好、更快、更健康的发展，对于增加农民福利、加快农业现代化具有重要的现实意义。

创新是驱动组织经济发展的不竭动力。2017年下发的《中共中央 国务院关于积极发展现代农业扎实推进社会主义新农村建设的若干意见》明确提出，要适应农业"转方式、调结构"的新要求，调整农业科技创新的方向和重点，加强农业科技研发。整合科技创新资源，完善国家农业科技创新体系和现代农业产业技术体系，建立一批现代农业产业科技创新中心和农业科技联盟，推进资源开放共享与服务平台基地的建设。鼓励地方建立"农科教产学研"一体化农业技术推广联盟，支持农技推广人员与家庭农场、农民合作社、龙头企业开展技术合作。农民合作社是在农村家庭承包经营基础上成立的经济组织，对于整合农业科技资源、加快科技创新步伐意义非凡。在中国农村，农户耕种的土地具有非移动性，这决定了农村人口流动性较差，无特殊情况下，农民会长期处于几乎封闭的社会网络之中，以至于在"互联网+"的浪潮中，大多数分布在农村中的农民合作社，仍然由于地理环境的限制，信息相对闭塞、资源获取难度较大、成员受教育程度较低，从而导致信息与知识在组织中流动不畅，阻碍了农民合作社的创新。目前，关于"互联网+"背景下理事长内外部社会网络与农民合作社创新行为研究的文献较少，且比较零散。

第二节　研究问题的提出

现有研究从不同角度分析了创新行为的影响因素，在理论上融合了经济学、管理学、社会学的研究成果，有着重要的理论价值，但这些分析大部分集中在企业层面，研究单元集中在农民合作社层面的还较少，从理论上以及实践上引导农民合作社走创新发展之路的指导还比较欠缺。本书认为在处于"熟人或半熟人社会"的农村，农民合作社的创新行为取决于嵌入在理事长社会网络上的资源，以及理事长社会网络这种内生化外部力量和风险分散机制。因此，从理事长社会网络视角探究农民合作社创新行为的作用机制和动态演化规律有着重要意义。基于此，与现有基于企业层面的研究不同的是，理事长社会网络具有怎样的特征？他们的社会网络对农民合作社创新行为有着怎样的影响？其中的作用机制是什么？从动态的角度而言，理事长社会网络与农民合作社创新行为之间有着怎样的动态演化规律？特别是随着"互联网+"现代农业的大力推进，互联网应用是强化了还是弱化了理事长社会网络的作用机制？上述诸多问题并没有得到完美解决。只有厘清了上述问题，我们才能有效地运用发展新理念破解当前农民合作社创新发展的难题。鉴于此，本书试图基于"互联网+"背景下理事长社会网络的视角，探究农民合作社创新行为的作用机制和动态演化规律。

第三节　研究意义

一、现实意义和应用价值

为有效破解当前农民合作社的发展瓶颈提供新的解决思路。农民合作社作为一种新型的农村合作经济组织（李旭，2015），代表农民的根本利益，在解决小农分散经营困难，推动农业现代化、经营适度规模化和农民组织化等方面发挥着至关重要的作用。近些年来，在各级政府部门的积极推动下，农民合作社取得了长足发展（肖琴 等，2015）。但是，在强劲发展势头的背后，农民合作社仍呈现出诸多亟待解决的问题（赵晓峰 等，2014）。例如，生产经营处于粗放式的松散状态；管理制度处于盲目化的混乱状态；营销战略处于刻板化的被动局面。这不仅与新常态下农业发展方式的新理念背道而驰，而且严重影响了农民合作社成长的可持续性。由此，加快农民合作社成长方式的转变，推动农民合作社走出一条超越经典、反映中国特色、体现时代特征的发展道路已经成为当前政府有关部门的重要任务之一。现有的研究成果表明，唯有创新才是经济可持续发展的不竭动力（Almeida et al.，2008）。因此，引导和促进农民合作社走创新发展之路，不仅关系到农民合作社的可持续发展，还关系到农业供给侧结构性改革的顺利推进，农业发展方式的加快转变，乃至中国经济的可持续发展。然而，当前我国各项正式制度并未完全建立起来，再加上新常态下来自宏观政策层面不确定性程度的增加，农民合作社的创新面临着诸多风险。既有的政策并未从根本上解决上述问题。基于此，在优化农业结构上开辟新途径，在转变农业发展方式上寻求新突破，在促进农民增收上获得新成效，在建设新农村上迈出新步伐，迫切需要探寻当前有效促进农民合作社创新的适宜路径。

有助于把握互联网与农民合作社不同的融合程度下，理事长社会网络作用机制的差异，便于农民合作社在创新过程中针对互联网嵌入程度的不同来协调理事长社会网络。创新过程通常嵌入在特定的环境中（Jansen et al.，2006）。经济组织必须时刻洞悉市场环境的动态变化，准确把握市场需求的动态变化，并根据这些不断变化的市场信息进行持续的产品创新、技术创新、管理创新和营销创新等，不断地满足和创造市场需求，从而保持永续的竞争优势。由此可见，准确、持续、迅速地捕捉外部环境的变化对经济组织的创新战略决策具有至关重要的影响（Cassiman et al.，2006）。传统的信息搜集手段不仅面临高额的交易成本，而且无法有效地缓解信息不对称问题，这导致经济组织缺乏对市场的敏感性和洞察力，使得相关产品或服务无法有效地满足市场需求，最终陷入被市场淘汰的境地。当前，中国经济正步入新常态的攻坚期，农民合作社不仅面临着迅速变化的商业环境，还面临着政策层面的不确定性。为了强化对市场环境的敏感性和应对政策层面的不确定性，农民合作社不仅需要借助互联网这种现代信息技术手段来及时捕捉市场动态信息，提高自身对市场环境的敏感性，激发自身的创新活力，还要通过互联网来强化社会网络中各类资源的有效管理，促进网络力量的有效发挥，有效地降低和分散不确定性环境下产品创新、技术创新、管理创新和营销创新过程中所面临的风险。而在此过程中，互联网嵌入程度的不同会使理事长社会网络所发挥的机制作用具有明显的差异性。积极探索互联网嵌入的不同程度下，理事长社会网络对农民合作社创新作用机制的差异，对于改善新常态下农民合作社的创新能力具有重要的现实意义和应用价值。

二、理论意义和学术价值

拓展了社会网络理论的应用范围，弥补了对该理论研究的不足。本书拓展了社会网络理论在管理学领域的应用范围，首次将社会网络理论应用于农民合作社这种自发性经济合作组织的创新行为上，并明晰了理事长社会网络作用于农民合作社创新行为的渠道机制，弥补了现有研究对社会网络理论研究的不足，具有较高的学术价值。20 世纪 50 年代之后，"嵌入性"概念的提出，使原本集中在社会学领域和心理学领域的社会网络研究进入经济学和管理学的范畴（Polanyi，1957）。嵌入性的观点表明经济个体的行为活动始终存在于与经济生活相关的社会结构中，经济个体的关系网络能够影响其经济行为（Granovetter，1985）。在嵌入性思想的影响下，社会学家 Burt（1992）提出了"结构洞"理论，从而为市场经济中的竞争行为提出了新的经济学解释。他认为经济个体的竞争优势不仅依赖于资源优势，更依赖于关系优势，即经济个体的竞争优势取决于其在网络中的位置，以及该位置所能汲取的结构洞数量和质量。伴随着全球化竞争的加剧，经济个体之间的联系日益密切，社会网络逐渐成为经济个体获取资源的重要渠道和应对市场竞争的重要手段。因此，社会网络理论被广泛地应用到经济学、管理学领域，成为解释社会经济现象的一个重要工具。然而，在管理学领域，现有研究主要以企业为研究对象探讨了社会网络与创新行为之间的关系。鲜有研究将社会网络理论应用于农民合作社，并探讨理事长社会网络对农民合作社创新行为的影响机制。显然，农民合作社与企业既有相似之处也有明显的差异，苑鹏（2006）认为，合作社的本质特征在于合作社的所有者与合作社业务的使用者同一，合作社是以"成员—服务对象"为本，而不是以"股东—投资者"为本。这是合作社与其他企业组织最大的区别。如果不考虑农民合作社与企业之间的差异，将理事长社会网络与企业创新行为之间关系的相关结论直接应用于农民合作社，不仅会误导管理实践，还会妨碍农民合作社的可持续发展。因此，本书将理事长社会网络对农民合作社创新行为的影响机制进行理论探讨和实证分析，在一定程度上拓展了现有研究的视野，弥补了现有研究对社会网络理论研究的不足。

此外，现有的研究将外部网络和内部网络割裂开来（Gittell et al., 2004），组织外只分析了外部网络特征、连接强度等对经济组织创新行为的影响，大部分学者将社会网络视为经济组织获取外部信息和资源，以及激发创新的重要途径（Gulati, 1999）；而组织内则只强调了经济组织内部的结构形式、互动机制等对网络能力和网络嵌入的影响，并未同时关注外部网络与内部结构及其资源的交互影响。尽管部分学者强调需要同时结合经济组织内部网络和外部网络来分析其对创新的影响，然而相关研究仍十分匮乏（任胜钢 等，2010）。这种单一的研究视角忽视了经济组织内外部要素产生协同的复杂性，不利于我们深层次地理解社会网络与经济组织内部创新活动之间的相互作用与关系。基于此，构建理事长内部网络和外部网络互动及协同对农民合作社创新行为影响的逻辑框架并进行实证检验，必将有助于弥补该领域研究的不足。发展新情境下的社会网络理论，推动了现代组织理论的进一步发展。互联网嵌入强化了理事长社会网络的知识溢出效应，加快了知识在农民合作社内部转化的效率，颠覆了农民合作社的传统模式和业态，并对现代组织理论产生了强烈的冲击。探讨"互联网+"背景下理事长社会网络对农民合作社创新行为的影响机制不仅有助于农民合作社模式和业态的重构，还有助于推动现代组织理论的进一步发展。在激烈的市场竞争环境中，作为现代农业的新引擎，农民合作社不仅需要随时获取信息来准确地预测市场动态、顾客需求与偏好、竞争对手的位置和反应，将对市场的感知嵌入产品或服务的生产、管理和营销等业务流程中；还需要获取丰富的异质性资源来改善农民合作社的生产、管理和营销等业务流程，以便使其迅速并灵活地适应市场。尽管理事长社会网络可以为农民合作社获取这些信息和资源提供便利，从而激发农民合作社的创新行为，但是如何有效地管理并促进这些信息和资源在农民合作社内部有效地转化、吸收并形成自身的创新能力，已经成为当前解决农民合作社发展困境的重要问题之一。随着信息通信技术的发展，互联网的使用在信息和资源管理方面发挥着至关重要的作用（Iyengar et al., 2015），它能有效地提高相关信息和资源的转化效率，强化农民合作社的知识吸收能力和知识获取能力，提高农民合作社的创新能力。农民合作社可以利用"互联网+"的方式将嵌入在理事长社会网络上的信息和资源通过云平台进行管理，让管理层和社员随时随地掌握这些信息和资源。同样地，农民合作社还可以利用"互联网+"的方式将社务管理、财务管理、交易管理、营销管理等方面的问题与优势通过大数据技术进行分析，帮助管理层和社员及时了解自身发展的问题，并借助嵌入在理事长社会网络上的信息和资源来促进农民合作社的创新。由此可见，互联网应用对理事长社会网络的作用机制有明显的干扰效应。探讨"互联网+"背景下理事长社会网络对农民合作社创新行为的作用机制和动态演化规律有助于发展新情境下的社会网络理论，推动现代组织理论的进一步发展。

此外，现有的研究大多探究管理层社会网络对创新的直接影响，而忽视了社会网络对创新的内在作用机理与运行机制，这无助于打开创新过程的"黑箱"，难以为经济组织运用社会网络进行创新提供更加合理的解释。从"机会—动机—能力"的分析范式出发，网络嵌入性的确为社会网络中的行动者提供了获取网络信息与资源的机会和便利（Oliver，2004）。然而，能否利用这些资源则取决于行动者的意愿和能力的强弱。对于处在特定社会网络中的农民合作社而言，尽管特定的网络为它们针对产品创新、技术创新、管理创新和营销创新提供了获取各类信息与资源的机会，但如果农民合作社不具备吸收能力和知识获取能力等，那么无论外部信息和资源多么丰富且新鲜，农民合作社也无法从中获益。尽管大量学者研究了不同社会网络对经济组织产出的影响（Gulati，1998；Ritter et al.，2003；Koka et al.，2008），但社会网络是否以及如何帮助经济组织有效整合消化外部资源仍没有得到深入研究，尤其是广泛的网络参与所带来不同结果的特定机制很少被明确地表达和检验。因此，对理事长社会网络与创新行为之间关系的中介与调节机制进行理论分析和实证检验，有助于进一步打开创新过程的"黑箱"，增进农民合作社对运用理事长社会网络进行产品创新、技术创新、营销创新和管理创新的理解，丰富组织创新行为的相关文献。

第四节　研究范围

一、农民合作社创新

在经济全球化的今天，创新是促进经济主体可持续发展、保持核心竞争力的源泉。如何促进农民合作社的创新？农民合作社创新能力的演化机制是怎样的？现有文献并未给出明确的答案。虽然有大量的文献对创新进行了探索，但这些文献将焦点集中到了企业创新的影响因素上，如企业家特性、信贷约束、研发投入、政策扶持、宏观环境和社会关系网络等，而忽略了对农民合作社创新的研究。作为农村经济的重要载体，农民合作社的创新发展不仅关乎农业农村的可持续发展、农民的持续增收，还对新时代背景下乡村振兴战略的有效实施有着重要的意义。因此，本书致力于探求中国农民合作社的创新之路，加快农民合作社成长方式的转变，推动农民合作社走出一条超越经典、反映中国特色、体现时代特征的发展道路。

二、理事长社会网络与农民合作社创新

我国由于正式制度建设相对滞后，以联结为主要特征的社会关系网络在很大程度上起着替代正式制度的作用。学者们普遍认为社会关系网络可以直接或间接地对创新行为产生影响。例如，李永周（2018）对研发人员的社会关系网络进行了研究，发现其创新网络结构嵌入对创新过程和创新结果均具有显著正向影响，而关系嵌入仅对创新过程具有正向影响。同时，与企业不同的是，农民合作社绝大部分分布在农村，这些地方消息相对闭塞，知识获取来源较少，对社会关系网络的依赖性更强。因此，本书将系统地研究理事长社会关系网络对农民合作社创新行为所产生的影响。

三、互联网与农民合作社创新

当前，互联网逐步普及并运用到社会生活的各个领域，"互联网+农业"也一度成为学术界重点探讨的热词之一。在农业发展过程中，部分农民合作社率先顺应时代的发展将互联网运用到农民合作社中，从农业技术的推广到农村电商的发展，不仅让农民合作社的生产种植技术得到了改进，产品的销售市场进一步扩大，还增强了部分农民合作社在整个行业领域的竞争优势。在这种情境下，互联网开始渗透到农民合作社生产、加工和销售等各个环节：前期市场行情的分析预测、中期农产品种植技术的更新、后期农产品的宣传销售以及农民合作社日常的管理工作等。

鉴于此，本书致力于研究当互联网运用到农民合作社发展当中时，农民合作社是否能转变管理方式，提高内部组织成员的工作效率，降低和分散不确定性环境下创新过程中所面临的交易成本和风险？是否能通过应用互联网解决农业科技推广、产品监控和质量控制等核心问题，实现日常经营管理和资源配置的规范化、数字化和标准化？是否可以有效地提高信息和资源的转化效率，强

化农民合作社的知识吸收能力和知识获取能力，增强其管理创新能力？以及能否拓宽农产品营销渠道、提高农产品的知名度、减少运营成本、增加农户收益？

四、互联网背景下，理事长社会网络与农民合作社创新

通过互联网来进行知识资源的交换、整合和部署，信息和知识的分享、传递与利用，可以有效地提高知识和资源在合作社内外流动和匹配的效率，增强农民合作社的知识吸收能力和知识获取能力，最终推动合作社创新活动的顺利开展。基于此，本书将立足于社会关系网络理论、协同理论，并结合探索性案例研究的相关结论，从理论上探讨互联网应用对理事长内外部社会网络及其协同和农民合作社创新行为之间过程机制的调节作用，重点讨论互联网应用与理事长内外部社会网络之间是相互补充还是相互替代，从而明确促进农民合作社创新行为的有效手段。

第五节　研究内容

本书以种植业合作社为研究对象，系统地探究"互联网+"背景下理事长社会网络对农民合作社创新行为的作用机制和动态演化规律，为揭示其机理过程，本书提出知识吸收能力和知识获取能力在理事长社会网络与创新行为之间充当中介角色，而互联网应用充当理事长社会网络与创新行为之间作用机制的调节变量。构建"互联网+"背景下，"理事长社会网络（理事长内部社会网络和外部社会网络）→知识吸收能力→知识获取能力→创新行为"的理论逻辑和分析范式，为我国农民合作社有效组织和实施转型升级战略，以及增强自主创新能力提供理论指导。根据国内外现有的研究文献基础以及国内农民合作社在创新实践中的经验和问题，本书拟从四个方面展开研究。

一是运用案例探索"互联网+"背景下，理事长内外部社会网络如何影响农民合作社的创新行为。

本书尝试从"互联网+"的视角来探索理事长内外部社会网络对农民合作社创新行为的影响机制，且尚未形成确切的理论假设，为此本书采用多案例研究来建立理事长内外部社会网络对农民合作社创新行为作用机制的初始研究假设。在确定案例的理想数量时，我们权衡了探索性案例研究有效性的基本要求和增加案例的边际效用，并遵照 Eisenhardt 和 Graebner（2007）的建议，最终选择了四川省 6 家种植专业合作社作为研究对象，具体以工商登记为准。之所以选择以种植专业合作社为研究对象，其主要原因是：首先，种植专业合作社在中国农村比较普遍，是一种典型的农民合作社，因此研究对象具有一定的代表性和可行性；其次，种植专业合作社多具有更加紧密和频繁的本地联系，形成了地方生产网络，而且这种地方生产网络具有很强的根植性，深深嵌入在社会网络之中，更符合农民合作社竞争受社会网络制约的现实状况。此外，为了更好地达到多重验证的效果，本书所选种植业合作社创新行为的表现亦具有不同的代表性，兼顾了领先的和落后的种植专业合作社。在选择的过程中，本书的案例并不是随机的，这是为了增加信息的丰满度，确保信息的可获得性和样本的代表性。

在数据分析的过程中，本书首先对每个案例进行案例内分析。在对每个案例种植专业合作社详细研究的基础上，对理事长的内部社会网络、外部社会网络、内外部社会网络协同、知识吸收能力、知识获取能力、创新行为和互联网应用等主要变量进行编码，并将这些编码制成表格，从而识别各个案例的变量特征。为下一步开展案例间的分析做准备。

其次，本书通过案例间分析进行归纳、总结，以揭示各个变量之间的关系。在案例内分析编码、制表的基础上，将所有案例包含的特征变量排在一起，不断比较，明确每个类目的意义，探索理事长内外部社会网络、理事长内外部社会网络协同、知识吸收能力、知识获取能力、创新行为和互联网应用等变量的相关性和因果关系。

最后，本书在案例内和案例间分析的基础上，探索"互联网+"的背景下，农民合作社通过理事长的外部社会网络获取外部创新知识和资源，通过理事长内部社会网络、转化机制和协同机制增强农民合作社自身创新能力的过程，总结农民合作社通过理事长内外部社会网络激发创新行为的战略路径。

二是在理论上厘清"互联网+"背景下，理事长内外部社会网络对农民合作社创新行为的作用机制。

现有研究探究了社会网络对企业创新行为的影响机制，在理论上融合了经济学、管理学和社会学的研究成果，有着重要的理论价值，但这些研究大部分集中在企业层面，尚未发现将研究单元集中在农民合作社的相关文献，对于从理论及实践上提升农民合作社创新能力的指导还比较欠缺。本书认为，对农民合作社创新行为影响机制的研究应当成为中国农业供给侧改革的重要议题之一。基于此，结合"互联网+"的背景，本书从理事长社会网络的角度对农民合作社创新行为的作用机制进行理论分析，有助于把握中国农业供给侧改革的手段和方向，为中国农业转型升级、实现农业现代化奠定理论基础。在结合探索性案例研究提出的初始假设命题和现有理论研究的基础上，本书提出了如图1-1所示的整体研究框架，并建立起相应的研究假设。

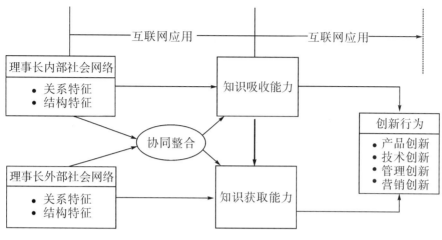

图 1-1　整体研究框架

在图 1-1 中，我们将理事长社会网络界定为理事长内部社会网络和理事长外部社会网络。理事长内部社会网络是指理事长与农民合作社内部职能单位负责人和社员之间的关系集合；而理事长外部社会网络则是指理事长与外部其他组织之间的关系集合。具体而言，包括多种关系类型，是理事长与供应商、客户、代理商、竞争者、大学、科研院所、政府、金融机构、行业协会、认证机构等的关系集合。根据企业家社会网络资源的观点，理事长社会网络所蕴含的信息和资源为农民合作社开展创新活动提供了行动机会。因此，本书引出以下需要在理论上探讨的核心内容：

（1）理事长内外部社会网络如何影响农民合作社的创新行为？

在这个问题上，认识到理事长社会网络的关系特征和结构特征是至关重要的。因为理事长社会网络的关系特征和结构特征决定了嵌入在理事长内外部社会网络上的资源的异质性和绝对量，这些资源通常是农民合作社进行创新活动的源泉。尽管如此，农民合作社能否将这些资源内化在创新活动过程中还取决于农民合作社自身的知识吸收能力和知识获取能力。在本书看来，无论是理事长内部社会网络还是理事长外部社会网络，都能为农民合作社将这些资源内化在创新活动过程中提供潜在条件，是解释农民合作社之间创新行为差异的基础之一。基于此，本书将立足于网络资源观并结合探索性案例研究的相关结论，将知识吸收能力和知识获取能力视为农民合作社将嵌入在理事长内外部社会网络上的资源进行内部化的能力，从理论上深入分析理事长内外部社会网络对农民合作社创新行为的作用机制。此外，在分析的过程中，我们还进一步强调理事长内外部社会网络的关系特征和结构特征对农民合作社不同类型创新活动的影响具有差异性。例如，社会网络的强联结有助于理事长与其他组织之间以及理事长与农民合作社内部之间的深度互动和交流，促进缄默知识（如管理经验和营销经验）的转移，这些缄默知识可能更有利于促进农民合作社的管理创新和营销创新。相比而言，理事长社会网络的异质性程度越高，那么社会网络便可以为农民合作社带来多样化、非冗余的信息和资源，这显然更加有助于企业的产品创新和技术创新。

（2）理事长内外部社会网络协同如何影响农民合作社的创新行为？

农民合作社创新行为的内部途径就是利用掌握的资源与知识，不断提升对新事物探索、开发和利用等创新能力；外部途径则是整合与利用外部知识及资源，借助外部新知识与内部资源形成互补优势。理事长的内部社会网络有利于理事长协调合作社内部职能部门之间的职责，调动社员的主观能动性，更加合理地配置资源，促进合作社对外部资源和知识的理解与整合。外部社会网络为理事长与其他组织进行互动和交流提供了平台，也为合作社带来了潜在的异质性知识和资源。由此可见，理事长内外部社会网络之间密切相关，存在互动和互补关系。在农民合作社创新的整个过程中，理事长内外部社会网络这种互动和互补的协同关系会体现在其中。基于此，本书将立足于协同理论并结合探索性案例研究的相关结论，从理论上探讨理事长内外部社会网络协同通过知识吸收能力和知识获取能力对合作社创新行为的影响。

（3）互联网应用如何调节理事长内外部社会网络对农民合作社创新行为的作用机制？

互联网应用有助于农民合作社完成相关业务信息的交换与处理，有效清除各职能部门间的障碍，使得信息在合作社内部以及合作社与其他组织之间通畅、可靠地流动。特别是随着市场竞争日趋激烈，市场需求的剧烈变动要求农民合作社随时关注外部环境的动态变化，并根据外部环境的变化对合作社的产品、技术、管理和营销等做出相应的调整。这个动态过程要求理事长利用内外部社会网络，快速地协调好外部知识和资源与合作社内部知识与资源之间的动态匹配关系。这对知识和资源在理事长内外部社会网络上的流动速度与协调效率提出了更高的要求。此时，通过应用互联网来进行知识资源的交换、整合和部署，信息和知识的分享、传递和利用，可以有效地提高知识和资源在合作社内外的流动和匹配效率，增强农民合作社的知识吸收能力和知识获取能力，最终推动合作社创新活动的顺利开展。由此可知，互联网应用在理事长内外部社会网络及其协同作用与农民合作社创新的整个过程中扮演着重要的角色。基于此，本书将立足于社会关系网络理论、协同理论并结合探索性案例研究的相关结论，从理论上探讨互联网应用对理事长内外部社会网络及其协同和农民合作社创新行为之间过程机制的调节作用，重点讨论互联网应用与理事长内外部社会网络之间是相互补充还是相互替代，从而明确促进农民合作社创新行为的有效手段。

三是运用大样本数据检验"互联网+"背景下，理事长内外部社会网络对农民合作社创新行为的作用机制。

基于现有研究基础和探索性案例研究，本书对理事长内外部社会网络关系特征及结构特征、理事长内外部社会网络协同、知识吸收能力、知识获取能力、创新行为和互联网应用等变量进行严格的操作性定义，并根据现有研究基础和成熟量表，选择适合中国农村本土的问题来衡量各个变量，进行问卷设计和数据收集。同时，本书通过在结构方程模型中引入互联网应用这一调节变量，以及知识获取能力和知识吸收能力等中介变量来验证概念模型与相应的理论假设。

四是运用系统动力学探究"互联网+"背景下，理事长内外部社会网络协同、要素协同与农民合作社创新行为的动态演化规律。

为了充分利用系统动力学在复杂系统分析中的优势，本书从两个层次来分析理事长内外部社会网络协同、要素协同与农民合作社创新行为演化之间的关系，具体如图1-2所示。

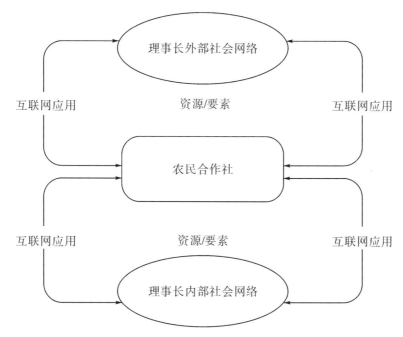

图1-2　农民合作社创新行为的多层次网络协同框架

基于此，我们在前述探索性案例分析和结构方程模型的定量关系基础上，借助系统动力学仿真（SD）模型，探究在"互联网+"背景下，理事长内外部社会网络协同、要素协同与农民合作社创新行为的动态演化规律，进一步深化对农民合作社创新行为战略路径与作用机制的认识，具体如图1-3所示。

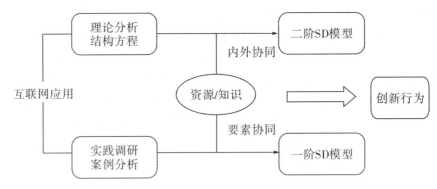

图 1-3　协同与创新的 SD 模型分析框架

基于图1-3的分析框架，这一部分主要包括以下两个方面的研究内容：

（1）"互联网+"背景下，理事长内外部社会网络协同与农民合作社创新行为演化：基于结构方程的二阶模型。

根据协同模型和结构方程数据结构结果，本书构建了一个理事长社会网络内外部交互作用下创新行为动态演化的 SD 模型。在检验的过程中，我们重点考虑模型结构的有效性、一致性和契合性，并在此基础上对 SD 模型进行极端值测试，刻画出在互联网应用为高度水平、理事长内外部社会网络存在协同且效度达到最大情境下的结果，通常这种理想状态在现实中不会发生。接下来，我们按照模型中测度数值给出的假设条件，对互联网应用程度进行调整，分析理事长内外部社会网络基于结构方程的动态演化结构和规律。我们首先模拟的是在理事长内外部社会网络存在交互作用时，基准情况下的发展动态结果；其次模拟的是理事长内外部社会网络不存在协同效应的情况下，农民合作社创新行为的动态发展结果。通过对这两种情况的分析，我们总结出理事长内外部社会网络协同与农民合作社创新行为的演化规律。

（2）"互联网+"背景下，要素协同与农民合作社创新行为演化：基于案例的一阶模型。

"互联网+"背景下，农民合作社创新行为的一个典型特征就是嵌入在理事长外部社会网络上的资源和知识的流动速度更快，其可以更加便捷地利用这些资源和知识。基于此，我们通过一个具体的农民合作社模型来分析合作社对嵌入在理事长外部社会网络的知识和资源的转化机制以及农民合作社创新行为的演化规律。对于以实践案例为基础的一阶模型构建，我们首先对理事长进行深度半结构化访谈，从而确立本书系统动力学模型的基础。半结构化访谈的内容主要围绕农民合作社产品创新、技术创新、管理创新和营销创新对农民合作社发展的影响，以及合作社如何利用和整合外部资源这两个核心问题展开。其次，我们根据这些调研资料确定出农民合作社创新行为主要变量之间的关系，根据理事长提供的信息进行参数赋值，再和理事长确认进行修改，以使得模拟结果更加贴近实际效果。最后，我们通过系统边界测试和心智模型测试等措施验证模型行为结果，检验整个系统动力学模型之间的动态关系是否与假设具有一致性，并执行模拟检验各种不同的决策对结果的影响。

第六节　研究方法

针对上述核心问题与研究思路，本书采用规范研究与实证研究相结合、定性研究与定量研究相结合的方法，遵循"文献综述与理论梳理→形成假设→筛选样本与数据采集→实证分析→形成结论"的研究思路逐层深入。具体来说，我们主要采用了几类研究方法，如规范分析法、文献研究法、探索性案例分析法、半结构式访谈法等。

一、规范分析法

立足于农业合作社的本质，根据本书的研究目的和研究内容，我们以社会关系网络理论为核心，结合资源基础理论、高层梯队理论、社会资本理论构建合理的理论分析框架；在此框架下，结合"互联网+"背景对理事长创新行为的作用机制进行理论分析，试图从理论上探究理事长内外部社会网络和创新行为之间的内在联系，进而判断理事长内外社会网络对创新行为的影响方向；同时，提出知识吸收能力和知识获取能力在理事长社会网络与创新行为之间充当中介角色，而互联网应用充当理事长社会网络与创新行为之间作用机制的调节变量；还构建了"互联网+"背景下，"理事长社会网络（理事长内部社会网络和外部社会网络）→知识吸收能力→知识获取能力→创新行为"的理论逻辑和分析范式，有助于把握中国农业供给侧改革的手段和方向，为中国农业转型升级、实现农业现代化奠定理论基础。

二、文献研究法

本书充分利用各类数据资源，通过查阅相关书籍及 CNKI、Science Direct、

EBSCO 和 Springer Link 等多种文献资源数据库，对社会关系网络理论、资源基础理论、高层梯队理论、社会资本理论构等相关理论进行搜集、阅读；进一步地，继续搜集文献资料，对现有文献进行整理总结。文献研究将围绕"互联网+"背景下理事长社会网络对农民合作社创新行为的影响机制展开，重点探讨知识吸收能力和知识获取能力的中介效应以及互联网应用的调节效应。最后，本书将对所整理的文献进行简单述评。通过文献整理和述评，本书能够确定具体的研究主题，并为构建理论模型和研究假设奠定基础。

三、探索性案例分析法

本书通过实地调研获取探索性案例的访谈结果，得出理事长内外部社会网络特征、网络协同、知识吸收能力、知识获取能力与农民合作社创新之间关系的初步研究结果，结合已有的理论基础，提出初始的概念模型，同时在案例内和案例间分析的基础上，初步验证理论假设。具体而言，本书的探索性案例分析通过以下五步来执行：

（一）研究问题

在经济转型的背景下，农民合作社创新行为越来越受到研究者的关注。但是，这方面研究在深度与广度上颇为不足。同时，测量与概念上的问题也使得现有的理论模式通常无法获得一致性结果。因此，本书采用网络资源理论、协同理论的观点，以多案例研究的方式，探讨在互联网应用的情境下理事长社会网络特征、网络协同、知识吸收能力、知识获取能力和创新行为间的关系。

（二）案例选择

本书将依照三项标准来选择案例：第一，将案例局限在种植业合作社，以避免因性质差异太大而产生变异；第二，必须是典型的种植业合作社；第三，已经成立一段时间，至少已经进入正常的运营阶段，以便取得较长时期的种植业合作社创新行为资料。

（三）资料搜集

通过访谈和档案来搜集资料。在访谈方面，以预先设计的访谈大纲深度访谈种植业合作社理事长，他们对自身的社会网络特征、合作社内部运营情况以及成长历程有较深的了解。每项访谈平均三个小时。除非信息提供人反对，否则访谈都会录音。在档案方面，研究者搜集合作社的档案资料，包括理事长的简历、合作社组织结构、宣传品、年度经营报告以及报纸与杂志的报道等。

（四）资料分析

在原始数据的编码方面，本书通过典型的内容分析方式来编码。首先，我们根据初步理论架构的主要变量和类别来编码；其次，我们根据既有文献建立次级类别；最后，在次级类别中，如果不同来源的数据不一致，我们则增加其他来源的数据或者参考信息提供人的意见来加以调整。本书通过这样一种三角验证的方式来提升数据的可靠程度。

（五）信度与效度

在本书中，不管是数据的搜集或是数据的编码与分析，我们都依赖三角验证来提升资料的准确度与分析的严谨度。数据源包括访谈数据与档案文件，而编码与分析则通过理事长与研究者的复核，来确保一致性与准确度。

四、半结构式访谈法

在探索性案例分析和问卷设计的过程中，本书涉及的研究方法为半结构式访谈法，访谈对象为四川省的种植业合作社理事长。访谈前先告知项目研究的目的，访谈内容采用"开放式"问题，让受访者呈现出对相关问题真实的感受。我们通过深度访谈了解理事长社会网络的结构特征、关系特征，内外部网络协同程度、社会网络的作用机制以及合作社内部创新状况等信息，以录音记录并誊写逐字稿来进行资料分析建档，建立研究资料库。在收集有关农民合作社的相关资料时，我们使用多重资料来源，包括该合作社自行记录的成果报告和大众媒体的相关报道等；此外，也通过参与观察与深度访谈搜集信息，进行多重资料来源的分类和比较，利用三角交叉检验法来提高相关信息的可信度。

五、问卷调查法

由于无法从公开资料中取得本书研究所需的数据，因此我们采用农民合作社问卷调查方式进行数据收集。为了保证数据的信度和效度，合理的问卷设计是重要的前提。本书遵循以下流程科学地进行问卷设计，具体如图1-4所示。

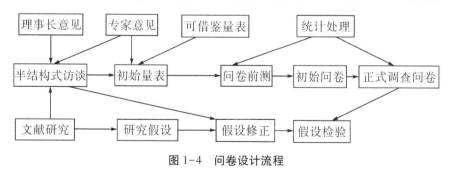

图1-4 问卷设计流程

首先，本书结合现有文献提供的相关量表、对理事长经验的调查和深度访谈形成问卷题项。在对社会网络、网络协同、知识吸收能力、知识获取能力、企业创新和互联网应用等文献进行阅读分析的基础上，借鉴其中权威研究的理论构思以及被广泛引用的实证研究文献中的成熟量表，并结合对理事长深度访谈和半结构式访谈的调查结果，对测量问题进行设计，形成初始调查问卷草稿。其次，本书通过向学术界和合作社相关专家咨询，对问卷测量题目进行修改。在项目组开展学术研讨会上，就所研究变量之间的逻辑关系以及测量题目设计等问题进行深入探讨和交流，对测量问题措辞与问题归类进行整理，对某些问题进行增删，从而形成初始调查问卷。再次，本书通过"前测"对问题进行纯化，最终形成正式的调查问卷。具体做法是将初始调查问卷通过分层随机抽样的方式发放给50位农民合作社理事长进行前测，根据他们反馈的信息做初步的检验分析，对问卷进一步地修改和完善，在此基础上形成正式调查问卷，并利用正式调查问卷对四川省种植业合作社理事长进行分层随机抽样调查。在调查的过程中，本书通过采用以下措施来消除社会期望效应带来的偏差：其一是问卷参与者不需要提供他们的真实姓名；其二是承诺每份问卷都高度保密，只用于学术研究。为了确保问卷来源的充足性，正式调查的问卷发放方式有两种，分别是通过邮件和面对面的方式发放问卷，若回收问卷中存在缺失数据，则通过邮件、电话和面谈的方式让受访者填补。问卷回收之后，我们将整理的数据进行共同方法偏差和未回答偏差检验。最后，本书借助 Mplus 软件进行数据处理与假说验证。在项目研究的过程中，为了控制因果倒置带来的偏差问卷，之后我们针对合作社的创新行为情况，对所有调查样本进行追访调查。

六、实证分析法

本书通过采用不同的计量经济分析方法对互联网应用、理事长内外部社会网络与合作社创新行为之间的关系及其作用机制进行检验。首先，本书采用 OLS 和分数回归等模型进行基准回归，初步评估互联网应用、理事长内外部社会关系对创新行为的影响。其次，考虑到互联网应用、理事长内外部社会关系可能存在一定的内生性问题，为确保研究的可靠性，我们采用 SEM、剂量响应函数等方法进行一系列的稳健性检验；同时，我们借助系统动力学仿真（SD）模型，探究在"互联网+"背景下，理事长内外部社会网络协同、要素协同与农民合作社创新行为的动态演化规律，进一步深化对农民合作社创新行为战略路径与作用机制的认识。进一步地，我们按照系统动力学仿真（SD）模型中测度数值给出的假设条件，对互联网应用程度进行调整，分析理事长内外部社会网络基于结构方程的动态演化结构和规律。最后，本书提出吸收能力和知识获取在理事长社会网络与创新行为之间充当中介角色，而互联网应用充当理事长社会网络与创新行为之间作用机制的调节变量。

第七节 技术路线图

本书的技术路线如图 1-5 所示。

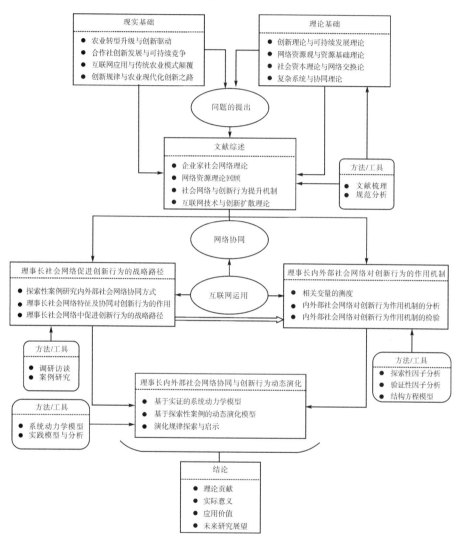

图 1-5 技术路线

第八节　创新之处

本书的主要特色体现在紧密结合我国"互联网+"背景下农民合作社创新实践，运用探索性案例研究和大样本调查，定量分析和验证了理事长社会内外部社会网络特征、网络协同对农民合作社创新行为的影响机制。本书运用结构模型和系统动力学仿真等分析方法检验了理事长内外部社会网络与农民合作社之间的路径关系和动态变化特征。这为我国农民合作社在转型升级过程中不断进行创新提供了具有实践指导意义的参考框架，同时也为加快转变农业发展方式、实现农业现代化开辟了新路径。本书的创新之处主要体现在以下四个方面：

一是将理事长内外部社会网络纳入统一的分析框架，弥补了现有研究将内外部社会网络割裂开来进行研究的缺陷。

毋庸置疑，经济个体的行为并非孤立的，而是嵌入在经济个体所在的社会网络中的。随着信息通信技术的发展，经济个体所在社会网络的边界逐渐模糊，并且社会网络之中的交互作用也越来越复杂。现有研究通常将社会网络系统割裂开来分析其对经济个体的影响，这显然忽视了社会网络系统的交互性和复杂性，很难真实地反映出经济个体在社会网络系统中的实际行为。而本书跨越了理事长内部与外部社会网络的界限，将理事长内外部社会网络结合，整合了网络理论、协同理论、创新管理理论和演化理论，研究理事长内外部网络特征、网络协同对农民合作社创新行为的作用机制和动态演化规律，弥补了现有研究将内外部社会网络割裂开来进行研究的缺陷。

二是首次将社会网络理论引入农民合作社创新行为作用机制的研究框架，揭开了农民合作社创新过程的"黑箱"，丰富了社会网络理论和创新理论的相关文献，为农民合作社在创新过程中选择有效手段提供了科学的经验指导。

现有大量学者从企业的角度探究了社会网络对创新的影响及作用机制，这显然丰富了有关企业创新的理论基础，同时也为企业创新实践提供了有指导意义的参考框架。由于企业创新的过程机制与农民合作社之间存在较大差异，而目前鲜有研究从社会网络的视角探究农民合作社创新行为的过程机制，这不仅使得有关农民合作社创新的有效手段选择缺少科学的理论依据，还无法明确推动中国农业产业转型升级的战略路径。本书首次将社会网络理论引入农民合作社创新行为影响机制的研究框架，明确了理事长社会内外部社会网络特征、网络协同影响农民合作社的过程机制。这不仅揭开了农民合作社创新过程的"黑箱"，丰富了社会网络理论和创新理论的相关文献，还为农民合作社创新寻找有效手段提供了科学的理论依据。

三是本书在充分考虑"互联网+"情境化的基础上，提供了对中国特定情境中农民合作社创新行为的有效描述以及可以解释农民合作社创新的有效理论，这对于推动组织战略的情境化与本土化研究有一定的理论贡献。

互联网的应用不仅颠覆了传统的农业生产方式，还使得经济组织所在的社会网络边界变得更加模糊，经济主体的行为方式发生了明显的变化。因此，在探讨理事长社会网对农民合作社创新行为影响机制的过程中，需要纳入"互联网+"这种特定情境的考虑。现有研究在探究社会网络与创新行为之间关系的作用机制时，大多将"环境动荡性""技术复杂性"和"企业家特质"等作为情境化因素，并未充分考虑互联网应用在理事长社会网络与农民合作社创新行为之间的关系机制，以及互联网应用理事长内外部社会网络协同中扮演的角色，本书将互联网应用作为调节变量纳入研究框架，增进了对农民合作社创新行为机制的理解，推动了组织战略情境化和本土化的研究。

四是揭示了理事长内外部社会网络协同、要素协同与农民合作社创新行为之间的动态演化规律，进一步深化了对创新行为战略路径和作用机制的认识。

现有研究较少涉及对农民合作社创新行为演化机理等规律性研究。本书借助系统动力学方法将动态思想引入农民合作社创新行为的研究，在探索性案例分析和结构方程模型定量关系的基础上，构建探索性系统动力学模型，从理事长内外部社会网络协同、要素协同两个层面分析企业创新行为的影响机制和动态演化特征，升华对创新行为战略路径和作用机制的认识。

第二章　理论基础与文献综述

第一节　理论基础

一、资源基础理论

资源基础理论诞生于沃纳菲尔特（Wernerfelt）在 1984 年发表的《企业的资源基础论》，主要用于检验资源异质性造成的绩效差异。该理论主要基于两个假设前提：首先，行业中的组织具有不同的有形和无形的资源，这些资源可转变成独特的能力；其次，资源在企业间是不可流动且难以复制的（Barney，1991）。资源基础理论的基本思想是把企业看成资源的集合体，将目标集中在资源的特性和战略要素市场上，并以此来解释企业可持续的优势和相互间的差异。

资源基础理论表明社会资本是企业的一种能力，凭借这种能力，企业可以通过社会关系网络获取利于自身发展的稀缺资源。丰富的社会资本为企业带来更加丰富和异质性更强的资源，从而为企业创新奠定基础。

二、高层梯队理论

高层梯队理论是指由于内外环境的复杂性，管理者不可能对其所有方面进行全面认识，即使在管理者视野范围内的现象，管理者也只能进行选择性观察。这样，管理者既有认知结构和价值观决定了其对相关信息的解释力。换句话说，管理者特质影响着他们的战略选择，并进而影响企业的行为。因此，管理者的性别、受教育背景、工作经验等背景特征变量的差异，会不同程度地影响管理者的思维方式和感知能力，从而影响其在决策过程中的信息搜集、分析、整合能力，进而使其做出不同的战略选择。

三、社会网络理论

社会网络理论（social network theory）的基本观点是社会情境下的人由于彼此间的关系纽带而采取相似的方式思考和行事。社会网络理论研究既定的社会行动者（包括社会中的个体、群体和组织）所形成的一系列关系和纽带，将社会网络系统作为一个整体来解释社会行为（许小虎 等，2006），即对行动者之间的影响关系进行研究。它不仅关注社会关系网络中行动者的属性，还关注其在社会关系中的位置和网络结构。前者注重社会关系网络的异质性与质量，被称为"关系嵌入"；后者注重行动者在关系网络中的位置，被称为"结构嵌入"。

四、社会资本理论

社会资本是指个人在一种组织结构中所处的位置的价值。于群体而言，社会资本是指群体中使成员之间互相支持的那些行为和准则的积蓄。该理论的一个重要观点是社会资本资源嵌入在相互联系的个体、群体或民族的社会网络中，并且可以通过社会关系网络去获得（Inkpen et al.，2005）。通常来讲，较高的信任水平会带来较高价值的资源互换。

第二节 文献综述

一、对农民合作社的研究

农民合作社是合法、合理，由普通农民通过产业联合，并基于改善其弱势市场竞争地位目的而成立的经济组织（任大鹏 等，2012）。农民合作社通过农民"抱团"进入市场，极大地维护了农民的利益，对于推进农业产业经营、提高农民组织化程度、实现农业现代化具有至关重要的作用（肖琴 等，2015；徐旭初，2012；徐旭初，2014）。现有研究从农民合作社发展、功能和治理等方面对农民合作社进行了较为深入的研究。

（1）农民合作社发展的研究。在当前情境下，如何促进农民合作社的发展成为实践界和学术界普遍关注的重要问题之一（黄祖辉，2008；孙亚范，2011；徐旭初，2012；杨光华 等，2014；赵晓峰 等，2014；赵晓峰 等，2012；赵晓峰 等，2013；赵泉民 等，2007；郑阳阳 等，2018）。一部分学者认为规模扩大会影响农民合作社的治理机制、利益分配和发展绩效，从而制约农民合作社的生存发展（孙亚范，2011；Liang et al.，2016）；而另一部分学者则认为规模扩大未必会制约农民合作社的发展，反而可能会形成规模效应和范围经济（Mojo et al.，2017；Hoken et al.，2018）。农民合作社应该在发展中合理分权、分层，逐渐发展成为"分权制企业"（杨光华 等，2014）。赵晓峰和孔荣（2014）认为，阶层结构分化、村落内部宗族派系势力竞争等社会因素都对合作社的发展产生了重要影响。农民合作社的发展既不会完全遵循自由竞争的市场逻辑，也不会严格以《中华人民共和国农民专业合作社法》及中央各部门颁布的示范章程为依据规范运行机制，而是嵌入村落社区的社会结构与社会关系中，被村庄里的阶层结构和派系关系吸纳。由此可见，农民合作社的发展依赖于社会结构与社会关系（赵晓峰 等，2012；赵晓峰 等，2013）。这是因为以血缘、地缘为基础的"特殊信任"是中国农民走向合作的行动逻辑，同时它也内在规定了合作对象以及范围的"规模界限"（孙艳华，2014；赵泉民等，2007）。事实上，农民合作社从一开始就根植于农村基层，其理念、制度及具体实践与农村乡土社会的村社结构、文化土壤、社会记忆以及非正式制度是否契合是至关重要的（徐旭初，2012）。随着在乡村社会转型的过程中，嵌入在社会网络中的信任失调，合作社的发展陷入困境（赵泉民，2013；王昌海，2015；邵慧敏 等，2018）。为此，我们只有不断地完善合作社运行机制，提升社员自身经营素质，才有可能推动农民合作社的进一步发展（王昌海，2015；徐旭初，2012）。

（2）农民合作社功能的研究。近年来，随着农民合作社发展方向愈加明确，社会关注度持续增高，如何拓展农民合作社的功能已经成为当前研究的重要课题之一。现有研究对农民合作社功能的关注各有侧重。有的学者主要关注农民合作社服务功能的发展和不足（徐旭初 等，2009；孙亚范 等，2010）；有的学者关注农民合作社的经济功能、社会功能或者其他功能（欧阳仁根，2003；唐宗焜，2007）；有的学者仅聚焦于农民合作社在特定领域的特定服务功能（王文献，2007）；还有部分学者系统地分析了农民合作社服务功能的实现程度及其影响因素（陈建新 等，2013；毛飞 等，2014；黄祖辉 等，2012）。大部分研究者认为农民合作社兼具企业部门和社会部门的功能，同时还有经济功能、社会功能、文化功能和服务功能。随着农业现代化的不断发展，农民合作社的功能不断拓展。黄祖辉和高钰玲（2012）指出中国农民合作社已经从合作领域狭隘、服务功能单一向合作领域宽广、服务功能多样的格局发展，不少农民合作社已经初步具备了以种苗供应、农资采购、生产管理、产品加工、产品销售等服务为主要内容的多元化服务功能。农民合作社功能的逐步拓展提高了合作社成员的生产效率，降低了成员的市场风险，保障了成员收益的长期稳定性（郭勇，2009；吴欢，2018）。农民合作社通过向其社员提供农资统一供应、农产品统一销售、技术和信息统一提供、农产品包装和加工等集体投资等服务，解决了小农户在现代市场经济发展中遇到的各类问题，保障了小农户的经济收益（黄季焜 等，2010；阮荣平 等，2017；徐志刚 等，2017）。农民合作社的功能在逐步拓展的同时也面临着一些问题。何安华和孔祥智（2011）通过对农民合作社和农户调查资料的统计分析发现，当前我国农民合作社与农户服务供需对接处于结构性失衡状态，他们认为造成这种结构性失衡的重要原因是合作社成员异质性和资金短缺。黄祖辉和高钰玲（2012）通过研究发现，不同产品类型农民合作社的服务功能并未完全实现，特别是主营产品市场风险较大的生猪类和肉鸡类农民合作社远未实现其应有的服务功能。基于此，农民合作社仍有必要不断地拓展合作领域，发展多功能的农民合作社，强化合作社的活力和生命力。

（3）农民合作社治理的研究。在经济转型期，农民分化日趋严重，农业生产经营主体的异质性问题极为突出（徐旭初，2012），如何有效治理农民合作社已经成为当前研究者关注的重点问题之一（管珊 等，2015；徐旭初 等，2010；徐旭初，2012；万俊毅 等，2020；崔宝玉 等，2017；梁巧 等，2019）。由此，关于农民合作社治理研究方面的文献颇多。随着农民合作社的发展，其关注点逐渐由社员收益转向市场和合作社自身发展；合作社的运营战略也逐渐由内敛趋向开放，且逐步融入供应链；合作社面临着对传统利益原则及机制的调整，需要构建新的治理机制来协调内外部利益（徐旭初，2012）。为了迎合合作社未来的发展模式，社员管理合作社将逐渐被职业经理管理合作社取代（应瑞瑶，2018）。然而，这种治理机制又会在合作社内部形成许多代理及控制问题（黄胜忠 等，2008）。马彦丽和孟彩英（2008）总结认为，合作社内部存在着双重委托代理关系，一种是全体社员与经营者之间的委托代理关系；另一种是中小社员与骨干社员之间的委托代理关系。第二种委托代理关系在实践中逐渐上升为代理成本的主要来源。因此，农民合作社如何形成有效的治理结构显得愈发困难。管珊等（2015）提出了农民合作社的网络化治理机制，他们认为网络化治理机制主要表现在两个方面：一是合作社通过骨干社员在不同的村庄设置独立的分社，扩大组织规模，实现合作社的横向联合；二是各分社通过"技术员"的角色设置，实现对熟人社会关系网络的嵌入，建立组织内部的信任关系。这种网络化的治理机制为合作社提供了有效的激励机制和信任机制，降低了合作社在规模扩张和农户合作中的交易费用。事实上，这种网络化治理机制就是一种社会网络，它有助于提高合作社的市场地位、社员农户的参与度和认同感，从而维持合作社的本质属性。邵科和徐旭初（2008）分析了成员异质性对合作社治理结构的影响。他们认为，应该确保理事会、监事会成员的相对同质性，使合作社形成一个团结有效的领导核心，同时使理事会、监事会在社员大会的领导下，从而实现有效的制衡，不产生"一会独大"现象。孔祥智和蒋忱忱（2010）认为，由于人力资本要素拥有量不同，合作社的治理机制将偏向于确保人力资本要素拥有量作用发挥的制度安排。从"帕累托改进"和"激励相容"的角度来看，这种基于成员异质性的制度安排是合理并且有效率的。

二、关于社会关系与企业创新机制之间关系的研究

在现有研究中诸多学者从不同视角探究了企业创新机制，如基于资源基础观的自主创新机制（Barney，2001）、基于关系嵌入的合作创新机制（Gonzalez-Brambila et al.，2013；Mazzola et al.，2015）和基于结构嵌入的企业网络创新机制（Phelps，2010）等。基于资源基础观的自主创新机制强调企业日常积累的，便于企业获取和利用的，具有价值性、稀缺性、不可模仿性和不可替代性的异质性资源是企业创新的基础（Barney，2001）。但是传统的资源基础观所关注的资源通常局限于企业的内部，并未考虑到企业外部潜在资源对企业创新的影响。随着全球制造网络的迅速发展，学者们已经深刻地认识到，资源不仅存在于企业内部，在企业外部也存在有价值性、稀缺性、难以模仿和难以替代的异质性网络资源（Lavie，2007）。在传统的资源基础观上，强调企业从所处的社会网络中获取异质性资源来获得收益的理论体系便称为"网络资源观"（Ahuja，2000）。网络资源观将传统资源观的研究范畴从企业内部拓展至企业之间，成为企业网络理论直接有力的支撑。在当今以信息技术为代表的科技革命和经济全球化浪潮的动态环境下，社会网络在企业利用知识资源追求渐进式创新或突破式创新的过程中所发挥的作用越来越大（解学梅 等，2014；谢洪明 等，2014；赵炎 等，2015；Sampson，2007；Srivastava et al.，2011）。目前，有关社会网络与企业创新之间关系的研究主要集中在以下两个方面：

一是关系嵌入性与企业创新之间的关系（Lin et al.，2009；谢洪明 等，2014；张敏，2019）。关系嵌入性体现的是网络内部各个成员之间的互动频率、感情强度、亲密性和互惠互换（Yli-Renko et al.，2002）。根据关系嵌入性理论，强连带能够塑造和强化节点行动者之间的信任，降低彼此之间知识保护的程度，增强他们知识分享的意愿，促进彼此之间的互动、交流和学习，有利于

网络内部知识资源的流动和分享，从而推动企业渐进性创新（Rowley，2000；唐春晖 等，2014）。然而，过多的强连带可能会带来知识和信息的冗余（Hansen，1999），导致企业无法从对方那里获取创新所需的多元化新知识和信息，同时也增加了企业识别准确知识和信息的难度及成本。相比强连带，弱连带的优势在于能够传递广泛、异质性和非冗余的知识与信息，有助于推动企业的突破性创新（Phelps，2010）。不过，在弱连带的网络中，由于网络节点之间的关系比较疏远，彼此之间的互动内容往往深度不够，而且网络成员之间缺乏信任的基础，这通常会构成弱连带网络内部复杂、可靠资源流动的障碍，阻碍了网络成员彼此分享多元化新知识和信息的机会。此外，关系嵌入性理论表明网络成员之间的信任和互惠通常充当着社会控制机制，它们能够减少企业在合作创新过程中的机会主义行为，促进彼此之间的知识资源的交换，确保企业创新所需知识资源的数量与质量（鞠晓生 等，2013）。

二是结构嵌入性与企业创新之间的关系（Phelps，2010；Sampson，2007；Srivastava et al.，2011；党兴华 等，2013；范群林 等，2010；范群林 等，2011；谢洪明 等，2014；孔晓丹 等，2019）。结构嵌入性指的是网络节点在由各种关系相互交织形成的网络总体性结构的位置状态特征，它关注的是节点在整个网络结构中所处位置的角色问题（Wang et al.，2014）。占据的网络结构位置也具有为企业带来资源的能力。通常来讲，刻画企业网络节点结构嵌入性的主要指标有网络密度、网络中心度和结构洞等（Phelps，2010；庄小将，2016）。根据结构嵌入性观点，高密度的网络有助于网络成员之间的信任和互惠，维系共同的行为规范，从而减少彼此之间知识资源交流的风险和障碍。在高密度的网络中，网络闭合也会通过提高机会主义行为成本来增加彼此之间的信任（Gulati，1998）。由此可见，高密度的网络有助于网络内部资源的快速流动与交换，增强了企业从网络中吸收和利用知识的能力，促进了企业创新（Phelps，2010；孔晓丹 等，2019）。当然，高密度的网络往往会给企业带来高度同质化的信息，抑制了信息的多样化和新鲜程度，难以在短时间内有效推动企业突破性创新；对网络中心度而言，靠近网络内部中心位置的企业不仅具有搜集可及性、时效性和参考性信息的优势（Ahuja，2000），还可以提高企业的合法性，降低交易成本（Maskell，1999），使企业能够有更多的机会获取市场信息和商业机会（Hoang et al.，2003），从而推动企业创新（Mazzola et al.，2015）。结构洞是指企业之间缺少联结，在网络结构上会形成一个大洞。占据结构洞的企业作为网络内其他企业之间传递信息的通道，通常可以获得信息优势和控制优势，从而最大化地推动企业创新（Yang et al.，2010）。现有大量关于网络的研究表明，结构洞很有可能是企业创新至关重要的因素（Zaheer et al., 2005；Padula, 2008；孔晓丹 等，2019）。由于结构洞为网络中互无联结节点之间的企业提供了唯一的联结管道，自然地，结构洞便成为网络信息与资源流动的枢纽。因此，占据了结构洞位置的企业便成为网络中多样化、非冗余信息和资源的集散中心。通过重构机制，处于结构洞位置的企业可以将这些多样化、非冗余信息和资源发展成企业创新所需的新理念与技术（Dittrich et al., 2007；Gilsing et al., 2008；Koka et al., 2008）。当然，占据过多的结构洞也会增加企业的机会成本，分散企业突破性创新的精力，这是因为维持结构洞的位置通常会耗费企业大量的时间、精力和注意力（Wang et al., 2014）。

三、关于社会网络作用机制的相关研究

现有文献对社会网络作用机制的研究方法仍以线性回归分析为主（蔡起华 等，2015；胡枫 等，2012；蒋剑勇 等，2012；马光荣 等，2011；凌先勇 等，2014；悦中山 等，2011；易行健 等，2012；杨汝岱 等，2011；章元 等，2009；唐丹 等，2019）。社会网络研究是基于组织背景的社会学群体组织研究（Kilduff M，2003），社会网络分析对于组织管理研究具有很强的适用性，并逐步成为组织行为、战略、知识传播与创新以及消费者行为等研究的新范式（罗家德，2010）。而关于社会网络的度量，不同的学者由于研究对象的不同而存在较大的差别，且大部分研究者从行为指标出发对社会网络进行度量，如"找工作时可提供帮助的亲戚或朋友的数量""婚丧嫁娶时亲戚间的礼金往来""节假日拜访的亲戚或朋友的数目"等，这些指标难免会由于度量误差、遗漏变量问题和双向因果关系而产生严重的内生性问题（郭云南 等，2015）。首先，行为指标通常是主观指标，难免会出现低报或高报的可能性（郭云南 等，2015）。当采用这些指标时，容易导致度量误差。例如，Knight（2002）用家庭拥有的亲友数量来度量家庭层面的社会网络；章元和陆铭（2009）则从送礼金的亲友数量和礼金价值两个层面来度量家庭层面的社会网络；易行健等（2012）和杨汝岱等（2011）使用礼金收支来度量家庭社会网络；胡枫和陈玉宇（2012）则使用春节期间来访的亲戚朋友数作为家庭社会网络的代理变量等。其次，行为指标也容易带来遗漏变量问题。例如，使用"亲友间礼金往来"度量家庭的社会网络来研究其对家庭行为的影响。虽然亲友间的礼金支出与家庭的社会网络高度相关，但是礼金支出的数量可能依赖于家庭背景或户主的性格特征等无法观测的因素，而这些因素通常会影响个体行为（郭云南等，2015）。最后，行为指标也可能会引起双向因果问题。在研究社会网络对

家庭收入的影响时，一方面，收入更高的家庭可能更有能力去构建社会网络；另一方面，往往是那些能力较弱的人希望通过构建的社会网络来提高家庭收入。因此，社会网络可能直接影响家庭收入；反过来，家庭收入也可能影响社会网络的构建。换言之，社会网络的构建或规模通常与家庭的经济条件互为因果（郭云南 等，2015；杨灿 等，2020）。具体来说，就是一个人社会网络的异质性越大，网络成员的社会地位越高，个体与成员的关系越弱，则其拥有的社会资源就越丰富（曹永辉，2013）。总体来看，行为指标并非能够直接度量社会网络，而是从各网络的功能或使用的角度来考虑，难免会有一定的偏误。不过，有些学者则以"人口规模"来直接度量社会网络，这在关于社会网络与风险分担、集体公共品投资以及企业发展等方面的研究中有所体现。例如，Peng（2008）利用"第一大姓在村庄中所占人口比例"来度量农村社会网络，而这一指标仅从数量上刻画了社会网络的规模，且并未反映出网络内部各成员之间关系的强弱。Huang（2008）发现，社会网络强度在内部成员的互惠互利行为中发挥着更加重要的作用。因此，除社会网络规模外，网络强度也应是社会网络另一维度的重要刻画。这在宗族网络的研究中有所体现。例如，阮荣平和郑风田（2013）、彭玉生（2009）以及郭云南等（2013）以"宗族是否存在祠堂或家谱""是否存在正式的宗族组织"等来度量宗族网络的强度，认为祠堂或家谱的有无在某种程度上可以反映宗族的组织性或凝聚力的强弱。也就是说，祠堂或家谱可以为宗族内部成员的沟通与协作提供一个基本平台和可能性，使得他们可以更加方便、快捷地去使用网络。社会网络的强度在网络成员间的互惠互利、风险分担或其他行为等方面发挥的作用可能比社会网络规模的作用更加明显。在实证研究中，通常数据的天然缺陷而对社会网络的度量并不全面，最终造成社会网络作用被低估的现象（郭云南 等，2015）。

四、关于互联网对中国农民合作社可持续发展的影响

随着全球互联网技术的日新月异，互联网运用日益广泛，互联网与新型技术的有效结合对于推动我国现代农业发展具有很好的引导作用（陈红川，2015；周月书 等，2020）。尽管如此，我们尚未发现有关互联网对理事长社会网络与农民合作社创新行为之间关系机制的影响进行理论分析与实证检验的文献。相比而言，诸多的文献提供了有关互联网这种信息技术对于企业绩效提升和价值创造作用的大量证据（Yeniyurt et al.，2019；陈月 等，2019）。自 20 世纪 80 年代以来，大量的研究者就开始关注信息技术投资与生产率之间的关系。

李继学和高照军（2013）通过研究发现，企业的信息技术投资并没有提高员工的产出。这种情况通常被称为"生产率悖论"（范剑勇 等，2013）。生产率悖论问题一般存在于两个层面：一个是行业和经济层面；另一个是企业层面（李治堂，2004）。随后，大量学者从企业层面检验了信息技术投资与企业绩效之间的关系，他们认为信息技术投资对企业绩效具有显著的积极影响（陈月 等，2019）。这是因为信息技术不仅充当了促进企业当前流程自动化的工具，而且还加速了利于企业生产力提高的组织变革（Yeniyurt et al., 2019）。同时"互联网+"能有效提高农村组织化程度，将农民分散的个性化供给和需求积聚起来，通过各种网络平台集聚形成规模效应，促进农业领域分工分业，实现为农服务的便利化，并促进农业产业结构调整和产业融合发展（万宝瑞，2017）。除此之外，还有一部分学者强调了信息技术使用在知识、信息和资源管理方面的作用（Sambamurthy et al. 2003；Samba-murthy et al., 2005；Yeniyurt et al., 2019）。他们认为信息技术的使用有助于知识、信息和资源在企业内部的转化，从而促进企业生产力的提高（Sambamurthy et al., 2005）。更重要的是信息技术的使用有助于企业随时捕捉到市场上有关顾客、竞争对手和合作伙伴的动态信息，提高企业对环境的敏感度（Iyengar et al., 2015）。

随着信息技术的飞速发展，"互联网+"将成为未来经济发展的新引擎，深刻地影响各行各业（陈红川，2015）。在 2015 年的全国两会①上，"互联网+"正式被提到了国家战略层面，互联网对各个行业的整合和引导作用越发凸显。在"互联网+"行动的庞大体系工程中，农业显然属于重点和难点。同年，在国务院出台的《国务院关于积极推进"互联网+"行动的指导意见》中指出，我们要利用互联网提升农业生产、经营、管理和服务水平，培育一批网络化、智能化、精细化的现代"种养加"生态农业新模式，形成示范带动效应，加快完善新型农业生产经营体系，培育多样化农业互联网管理服务模式，逐步建立农副产品、农资质量安全追溯体系，促进农业现代化水平明显提升（张晓雯 等，2017）。目前，国内有少量文献提及了互联网对中国农业发展的影响，而鲜有文献系统地探究互联网对中国农民合作社创新行为的影响。陈红川（2015）认为，基于互联网平台和通信技术，传统农业与互联网深度融合，包括生产要素的合理配置、人力物力资金的优化调度等，可以使得互联网为农业

---

① 2015 年全国两会即第十二届全国人民代表大会第三次会议和政协第十二届全国委员会第三次会议。

智能化提供支撑，促进农产品升级换代，创新产业链以提高生产效率，推动农业生产和经营方式的革命性变革，以创新驱动农业新业态发展。唐凯江等（2015）认为，"互联网＋"对农业的影响首先表现为最外层销售模式和营销模式的变革，其次引发内部生产模式、供给模式和采购模式的变革，最后引发整个农业管理系统的变革。目前，已经涌现出了农产品电商、农业大数据、农业物联网、农资电商、农业科技推广平台等模式创新。电商平台的建立缩短了农户与消费者之间的距离，两者互联互动，减少了流通环节，降低了交易成本，实现了互惠双赢（张晓雯 等，2017）。李国英（2015）认为，以互联网为载体的经营模式和融资方式将是未来现代农业发展的加速器。"互联网＋"对农业产业链的重构就是通过信息流打通各个环节，从农业物资生产、流通、营销、服务等各方面影响农业的可持续发展。周绍东（2016）认为在农业企业化经营模式中，"互联网＋"可以在生产的各个环节加强劳动过程控制，并提高生产效率。这里涉及的技术手段主要包括物联网、大数据、移动互联网、云计算和智能化硬件（机器人及相关装备）。万宝瑞（2017）认为"互联网＋"能有效提高农村组织化程度，将农民分散的个性化供给和需求积聚起来，通过各种网络平台集聚形成规模效应，促进农业领域分工分业，实现为农服务的便利化，并促进农业产业结构调整和产业融合发展。

五、文献述评

从现有梳理的文献来看，国内外现有研究对农民合作社的发展、功能以及治理问题进行了较为全面的论证，而对农民合作社创新行为的研究凤毛麟角；针对社会网络与企业创新之间关系的机制探讨和实证研究较为集中，将社会网络理论应用在农村互助性经济组织的研究明显不足，尤其是将管理层内部网络和外部网络结合起来，对农民合作社创新行为的作用机制和动态演化规律进行的研究相对缺乏。随着经济环境的不断变化，社会网络影响创新行为的机理与作用情境的研究也在不断扩展和深化，将管理层内部网络和外部网络结合起来探索创新过程"黑箱"的研究也受到越来越多的重视（许海玲 等，2009）。然而，现有研究对于社会网络作用机制的实证研究方法相对固定、单调，社会网络的度量也不全面。此外，现有研究主要关注了互联网这种信息技术手段给企业带来的商业价值（Yeniyurt et al.，2019；陈月 等，2019），而有关互联网对农民合作社可持续发展影响的研究相对不足，从理论分析和实证检验的角度来探究"互联网＋"这种信息技术手段对理事长社会网络与农民合作社创新行为之间关系机制影响的文献严重不足。因此，本书将采用结构方程模型的高阶因子模型和系统动力学等统计方法，系统地探究"互联网+"背景下，理事长内外部社会网络与农民合作社创新行为之间关系的过程机制和动态演化规律；同时，从理事长内外部社会网络的关系特征和结构特征等方面更加全面地测度社会网络。这不仅对于改善新常态下农民合作社的创新能力具有重要的现实意义和应用价值，也为相关部门制定科学、有效的管理政策提供了重要的参考。

第三章 现状分析

第一节 合作社的基本情况

截至 2018 年 8 月末，本次抽样调查共涉及 260 个合作社。其中，位于冕宁县宏模镇文家屯村的春情农牧发展有限公司是成立最早的合作社，它成立于 1995 年，其他大部分合作社成立年份集中于 2008—2017 年（见图 3-1）。抽样的合作社成立时间分布较为合理，有助于我们对其经营生产行为进行分析。

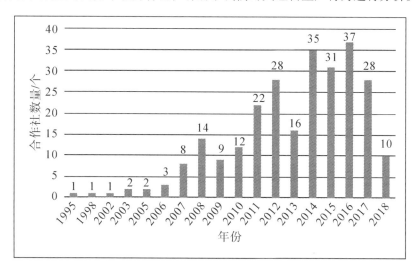

图 3-1 抽样的合作社成立时间分布

据调查统计，在 260 个合作社当中，有 255 个合作社已经在工商部门注册，占比达 98%，仅有 2% 的合作社未在工商部门进行注册（见图 3-2）。在工商部门注册的合作社当中，有 57% 的合作社注册资本金额度在 110 万元以上，注册资本金额度在 91 万~110 万元的合作社占调查总数的 15%；注册资本金额度在 71 万~90 万元的合作社仅占调查总数的 4%；注册资本金额度在 51 万~70 万元的合作社占调查总数的 6%；注册资本金额度在 30 万~50 万元的合作社占调查总数的 7%；注册资本金额度在 30 万元以下的合作社占调查总数的 11%（见图 3-3）。整体来看，大部分的农民合作社都具有承担风险的能力。

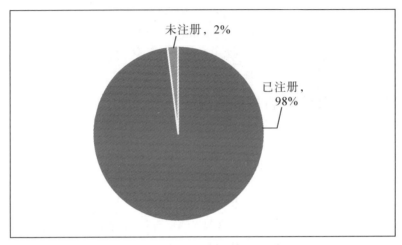

图 3-2　合作社注册情况

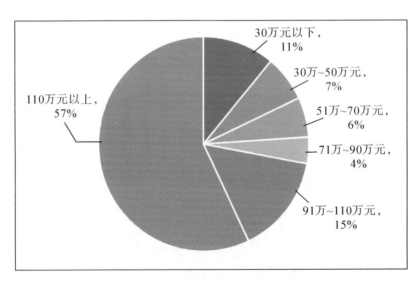

图 3-3　合作社注册资本金额度情况

关于产品类型，在本次抽样调查中我们所选择的是种植业农民合作社。通过统计图我们能够清楚地看到，大部分合作社主要进行水果种植，有 100 家合作社的产品是水果，之后是其他种类的种植类型；另外，有20%的合作社选择蔬菜种植，仅有7家合作社选择菌类种植（见图3-4）。果树和花卉苗木产生经济价值的周期较长，培育过程中也需要一定的技术与专业知识，种植风险较大，但经济收益较为可观。

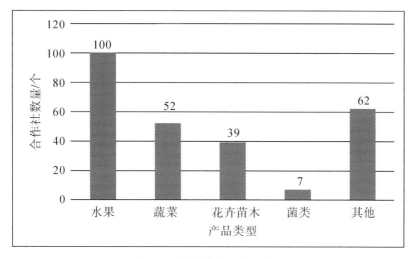

图3-4 合作社主要产品类型

产品类型和种植规模在一定程度上决定着合作社的创新行为和产品经济效益。在本次抽样调查的260个合作社中，有47%的合作社种植面积在500亩（1亩≈666.67平方米，下同）以上，种植规模较大，具有实现规模经济的潜在能力。种植面积在401~500亩的合作社有17个，占总体的6.5%；种植面积在301~400亩的合作社占总体的6%；种植面积在201~300亩的合作社占总体的10%；种植面积在101~200亩的合作社有47个，占总体的18%；而相对规模较小的种植面积在100亩及以下的合作社有31个，占总体的12%（见图3-5）。大规模种植和小规模种植的合作社抽样较为均匀，对研究合作社创新行为具有重要意义。

据本次抽样调查统计发现，大部分合作社现有实际社员在90人以上；现有实际社员在10人以下的合作社有58个；现有实际社员10~30人的合作社有41个；现有实际社员31~50人的合作社有25个；现有实际社员51~70人的合作社有11个；现有实际社员71~90人的合作社仅有10个（见图3-6）。从整体来看，合作社运行情况较好，实际社员人数较多。

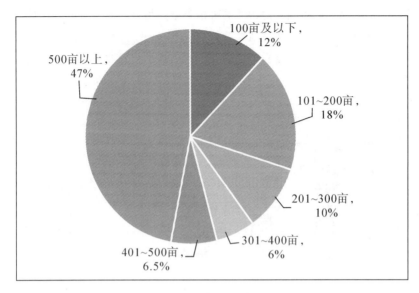

图 3-5　合作社种植面积

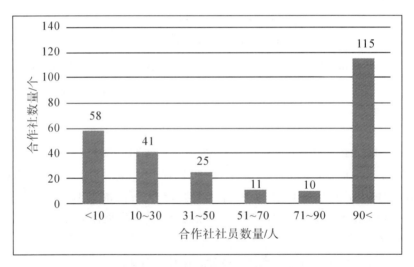

图 3-6　合作社现有实际社员情况

专业合作社的级别是展示合作社在组织建设、经营服务、品牌建设、市场开拓等各方面运行情况的醒目标识。在本次抽样调查的 260 个合作社中，有 15 个合作社是国家级示范社，占总体样本的 6%；有 40 个合作社是省级示范社，占总体样本的 15%；有 46 个合作社是市级示范社，占总体样本的 18%；剩余 61%的合作社属于其他级别（见图 3-7）。

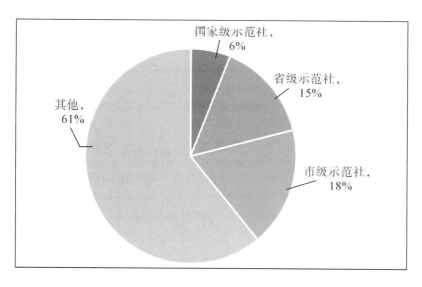

图 3-7　合作社级别情况

商标是用来区别一个经营者的品牌或服务和其他经营者的品牌或服务的标记，合作社是否注册商标是影响其市场竞争力的因素之一。据本次调查统计，只有 39% 的合作社进行了商标注册，而将近 61% 的合作社并未进行商标注册（见图 3-8）。这表明大部分的合作社没有认识到商标的重要性，竞争意识有待增强。

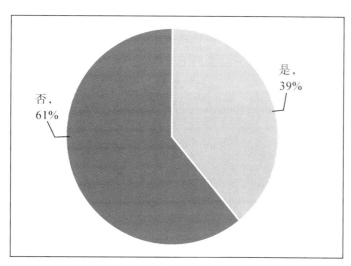

图 3-8　合作社商标注册情况

同时，可以看到，合作社注册商标的高峰期在 2012 年和 2016 年，这与合作社成立情况大致相似。但是 2016 年之后，合作社商标注册数量逐渐降低，形势较为严峻（见图 3-9）。

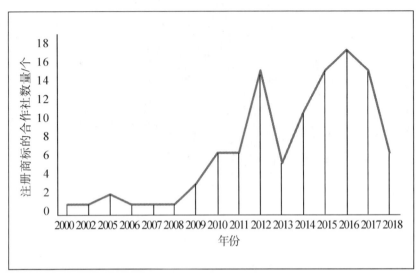

图 3-9　合作社商标注册时间趋势

此外，农产品质量认证也是促进农业合作社进行创新以及提高合作社竞争力的重要举措。在此次调查研究中我们发现，进行农产品质量认证的合作社仅占 40%，而未进行农产品质量认证的合作社占 60%（见图 3-10）。同时，从认证时间来看（见图 3-11），2015 年和 2017 年合作社在农产品质量认证方面较为积极。

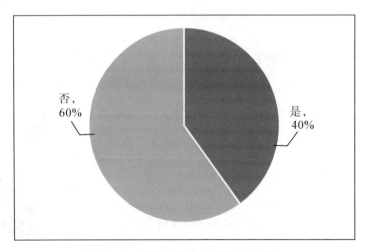

图 3-10　合作社农产品质量认证情况

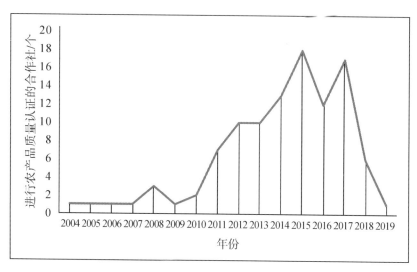

图 3-11 合作社农产品质量认证时间趋势

据调查统计，本次抽样的 260 个合作社中，申请农产品质量认证的合作社有 104 个，其中申请无公害农产品 55 次、绿色农产品 53 次、有机农产品 25 次、地理标志农产品 11 次、其他 11 次（见图 3-12，由于农产品质量认证申请种类不受限制，因此统计为次数）。总体来看，无公害农产品和绿色农产品衡量标准较低，申请的合作社较多。

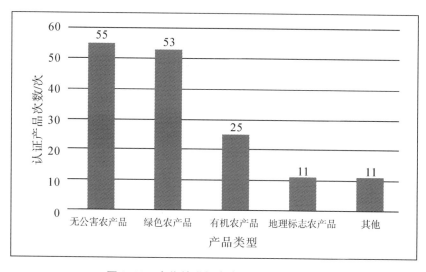

图 3-12 合作社进行农产品质量认证情况

农业职业经理人是为权属明晰的农业经营组织承担所有权人的财产增值保

值责任，全面负责经营管理，以受薪、股票期权等方式获得报酬的职业化农业经营管理人才，对合作社的创新与发展起着重要的作用。在本次调查统计中，只有 34% 的农业合作社聘请了职业经理人，66% 的农业合作社没有聘请职业经理人（见图 3-13）。

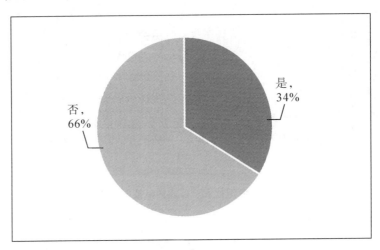

图 3-13　合作社是否聘请职业经理人情况

在聘请了职业经理人的 88 个合作社中，聘请时间基本集中于 2016 年（见图 3-14），与合作社成立时间相结合，可以看到合作社在引进管理人才方面的意识在逐渐增强。

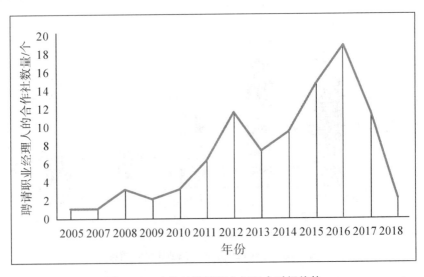

图 3-14　合作社聘请职业经理人时间趋势

关于专业技术人员的聘请，经过统计，有72%的合作社聘请了职业技术人员，未聘请的合作社仅占28%（见图3-15）。这表明，合作社在经营服务方面较为重视专业技术。

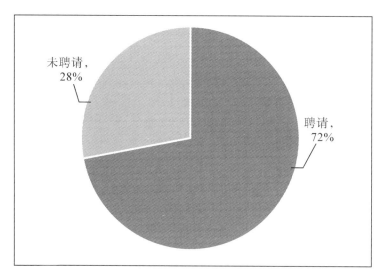

图 3-15 合作社聘请技术人员情况

从聘请技术人员时间趋势上可以看到，与聘请职业经理人情况相似，越来越多的合作社开始聘请技术人员（见图3-16），这显示出合作社在逐步发展的趋势。

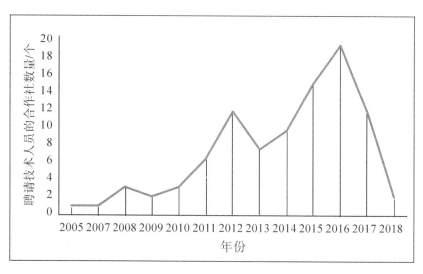

图 3-16 合作社聘请技术人员时间趋势

同时，我们可以看到，技术人员对合作社的技术指导普遍为每年2~5次或是每年10~20次（见图3-17）。

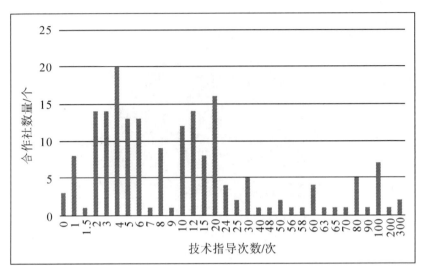

图 3-17　技术指导频次

对于合作社销售产品渠道，本次调查结果表明，合作社普遍通过"自产自销"的形式来销售产品，实体店面销售、超市销售、网络销售、经纪人销售等情况在每个合作社当中所占比重都较少（见图3-18）。

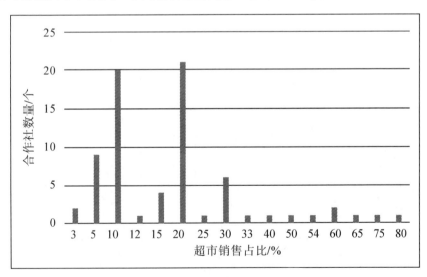

（a）　合作社产品自产自销情况

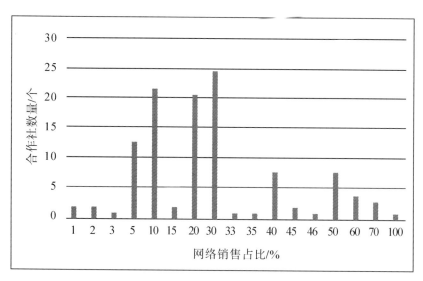

（b） 合作社产品实体店面销售情况

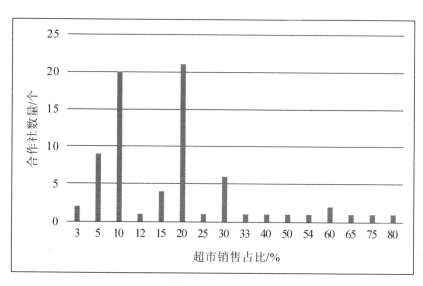

（c） 合作社产品超市销售情况

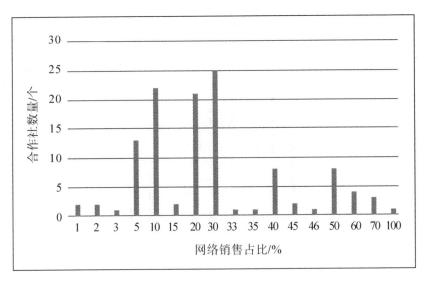

（d） 合作社产品网络销售情况

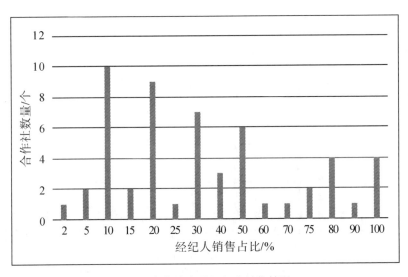

（d） 合作社产品经纪人销售情况

农民合作社创新行为的作用机制与动态演化规律研究

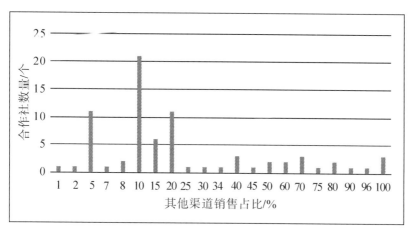

（f）合作社产品通过其他渠道销售情况

图3-18　合作社产品销售相关情况

据本次调查统计，2015年所抽取的260个合作社年总产值平均值为333.06万元，最高产值为5 500万元；2016年合作社的年总产值平均值为422.02万元，最高产值为6 000万元；2017年合作社的年总产值平均值为581.75万元，最高产值为8 000万元（见表3-1）。虽然每年合作社都有总产值为0的情况发生，这可能由于该合作社成立于当年，但总体上来看，合作社的年总产值情况较为乐观。

表3-1　合作社年总产值情况

年份	观测值个数/个	均值/万元	方差/万元	最小值/万元	最大值/万元
2015	260	333.061 5	846.143 7	0	5 500
2016	260	422.023 1	957.432 2	0	6 000
2017	260	581.748 5	1 128.363	0	8 000

同时，根据调查统计的结果，2015年所抽取的260个合作社每亩利润的均值为2 111.85元，最高为50 000元；2016年合作社每亩利润均值为2 425.05元，最高为30 000元；2017年合作社每亩利润均值为3 099.44元，最高为40 000元（见表3-2）。虽然每年合作社都有每亩利润为负的情况发生，但总体上看，合作社每亩的利润较为可观。

表 3-2　合作社每亩利润情况

年份	观测值个数/个	均值/元·亩$^{-1}$	方差/元·亩$^{-1}$	最小值/元·亩$^{-1}$	最大值/元·亩$^{-1}$
2015	260	2 111.853	4 859.7	−2 000	50 000
2016	260	2 425.048	4 608.85	−2 800	30 000
2017	260	3 099.435	4 922.707	−3 200	40 000

最后，在合作社离火车站、汽车站和县政府的距离问题上我们发现，离火车站最远的合作社距离有将近 200 千米，但大部分合作社距火车站有 10~20千米；离汽车站最远的合作社距离有 120 千米，大部分合作社距离汽车站有1~10 千米；离县政府最远的合作社距离有 100 千米（见表 3-3）。

表 3-3　合作社与各个地点距离情况（千米）

地点	观测值个数/个	均值/千米	方差/千米	最小值/千米	最大值/千米
火车站	260	36.707 31	33.318 3	0	200
汽车站	260	14.838 08	16.564 22	0	120
县政府	260	21.508 08	17.858 35	0	100

第二节　合作社理事长的基本情况

本次抽样的 260 个合作社当中，女理事长有 34 人，仅占总数的 13%；男理事长有 226 人，占总数的 87%（见图 3-19）。

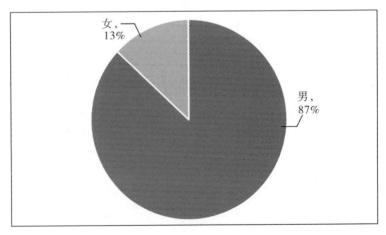

图 3-19　合作社理事长性别情况

理事长的年龄大多分布于 31~66 周岁。其中，31~42 周岁的有 76 人，43~54 周岁的有 141 人，55~66 周岁的有 32 人；而 30 周岁及以下的仅有 10 人，66 周岁以上的仅 1 人（见图 3-20）。这一方面反映了合作社理事长并不是由退休以后的老人来担任，而是由真正具有创业意识的有志之士担任；另一方面也反映了合作社对于青壮年返乡的吸引力不断增强。

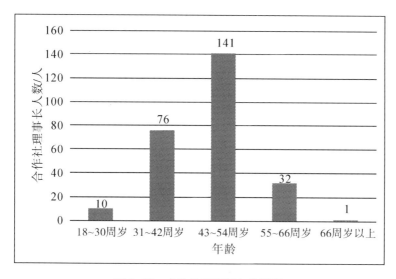

图 3-20 合作社理事长年龄情况

关于合作社理事长的文化程度，据调查统计，这 260 个合作社理事长大部分具有高中以上的文化。其中，初中文化 69 人，高中或中专文化有 108 人，大学（包括大专）及以上 71 人，小学及以下仅有 12 人（见图 3-21）。这侧面反映了合作社理事长的文化素质普遍较高、少部分理事长的文化程度较低的情况，但其并不能说明理事长的管理能力和发展眼光欠缺。

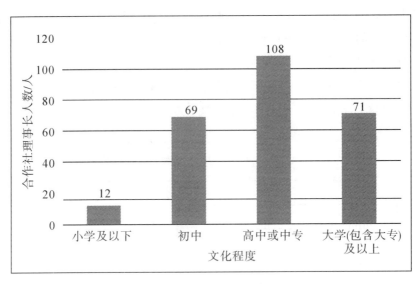

图 3-21 合作社理事长文化程度

在 260 个合作社理事长当中，仅有 21% 的人拥有职业经理人资格证书，有79% 的人没有职业经理人资格证书（见图 3-22）。同时，大多数理事长都有农业从业经历，经历时间最长的长达 50 年，而有从军经历的仅有一人。

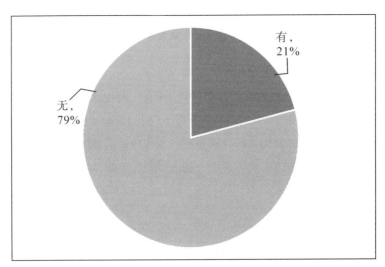

图 3-22 理事长拥有经理职业证书情况

除了内部社员以外，合作社理事长还有很多其他的亲戚朋友，理事长的人脉关系在一定程度上可以拓宽合作社发展的渠道。在此次调查中，认识 150 人以上的理事长有 189 个，认识 101~150 人的理事长有 31 个，认识 50~100 人的理事长有 25 个，仅认识 50 人以下的理事长有 15 个（见图 3-23）。

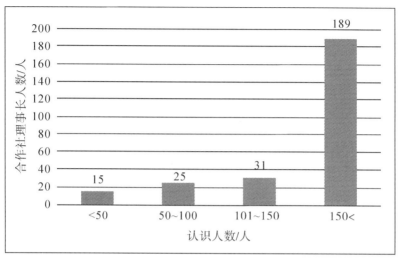

图 3-23　合作社理事长熟人情况

在这些熟知的人当中，我们可以看到他们的职业分布。合作社理事长普遍认识从事教师、公务员、技术专家、个体户、农民、工人、销售经理这些职业的人，只有医生相对较少（见图 3-24）。

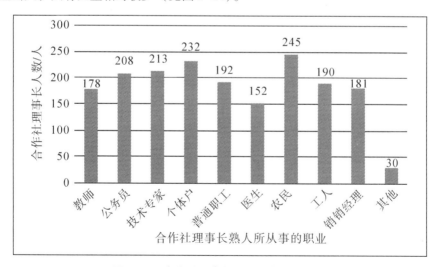

图 3-24　合作社理事长熟人从事职业情况

当然，合作社理事长所认识的人不一定能为合作社带来机会，只有双方真正进行合作，才能发挥人脉的优势。本次调查统计结果显示，理事长与 75% 以上的熟人有合作关系的仅占总理事长人数的 7%；理事长与 51%~75% 的熟人有合作关系的占总理事长人数的 23%；理事长与 25%~50% 的熟人有合作关系的占总理事长人数的 33%；理事长与 25% 以下的熟人有合作关系的占总理事长人数的 37%（见图 3-25）。可见，虽然理事长所认识的人有很多，但并未与其中的大部分人有过合作关系。

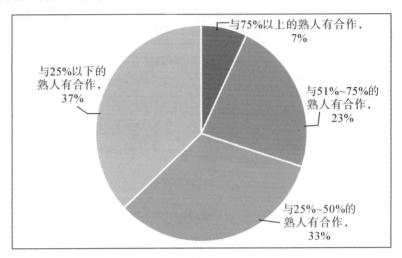

图 3-25　理事长与熟人的合作关系

在为数不多的合作关系当中，销售关系是最多的，然后才是技术指导、提供劳动力和同类合作社学习，能提供资金支持的不足 150 个，能提供设备支持的不足 100 个（见图 3-26）。

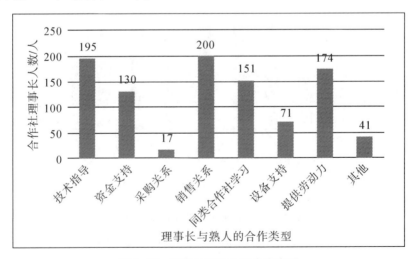

图 3-26　理事长与熟人的合作类型

第三节　社会网络

本书探究了"互联网+"背景下理事长社会网络对农民合作社创新行为的影响机制，其关键变量包括理事长关系网络、互联网应用以及农民合作社创新行为。其中，理事长关系网络主要分为内部关系网络和外部关系网络；农民合作社的互联网应用情况，主要调查互联网应用时间、应用领域、带来的影响、使用程度等；农民合作社的创新行为情况，主要涉及产品创新、技术创新、管理创新、营销创新。在现有研究（Chang，2017）和农民合作社实际情况的基础上，我们对这3个重要变量采用李克特量表（Likert scale）进行测量，受访者可以在量表中选择"非常同意""同意""一般""比较不同意""非常不同意"5种回答。

一、理事长社会内部关系网络

表3-4为农民合作社理事长社会内部关系网络的测量量表及其调研结果数据，由表可知，本书对农民合作社理事长的内部关系网络变量的维度构成及内涵主要围绕理事长在内部运营过程中所接触的社员的数量、专业种类，理事长在社员中的影响力作用以及理事长与社员之间相处的关系紧密度等确定。由表3-4中的数据可以看出，农民合作社理事长对于理事长内部社会关系网络的相关内涵选择同意和非常同意的几乎占到了总数的60%以上，可以看出多数农民合作社理事长的内部关系网络比较强。具体而言，所调查的260家农民合作社中，超过80%的理事长认为自己直接联系或接触的社员数量多或较多；接近60%的理事长认为自己社员的专业种类多；接近50%的理事长认为自己社员加入合作社前从事的工作种类多；80%以上的理事长认为自己在社员中的影响力大、权威性高；接近80%的理事长与社员之间互动频繁、联系紧密、有畅通的沟通平台；接近90%的理事长与社员的合作关系友好；接近80%的理事长与社员的合作时间长；90%以上的理事长与社员之间相互信任。

表 3-4　农民合作社理事长社会内部关系网络的测量量表及其调研结果

理事长社会内部关系网络	非常不同意	比较不同意	一般	同意	非常同意
理事长直接联系或接触的社员数量多	0	5	44	123	88
理事长认识的社员的专业种类多	6	17	86	102	49
社员加入合作社前从事的工作种类多	8	28	100	87	37
理事长在社员中的影响力大	0	3	39	134	84
理事长在社员中的权威性高	0	1	38	124	97
理事长与社员之间互动频繁	1	3	55	117	84
理事长与社员之间联系紧密	0	3	50	124	83
理事长与社员之间有畅通的沟通平台	0	2	53	125	80
理事长与社员的合作关系友好	1	0	29	133	97
理事长与社员的合作时间长	1	7	60	120	72
理事长与社员之间相互信任	0	1	21	134	104

二、理事长社会外部关系网络

理事长社会外部关系网络是指除去社员外的所有理事长可以直接或间接接触到的人员所组成的复杂关系网络。简而言之，理事长社会外部关系网络就是指除了社员以外理事长认识的所有人，包括朋友、同学、合作伙伴、亲戚、政府人员以及认识的同行等。关于理事长的社会外部关系网络内涵的度量，本书主要根据外部关系网络的规模、种类、联系紧密度、之间的影响等方面进行度量。表 3-5 是理事长社会外部关系网络的具体测量量表以及最终调研数据结果。从整体上看，50%以上的理事长同意或非常同意自身外部网络的规模较大，且认识的人的职业种类多、专业种类多、区域分布广；56.92%的理事长认为自己在外部关系网络中的影响力大；接近 80%的理事长经常与客户、亲戚、朋友、供应商进行联系，与同行、政府人员、行业协会联系相对较少；接近 85%的理事长认为自己与亲戚、朋友相互信任，但是对其他人员信任的相对较少；85%左右的理事长认为自己与外部网络的朋友、亲戚、同行、供应商、政府人员、行业协会、客户都是相互尊重的；大约有 60%的理事长认为自己与认识的人相互扶持。

表 3-5　理事长社会外部关系网络的测量量表及结果

理事长社会外部关系网络	非常不同意	比较不同意	一般	同意	非常同意
理事长认识的亲戚数量多	0	2	45	138	75
理事长认识的朋友数量多	0	2	36	128	94
理事长认识的客户数量多	2	3	68	116	71
理事长认识的供应商数量多	2	6	88	104	60
理事长认识的政府人员数量多	1	15	105	88	51
理事长认识的行业协会数量多	3	15	107	83	52
理事长认识的同行数量多	2	10	86	93	69
除社员外,理事长认识的人的职业种类多(如医生、老师)	4	13	80	98	65
除社员外,理事长认识的人的专业种类多(如金融、工程)	6	26	102	82	44
除社员外，理事长认识的人的区域分布广	0	12	82	105	61
理事长在社会外部关系网络的影响力大	4	14	94	100	48
理事长经常与亲属进行联系	1	2	42	131	84
理事长经常与朋友进行联系	1	0	34	135	90
理事长经常与客户进行联系	1	4	48	120	87
理事长经常与供应商进行联系	2	5	65	117	71
理事长经常与政府部门进行联系	1	13	86	96	64
理事长经常与行业协会进行联系	2	13	105	84	56
理事长经常与同行进行联系	2	10	82	105	61
理事长与认识的这些朋友之间彼此信任	0	2	41	141	76
理事长与认识的这些亲戚之间彼此信任	0	0	32	138	90
理事长与认识的这些客户之间彼此信任	1	0	57	124	78
理事长与认识的这些供应商之间彼此信任	1	1	63	124	71
理事长与认识的这些政府人员之间彼此信任	2	2	68	117	71
理事长与认识的这些行业协会之间彼此信任	2	4	81	109	64
理事长与认识的这些同行之间彼此信任	2	5	78	110	65
理事长与认识的这些朋友之间相互尊重	0	0	25	128	107
理事长与认识的这些亲戚之间相互尊重	0	0	27	124	109

表3-5(续)

理事长社会外部关系网络	非常不同意	比较不同意	一般	同意	非常同意
理事长与认识的这些客户之间相互尊重	1	0	25	126	108
理事长与认识的这些供应商之间相互尊重	1	1	37	119	102
理事长与认识的这些政府人员之间相互尊重	1	1	38	110	110
理事长与认识的这些行业协会之间相互尊重	2	2	44	124	88
理事长与认识的这些同行之间相互尊重	2	2	42	120	94
理事长与认识的这些朋友之间相互扶持	0	6	72	112	70
理事长与认识的这些亲戚之间相互扶持	1	3	63	105	88
理事长与认识的这些客户之间相互扶持	1	3	83	107	66
理事长与认识的这些供应商之间相互扶持	1	6	86	107	60
理事长与认识的这些政府人员之间相互扶持	3	8	96	100	53
理事长与认识的这些行业协会之间相互扶持	2	12	98	97	51
理事长与认识的这些同行之间相互扶持	2	13	86	104	55

具体而言，我们将理事长的社会外部关系网络测量量表分为外部网络规模、外部网络异质性、外部网络紧密度等几个方面分类进行分析。其中，从理事长的社会外部关系网络规模可以看出（见图3-27），有36.15%的理事长认为自己认识的朋友很多，之后才是亲戚、客户、同行、供应商、行业协会、政府人员，分别为28.85%、27.31%、26.54%、23.08%、20.00%、19.62%，而认为认识的政府人员很多的理事长占比最少。有53.08%的理事长认为自己认识的亲戚较多，之后才是朋友、客户、供应商、同行、政府人员、行业协会，分别为49.23%、44.62%、40.00%、35.77%、33.85%、31.92%。我们发现，不管是理事长选择非常同意还是同意，所调查数据中只有少部分理事长认为自己认识的政府人员以及行业协会多。除此之外，大多数理事长认为自己的社会外部关系网络中的亲戚和朋友比较多。

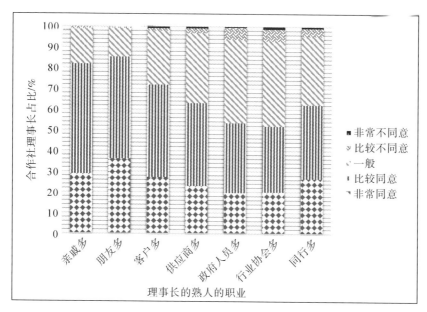

图 3-27　理事长的社会外部关系网络规模

关于理事长外部关系网络的异质性，我们主要从理事长认识的外部网络关系的职业种类、专业种类、分布区域进行考察。由图 3-28 可以看出，只有 1/4 的理事长认为自己认识的人的职业种类多，有 16.92% 的理事长认为自己认识的人的专业种类多，有 23.46% 的理事长认为自己认识的人的区域分布广。还有 37.69%、31.54%、40.38% 的理事长认为自己认识的人的职业种类多、专业种类多、区域分布广，大约有 1/3 的理事长认为自己的社会外部关系网络异质性一般。

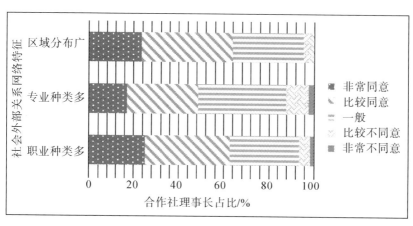

图 3-28　理事长社会外部关系网络异质性

由图 3-29 可以看出理事长与社会外部关系网络的联系程度，其中有34.62%、33.46%、32.31%的理事长经常与客户、朋友、亲戚进行联系，只有少部分的理事长经常与供应商、政府、行业协会、同行进行联系；有50%左右的理事长认为自己与客户、朋友、亲戚、供应商联系较多。整体来看，相当一部分的理事长与政府人员、行业协会联系一般。可以得知，理事长一般与亲戚、朋友、客户、供应商关系比较密切，主要是与客户、供应商有着合作关系，相比之下同行的竞争关系或者合作关系就比较疏远了。

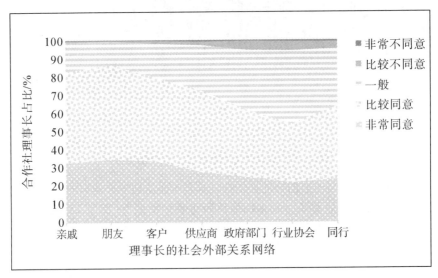

图 3-29　理事长与社会外部关系网络的联系程度

由图 3-30 可以看出理事长与社会外部关系网络的彼此信任程度，其中认为与亲戚彼此信任的理事长最多，占 36.42%，然后是客户、朋友、供应商、政府、同行、行业协会，分别占总人数的30%、29.23%、27.31%、27.31%、25.00%、24.62%；有50%左右的理事长与外部网络的人员都比较信任，而比较信任朋友的理事长人数最多，占 54.23%。

由图 3-31 可以看出理事长与社会外部关系网络的相互尊重程度，其中与政府人员相互尊重的理事长最多，占 42.31%，然后是亲戚、客户、朋友、供应商、同行、行业协会，分别占总人数的 41.54%、41.92%、41.15%、39.23%、36.15%、33.85%；有50%左右的理事长与社会外部关系网络的人员都比较尊重；相对而言，有90%左右的理事长与亲戚、客户、朋友、供应商、同行、政府人员、行业协会都相互尊重，且占比都比较均匀。

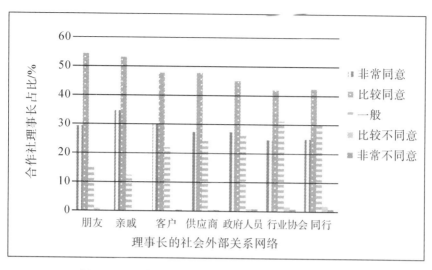

图 3-30　理事长与社会外部关系网络的彼此信任程度

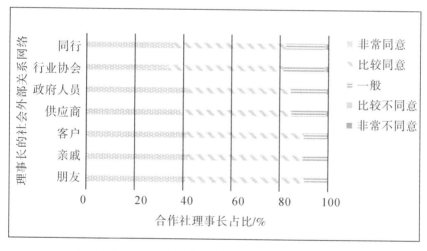

图 3-31　理事长与社会外部关系网络的相互尊重程度

由图 3-32 可以看出理事长与社会外部关系网络的相互扶持程度，其中与亲戚相互扶持的理事长最多，占总人数的 33.85%，然后是朋友、客户、供应商、同行、政府人员、行业协会，分别占总人数的 26.92%、25.38%、23.08%、21.15%、20.38%、19.62%；有 40% 左右的理事长与外部关系网络的人员都相互比较扶持；有 30% 左右的理事长认为与外部关系网络的人员相互扶持的程度一般。

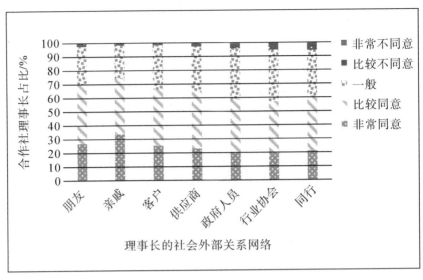

图 3-32　理事长与社会外部关系网络的相互扶持程度

第四节　互联网应用

结合相关文献与农民合作社的实际情况，本书探讨的互联网应用主要涉及农民合作社日常交流、管理、学习、采购、销售、物流、宣传、服务等各个环节，包括运用各类大型网络平台如淘宝、天猫、京东以及各类自建网络销售平台等；各类社会化媒体和通信工具如微博、微信、QQ、SNS 等（李仪，2016）；各类知识信息资源获取平台如百度、搜狐、知乎、知网等。在关于互联网应用的问卷中，本书主要调查了农民合作社开始应用互联网的时间、应用互联网的用途以及互联网应用带来的影响。

如图 3-33 所示，问卷调查的 260 家四川省种植业农民合作社中有 235 家农民合作社应用了互联网，占总数的 90.38%。其中，最早在 2004 年就有 1 家农民合作社开始使用互联网，并逐年增加，到 2016 年，开始应用互联网的合作社数量达到最高，有 54 户，占使用互联网合作社总数的 22.98%。

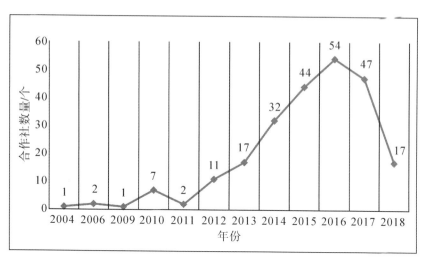

图 3-33   应用互联网的农民合作社个数

除此之外，问卷对农民合作社应用互联网的用途进行提问，并给出可供参考的选项，包括交流、销售、知识学习、日常管理、其他。在应用互联网的235家合作社中，有 78.3% 的农民合作社通过互联网进行日常交流，有76.17% 的农民合作社通过互联网进行销售，有71.06% 的农民合作社通过互联网学习相关知识，有57.87% 的农民合作社通过互联网进行内部日常管理。据了解，还有 14.89% 的农民合作社通过互联网进行采购、宣传等环节（见图 3-34）。

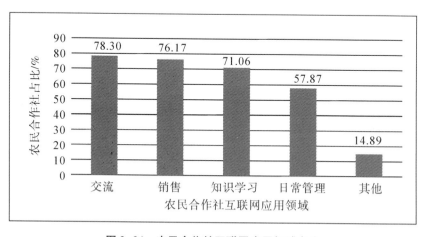

图 3-34   农民合作社互联网应用领域占比

当问及通过互联网给农民合作社带来了怎样的变化，大多数农民合作社回答应用互联网进行品牌宣传、增加销售方式、学习先进技术、减少运营成本、加强内部管理等。其中，有63.4%的农民合作社应用互联网对农产品进行了品牌宣传；有75.32%的农民合作社通过互联网营销增加了农产品的销售方式；有68.94%的农民合作社通过应用互联网学习了先进的技术；有62.13%的农民合作社认为通过应用互联网，不仅能提高交流效率，快速获取信息资源，还能降低运营成本；有54.19%的农民合作社则通过互联网加强了对内部组织的管理（见图3-35）。

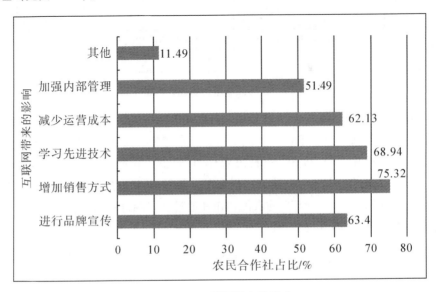

图3-35　互联网带来的影响

表3-6为农民合作社互联网应用的测量量表及调研结果。从测量量表可以看出本书调查的农民合作社互联网应用主要涉及通过运用互联网进行交流、学习、获取信息、产品销售、采购和管理，并对农民合作社获取信息以及处理信息的能力的提高程度进行界定。从调查结果来看，大多数理事长对互联网应用选择了同意，60%左右的农民合作社运用互联网比较积极，同时互联网应用还提升了合作社获取和处理信息的能力。

表3-6 农民合作社互联网应用的测量量表及调研结果

互联网应用	非常不同意	比较不同意	一般	同意	非常同意
合作社运用互联网进行交流	3	1	62	109	60
合作社运用互联网进行学习	1	4	65	102	63
合作社运用互联网获取信息	1	2	45	113	74
合作社运用互联网进行产品销售	5	16	56	92	66
合作社运用互联网进行采购	11	27	77	76	44
合作社运用互联网进行管理	5	11	88	93	38
互联网的使用提高了合作社获取信息的能力	1	4	52	116	62
互联网的使用提高了合作社处理信息的能力	1	6	72	107	50

农民合作社的互联网应用领域主要有交流、学习、管理、采购、销售、信息获取。由图3-36可以看出,有28.46%的农民合作社经常应用互联网进行信息获取,有43.46%的农民合作社应用互联网进行信息获取的频率也较多。相对而言,农民合作社应用互联网进行采购的最少,其他的应用互联网进行学习、管理、销售的比例不相上下。

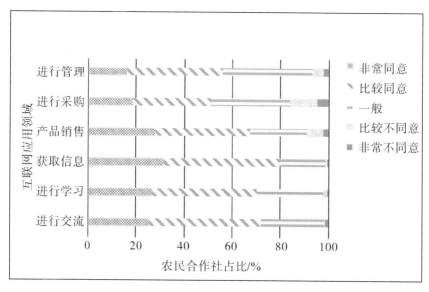

图3-36 农民合作社互联网应用领域

通过应用互联网，农民合作社不同程度地提高了自身的信息获取能力和信息处理能力，如图3-37所示。其中，在通过互联网应用提高了信息获取能力方面，有23.85%的农民合作社表示非常同意，有44.62%的农民合作社表示同意；而在通过互联网应用提高了信息处理能力方面有19.23%的农民合作社表示非常同意，有41.15%的农民合作社表示同意。

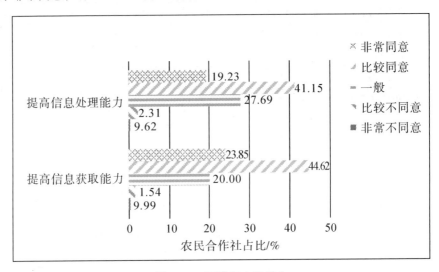

图 3-37　互联网应用能力

第五节　创新行为

农民合作社的创新行为就是通过引进新产品、新技术以及新的管理方式、新的营销方式等手段提高农民合作社的竞争优势，增加农民合作社的创新绩效。结合现有研究基础，我们将农民合作社创新行为分为产品创新、技术创新、管理创新和营销创新（Kahn，2018）。其中，产品创新包括引进新品种、产品改良等形式，技术创新包括引进种植技术、技术改进、引进种植设备等方式（Palcic et al.，2015），管理创新包括引入新的管理系统、组织变更、改进管理方法等方式（Nieves et al.，2015），营销创新包括引进新的销售方式、新的营销理念、新的促销方式和开发新的商业模式等。

表3-7为农民合作社创新行为的测量量表及调研数据结果。从整体上看，农民合作社针对产品、技术和营销方面的创新比较多，进行管理创新的农民合作社相对较少。

表 3-7　农民合作社创新行为的测量量表及调研数据结果

	创新行为	非常不同意	比较不同意	一般	同意	非常同意
产品创新	合作社经常根据市场需求对产品进行改良	2	8	72	115	63
	合作社经常引入新的品种	4	17	72	107	60
技术创新	合作社经常引进新的产品种植技术	4	12	69	110	65
	合作社经常引进新的产品储存技术	7	21	102	81	49
	合作社社员经常参加技术培训	3	19	61	115	62
	合作社经常自主研发新的种植技术	12	43	91	79	35
管理创新	合作社在决定用何种方法达到最终目的方面更具创新	1	10	108	107	34
	合作社比竞争对手在启动新系统/过程方面更具创新	1	14	117	93	35
	合作社比竞争对手在开发全新的目标完成方式和路径方面更具创新	2	12	113	91	42
	合作社在改进工作方法方面更具创新	2	5	114	98	41
	合作社在提高员工工作满意度方面更具创新	3	7	92	103	55
营销创新	合作社积极寻求创新的营销理念	2	6	61	129	62
	合作社经常寻找方法来开发新的商业模式	2	8	73	118	59
	合作社经常寻找方法来优化促销方法和工具	4	6	74	113	63
	合作社试图找到新的方法来构建与客户的关系	2	6	59	133	60
	合作社经常引入新的产品促销方式	3	13	81	113	50

　　具体而言,农民合作社的产品创新主要包括产品改良和引进新产品。图 3-38 为农民合作社经常进行产品创新的情况,可以看出,接近 30% 的农民合作社理事长认为合作社经常进行产品改进以及引进新品种;超过 40% 的理事长认为合作社进行产品创新的频率较高,且两种产品创新方式的比例十分相近;有 27.69% 的理事长认为合作社进行产品创新的频率一般。

　　农民合作社技术创新的测量量表主要包括合作社经常引进新的产品种植技术、引进新的产品储存技术、自主研发新的种植技术以及合作社社员经常参加技术培训 4 个方面,如图 3-39 所示。总体上看,农民合作社通过引进新的产品种植技术、对社员进行技术培训的方式进行技术创新的较多,而通过引进新的产品储存技术、自主研发新的种植技术的方式进行技术创新的较少。具体而言,有 25% 的农民合作社经常引进新的产品种植技术,然后才是参加技术培训、引进新的产品储存技术、自主研发新的种植技术；超过40%的合作社引进新的产品种植技术、参加技术培训的频率较高；接近30%的理事长认为合作社引进新的产品储存技术、自主研发新的种植技术的频率较高。

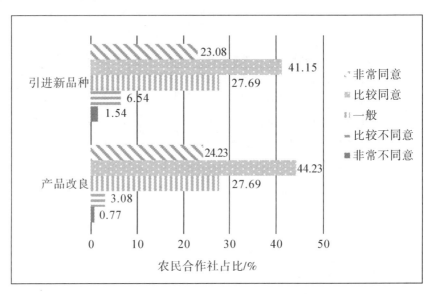

图 3-38　农民合作社经常进行产品创新的情况

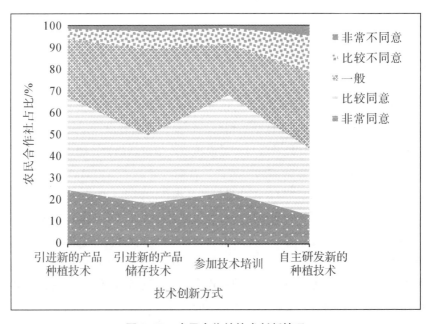

图 3-39　农民合作社技术创新情况

农民合作社的管理创新主要表现为以下几点：①合作社在决定用何种方法达到最终目的方面更具创新；②合作社比竞争对手在启动新系统/过程方面更具创新；③合作社比竞争对手在开发全新的目标完成方式和路径方面更具创新；④合作社在改进工作方法方面更具创新；⑤合作社在提高员工工作满意度方面更具创新。由图3-40可以看出，这5种创新方式有10%~20%的理事长选择非常同意，有40%左右的理事长选择同意，有40%左右的理事长选择一般。可以看出，只有50%左右的农民合作社在积极进行管理创新，而相比其他创新，进行管理创新的合作社相对较少。

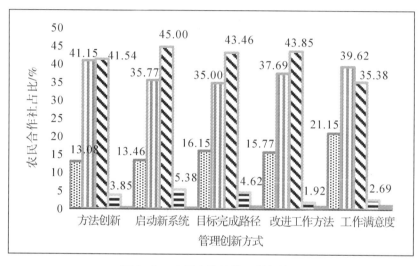

图3-40　农民合作社管理创新情况

农民合作社的营销创新主要有以下几点：①合作社积极寻求创新的营销理念；②合作社经常寻找方法来开发新的商业模式；③合作社经常寻找方法来优化促销方法和工具；④合作社试图找到新的方法来构建与客户的关系；⑤合作社经常引入新的产品促销方式。由图3-41可以看出，有20%左右的农民合作社积极进行营销创新，有50%左右的合作社比较积极。其中，以试图找到新的方法来构建与客户的关系的方式进行营销创新的较多，引入新的产品促销方式的较少。总体而言，大多数农民合作社经常进行营销创新。

问卷对农民合作社理事长通过创新使合作社获得了哪方面的收益进行提问。问题所涉及的答案选项包括成本降低、收益增加、社员内部关系融洽、形成农产品牌、社员能力的提高以及其他。调研结果如图3-42所示。有193家农民合作社理事长认为创新对合作社的成本有所降低，占所调查农民合作社总数的74.23%；有208家农民合作社理事长认为创新使合作社的收益有所增加，占所调查农民合作社总数的 80%；有 169 家农民合作社理事长认为创新有助于合作社的社员内部关系融洽，占所调查农民合作社总数的 65%；有 126 家农民合作社理事长认为创新有助于合作社形成农产品品牌，占所调查农民合作社总数的 48.46%；有 150 家农民合作社理事长认为创新使合作社社员的能力有所提高，占所调查农民合作社总数的 57.69%；还有 31 家农民合作社理事长认为创新给合作社的其他方面也带来了收益。

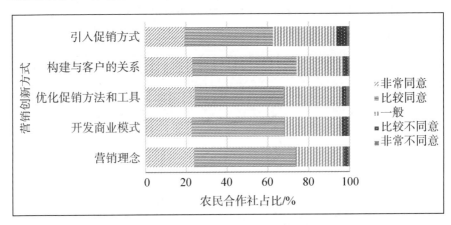

图 3-41　农民合作社的营销创新情况

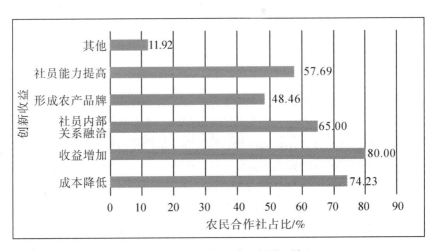

图 3-42　农民合作社的创新收益情况

第六节 创新水平差异分析

我们采用因子分析对4个量表进行降维，并对因子得分进行标准化处理，将标准化的因子得分作为创新水平的代理变量，之后对每个地区的4种创新水平求取均值，代表该地区合作社平均创新水平。图3-43为四川省各个地区的产品创新平均水平排名情况。从图3-43中可以看出，我们所调查的18个地区的产品创新平均水平排名从低到高依次为南充市（0.59）、广安市（0.62）、绵阳市（0.62）、自贡市（0.63）、成都市（0.64）、遂宁市（0.64）、简阳市（0.66）、雅安市（0.66）、内江市（0.72）、凉山彝族自治州（以下简称"凉山州"）（0.75）、泸州市（0.75）、达州市（0.75）、眉山市（0.76）、德阳市（0.78）、宜宾市（0.80）、攀枝花市（0.81）、乐山市（0.86）和广元市（1.00）。

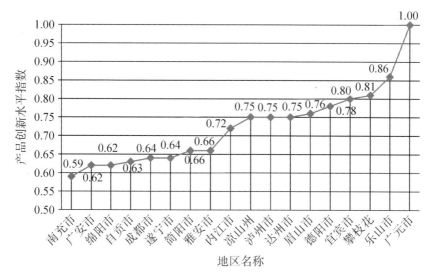

图3-43 四川省各个地区的产品创新平均水平排名情况

图3-44为四川省各个地区的技术创新平均水平排名情况。从图3-44中可以看出，我们所调查的18个地区的技术创新平均水平排名从低到高依次为南充市（0.56）、成都市（0.56）、雅安市（0.57）、绵阳市（0.59）、简阳市（0.61）、内江市（0.62）、自贡市（0.62）、广安市（0.64）、遂宁市（0.65）、泸州市（0.66）、广元市（0.67）、凉山州（0.70）、眉山市（0.71）、达州市（0.73）、德阳市（0.75）、宜宾市（0.77）、乐山市（0.81）和攀枝花市（0.82）。

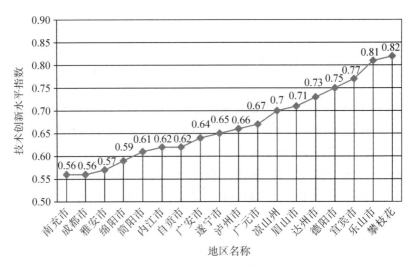

图 3-44　四川省各个地区的技术创新平均水平排名情况

图 3-45 为四川省各个地区的管理创新平均水平排名情况。从图 3-45 中可以看出，我们所调查的 18 个地区的管理创新平均水平排名从低到高依次为南充市（0.51）、成都市（0.58）、绵阳市（0.60）、遂宁市（0.61）、雅安市（0.61）、自贡市（0.63）、广安市（0.64）、简阳市（0.66）、凉山州（0.67）、达州市（0.67）、广元市（0.69）、眉山市（0.69）、德阳市（0.70）、内江市（0.72）、宜宾市（0.72）、泸州市（0.74）、攀枝花市（0.79）和乐山市（0.84）。

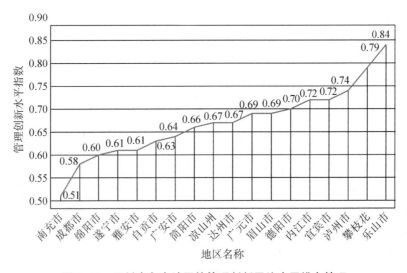

图 3-45　四川省各个地区的管理创新平均水平排名情况

　农民合作社创新行为的作用机制与动态演化规律研究

图 3-46 为四川省各个地区的营销创新平均水平排名情况。从图 3-46 中可以看出，我们所调查的 18 个地区的营销创新平均水平排名从低到高依次为南充市（0.53）、雅安市（0.61）、成都市（0.64）、绵阳市（0.64）、遂宁市（0.65）、简阳市（0.70）、自贡市（0.73）、达州市（0.73）、内江市（0.74）、凉山州（0.74）、广元市（0.75）、广安市（0.75）、德阳市（0.76）、眉山市（0.76）、泸州市（0.77）、宜宾市（0.78）、攀枝花市（0.80）和乐山市（0.84）。

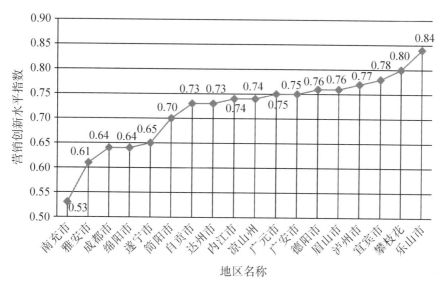

图 3-46 四川省各个地区的营销创新平均水平排名情况

一、独立样本 t 检验

我们从农民合作社是否在工商部门注册、是否进行了商标注册、是否引入了职业经理人、是否进行了质量认证、是否引入了技术人员、理事长是否为职业经理人和是否应用互联网几个方面对产品创新、技术创新、管理创新和营销创新进行独立样本 t 检验。

从表 3-8 可以看出，在工商部门注册过的农民合作社与未注册的农民合作社的 4 种创新水平并无显著性差异。在工商部门注册的农民合作社，其产品创新、技术创新、管理创新和营销创新的平均值分别为 0.707 5、0.665 2、0.663 1 和 0.719 8；未在工商部门注册的农民合作社，其产品创新、技术创新、管理创新和营销创新的平均值分别为 0.726 3、0.542 2、0.549 2 和 0.619 8。

表 3-8 农民合作社工商部门注册与否的创新的差异

变量名称	已在工商部门注册		未在工商部门注册		均值差 (t 检验)
	均值	标准差	均值	标准差	
产品创新	0.707 5	0.201 2	0.726 3	0.221 1	-0.018 8
技术创新	0.665 2	0.197 6	0.542 2	0.135 6	0.123 0
管理创新	0.663 1	0.175 9	0.549 2	0.102 7	0.113 8
营销创新	0.719 8	0.180 1	0.619 8	0.138 4	0.100 0

从表 3-9 可以看出，产品创新（10% 的水平）、技术创新（5% 的水平）、管理创新（5% 的水平）和营销创新（5% 的水平）呈现出显著的统计差异。进行过商标注册的农民合作社，其产品创新、技术创新、管理创新和营销创新的平均值分别为 0.735 4、0.701 6、0.697 5 和 0.749 9，显著地比未进行商标注册的农民合作社多出 0.045 0、0.063 4、0.059 9 和 0.052 4。

表 3-9 农民合作社商标注册与否的创新的差异

变量名称	已进行商标注册		未进行商标注册		均值差 (t 检验)
	均值	标准差	均值	标准差	
产品创新	0.735 4	0.183 5	0.690 4	0.210 2	0.045 0*
技术创新	0.701 6	0.182 3	0.638 2	0.202 8	0.063 4**
管理创新	0.697 5	0.163 6	0.637 6	0.179 0	0.059 9**
营销创新	0.749 9	0.149 6	0.697 5	0.194 1	0.052 4**

注：*、** 和 *** 分别表示在 10%、5% 和 1% 的水平上显著；下同。

从表 3-10 可以看出，4 种创新在 1% 的水平上均呈现出显著的统计差异。引入职业经理人的农民合作社，其产品创新、技术创新、管理创新和营销创新的平均值分别为 0.776 2、0.723 8、0.740 3 和 0.775 9，显著地比未引入职业经理人的农民合作社多出 0.103 2、0.092 2、0.120 0 和 0.087 7。

表 3-10 职业经理人引入与否的创新的差异

变量名称	已引入职业经理人		未引入职业经理人		均值差 (t 检验)
	均值	标准差	均值	标准差	
产品创新	0.776 2	0.186 3	0.673 0	0.200 0	0.103 2***
技术创新	0.723 8	0.182 8	0.631 6	0.197 4	0.092 2***

表3-10(续)

变量名称	已引入职业经理人		未引入职业经理人		均值差 （t 检验）
	均值	标准差	均值	标准差	
管理创新	0.740 3	0.161 0	0.620 3	0.168 7	0.120 0***
营销创新	0.775 9	0.153 3	0.688 2	0.185 2	0.087 7***

从表3-11可以看出，4种创新在10%的水平上均呈现出显著的统计差异。产品质量认证过的农民合作社，其产品创新、技术创新、管理创新和营销创新的平均值分别为0.737 3、0.688 5、0.683 9和0.741 4，显著地比未进行产品质量认证的农民合作社多出0.049 1、0.042 8、0.033 3和0.039 3。

表 3-11　产品质量认证与否的创新的差异

变量名称	已进行产品质量认证		未进行产品质量认证		均值差 （t 检验）
	均值	标准差	均值	标准差	
产品创新	0.737 3	0.180 9	0.688 2	0.211 8	0.049 1*
技术创新	0.688 5	0.172 3	0.645 7	0.210 9	0.042 8*
管理创新	0.683 9	0.150 6	0.645 6	0.188 9	0.033 3*
营销创新	0.741 4	0.147 7	0.702 1	0.197 0	0.039 3*

从表3-12可以看出，4种创新在1%的水平上均呈现出显著的统计差异，引入技术人员的农民合作社，其产品创新、技术创新、管理创新和营销创新的平均值分别为0.732 0、0.694 1、0.689 5和0.741 1，显著地比未引入技术人员的农民合作社多出0.087 1、0.113 0、0.103 4和0.084 0。

表 3-12　技术人员引入与否的创新的差异

变量名称	引入技术人员		未引入技术人员		均值差 （t 检验）
	均值	标准差	均值	标准差	
产品创新	0.732 0	0.189 3	0.644 9	0.218 2	0.087 1***
技术创新	0.694 1	0.180 7	0.581 1	0.215 4	0.113 0***
管理创新	0.689 5	0.169 5	0.586 1	0.169 1	0.103 4***
营销创新	0.741 1	0.169 7	0.657 1	0.191 6	0.084 0***

从表 3-13 可以看出，只有管理创新（10%的水平）呈现出显著的统计差异。理事长为职业经理人的农民合作社，其管理创新平均值分别为 0.697 7，显著地比理事长不是职业经理人的农民合作社多出 0.046 7；而其他创新水平并无显著差异。

表 3-13　理事长是否为职业经理人的创新的差异

变量名称	理事长是职业经理人		理事长不是职业经理人		均值差（t 检验）
	均值	标准差	均值	标准差	
产品创新	0.731 3	0.193 5	0.701 6	0.203 1	0.029 8
技术创新	0.689 3	0.185 8	0.655 7	0.199 9	0.033 5
管理创新	0.697 7	0.184 0	0.651 0	0.172 1	0.046 7*
营销创新	0.742 2	0.171 2	0.711 3	0.181 7	0.030 9

从表 3-14 可以看出，产品创新（10%的水平）、技术创新（1%的水平）、管理创新（5%的水平）和营销创新（1%的水平）均呈现出显著的统计差异。应用互联网的农民合作社，其产品创新、技术创新、管理创新和营销创新的平均值分别为 0.717 9、0.679 5、0.673 1 和 0.731 0，显著地比未应用互联网的农民合作社多出 0.062 2、0.103 1、0.075 4 和 0.081 6。

表 3-14　互联网应用与否的创新的差异

变量名称	应用互联网		未应用互联网		均值差（t 检验）
	均值	标准差	均值	标准差	
产品创新	0.717 9	0.188 8	0.655 7	0.252 2	0.062 2*
技术创新	0.679 5	0.191 5	0.576 4	0.205 8	0.103 1***
管理创新	0.673 1	0.173 0	0.597 7	0.176 1	0.075 4**
营销创新	0.731 0	0.174 2	0.649 4	0.193 9	0.081 6***

二、单因素方差分析

从表 3-15 可以看出，方差无显著齐性。表 3-16 的结果表明，注册资本在 30 万元以下的农民合作社的技术创新（$p < 0.05$）与管理创新（$p < 0.1$）水平显著低于注册资本大于 110 万元的农民合作社，其他各组之间的 4 种创新水平无显著差异。

表 3-15 方差齐性

变量名称	p 值
产品创新	0.443
技术创新	0.340
管理创新	0.102
营销创新	0.282

表 3-16 单因素方差分析

变量名称	注册资本	30 万元以下	30 万~50 万元	50 万~70 万元	70 万~90 万元	90 万~110 万元
产品创新	30 万~50 万元	−0.032 7	—	—	—	—
	50 万~70 万元	0.062 6	0.095 3	—	—	—
	71 万~90 万元	−0.042 6	−0.009 9	−0.105 2	—	—
	91 万~110 万元	−0.014 1	0.018 6	−0.076 7	0.028 5	—
	110 万元以上	0.053 3	0.086 0	−0.009 3	0.095 9	0.067 4
技术创新	30 万~50 万元	0.038 1	—	—	—	—
	51 万~70 万元	0.078 2	0.040 2	—	—	—
	71 万~90 万元	0.034 9	−0.003 2	−0.043 4	—	—
	91 万~110 万元	0.075 9	0.037 8	−0.002 4	0.041 0	—
	110 万元以上	0.122 3**	0.084 2	0.044 1	0.087 4	0.046 4
管理创新	30 万~50 万元	0.051 6	—	—	—	—
	51 万~70 万元	0.071 1	0.019 5	—	—	—
	71 万~90 万元	0.086 4	0.034 8	0.015 3	—	—
	91 万~110 万元	0.078 8	0.027 2	0.007 7	−0.007 6	—
	110 万元以上	0.102 4*	0.050 8	0.031 3	0.016 0	0.023 6
营销创新	30 万~50 万元	−0.004 8	—	—	—	—
	51 万~70 万元	0.022 9	0.027 7	—	—	—
	71 万~90 万元	0.066 9	0.071 7	0.044 0	—	—
	91 万~110 万元	0.041 8	0.046 5	0.018 9	−0.025 1	—
	110 万元以上	0.063 0	0.067 8	0.040 1	−0.003 9	0.021 2

从表 3-17 可以发现，方差无显著齐性。表 3-18 结果显示，水果合作社的产品创新水平显著高于蔬菜合作社（$p<0.05$）和花卉苗木合作社（$p<0.1$）；花卉苗木合作社的技术创新水平显著低于水果合作社（$p<0.05$）和其他种植业合作社（$p<0.05$）；其他种植业合作社的管理创新水平显著高于花卉苗木合作社（$p<0.1$）；水果合作社的营销创新水平显著地高于花卉苗木合作社（$p<0.1$）。其他各组之间的 4 种创新水平无显著差异。

表 3-17　方差齐性

变量名称	p 值
产品创新	0.759
技术创新	0.327
管理创新	0.347
营销创新	0.382

表 3-18　单因素方差分析

变量名称	主要产品类型	水果	蔬菜	花卉苗木	菌类
产品创新	蔬菜	−0.099 3**	—	—	—
	花卉苗木	−0.097 8*	0.001 5	—	—
	菌类	−0.068 5	0.030 7	0.029 3	—
	其他	−0.004 2	0.095 1	0.093 6	0.064 3
技术创新	蔬菜	−0.062 7	—	—	—
	花卉苗木	−0.113 2**	−0.050 5	—	—
	菌类	−0.045 8	0.016 9	0.067 3	—
	其他	0.010 9	0.073 6	0.124 1**	0.056 8
管理创新	蔬菜	−0.033 3	—	—	—
	花卉苗木	−0.059 1	−0.025 8	—	—
	菌类	0.017 9	0.051 2	0.077 0	—
	其他	0.036 5	0.069 9	0.095 6*	0.018 7

表3-18(续)

变量名称	主要产品类型	水果	蔬菜	花卉苗木	菌类
营销创新	蔬菜	−0.060 3	—	—	—
	花卉苗木	−0.088 0*	−0.027 8	—	—
	菌类	0.037 1	0.097 4	0.125 1	—
	其他	0.000 1	0.060 3	0.088 1	−0.037 1

从表 3-19 可以看出，产品创新、技术创新与营销创新的方差存在显著齐性，故不做讨论，而管理创新方差无显著齐性。表 3-20 结果表明，各组之间的管理创新水平无显著差异。

表 3-19 方差齐性

变量名称	p 值
产品创新	0.055
技术创新	0.074
管理创新	0.156
营销创新	0.028

表 3-20 单因素方差分析

变量名称	种植面积	100 亩及以下	101~200 亩	201~300 亩	301~400 亩	401~500 亩
产品创新	100~200 亩	0.044 8	—	—	—	—
	201~300 亩	0.083 2	0.038 5	—	—	—
	301~400 亩	0.043 9	−0.000 9	−0.039 4	—	—
	401~500 亩	−0.008 0	−0.052 7	−0.091 2	−0.051 9	—
	500 亩以上	0.117 5*	0.072 7	0.034 3	0.073 6	0.125 5
技术创新	100~200 亩	0.096 0	—	—	—	—
	201~300 亩	0.113 5	0.017 5	—	—	—
	301~400 亩	0.064 6	−0.031 4	−0.048 9	—	—
	401~500 亩	0.083 5	−0.012 5	−0.029 9	0.018 9	—
	500 亩以上	0.149 5***	0.053 5	0.036 1	0.084 9	0.066 0

表3-20（续）

变量名称	种植面积	100亩及以下	101~200亩	201~300亩	301~400亩	401~500亩
管理创新	100~200亩	0.040 1	—	—	—	—
	201~300亩	0.066 6	0.026 5	—	—	—
	301~400亩	0.070 4	0.030 3	0.003 8	—	—
	401~500亩	0.077 8	0.037 7	0.011 2	0.007 4	—
	500亩以上	0.088 8	0.048 7	0.022 2	0.018 4	0.011 0
营销创新	100~200亩	0.028 1	—	—	—	—
	201~300亩	0.042 3	0.014 2	—	—	—
	301~400亩	0.005 8	−0.022 2	−0.036 5	—	—
	401~500亩	0.003 8	−0.024 2	−0.038 5	−0.002 0	—
	500亩以上	0.050 0	0.021 9	0.007 7	0.044 2	0.046 2

从表3-21可以看出，产品创新、技术创新与营销创新的方差存在显著齐性，故不做讨论，而管理创新的方差无显著齐性。表3-22结果表明，成员大于90人的合作社的管理创新水平显著高于成员在10人及以下（$p<0.1$）和成员在11~30人（$p<0.05$）的合作社，而其他各组之间的管理创新水平无显著差异。

表3-21　方差齐性

变量名称	p 值
产品创新	0.078
技术创新	0.030
管理创新	0.443
营销创新	0.039

表 3-22　单因素方差分析

变量名称	合作社成员数量	10 人及以下	11~30 人	31~50 人	51~70 人	71~90 人
产品创新	11~30 人	0.013 9	—	—	—	—
	31~50 人	0.031 2	0.017 2	—	—	—
	51~70 人	0.090 8	0.076 9	0.059 6	—	—
	71~90 人	0.149 3	0.135 4	0.118 1	0.058 5	—
	90 人以上	0.122 7***	0.108 8**	0.091 5	0.031 9	-0.026 6
技术创新	11~30 人	0.014 3	—	—	—	—
	31~50 人	0.086 6	0.072 3	—	—	—
	51~70 人	0.071 7	0.057 4	-0.014 9	—	—
	71~90 人	0.180 5*	0.166 2	0.093 9	0.108 8	—
	90 人以上	0.145 0***	0.130 7***	0.058 4	0.073 3	-0.035 5
管理创新	11~30 人	-0.025 8	—	—	—	—
	31~50 人	0.022 5	0.048 4	—	—	—
	51~70 人	0.090 8	0.116 6	0.068 2	—	—
	71~90 人	0.135 1	0.160 9	0.112 6	0.044 3	—
	90 人以上	0.078 5*	0.104 4**	0.056 0	-0.012 2	-0.056 6
营销创新	11~30 人	-0.023 3	—	—	—	—
	31~50 人	0.047 9	0.071 1	—	—	—
	51~70 人	0.032 1	0.055 3	-0.015 8	—	—
	71~90 人	0.093 6	0.116 8	0.045 7	0.061 5	—
	90 人以上	0.057 3	0.080 5	0.009 4	0.025 2	-0.036 3

从表 3-23 可以发现，方差无显著齐性。表 3-24 的结果显示，其他等级合作社的技术创新水平显著低于省级示范社（$p<0.1$）和市级示范社（$p<0.01$）；其他等级合作社的管理创新水平显著低于国家级示范社（$p<0.1$）和市级示范社（$p<0.1$）。其他各组之间的 4 种创新水平无显著差异。

表 3-23　方差齐性

变量名称	p 值
产品创新	0.885
技术创新	0.979
管理创新	0.671
营销创新	0.341

表 3-24　单因素方差分析

变量名称	合作社等级	国家级示范社	省级示范社	市级示范社
产品创新	省级示范社	-0.054 0	—	—
	市级示范社	-0.057 6	-0.003 5	—
	其他	-0.110 3	-0.056 3	-0.052 7
技术创新	省级示范社	-0.021 2	—	—
	市级示范社	0.008 6	0.029 8	—
	其他	-0.106 7	-0.085 5*	-0.115 3***
管理创新	省级示范社	-0.080 0	—	—
	市级示范社	-0.049 0	0.031 0	—
	其他	-0.122 4*	-0.042 3	-0.073 4*
营销创新	省级示范社	-0.029 5	—	—
	市级示范社	-0.018 8	0.010 7	—
	其他	-0.086 7	-0.057 1	-0.067 9

从表 3-25 可以发现，方差无显著齐性。表 3-26 的结果显示，理事长年龄各组之间的 4 种创新水平无显著差异。

表 3-25　方差齐性

变量名称	p 值
产品创新	0.842
技术创新	0.136
管理创新	0.834
营销创新	0.547

表 3-26　单因素方差分析

变量名称	理事长年龄	18~30 周岁	31~42 周岁	43~54 周岁
产品创新	31~42 周岁	0.132 2	—	—
	43~54 周岁	0.116 9	−0.015 3	—
	55~66 周岁	0.150 0	0.017 8	0.033 1
技术创新	31~42 周岁	0.078 0	—	—
	43~54 周岁	0.045 9	−0.032 2	—
	55~66 周岁	0.082 7	0.004 7	0.036 8
管理创新	31~42 周岁	0.031 8	—	—
	43~54 周岁	0.019 2	−0.012 6	—
	55~66 周岁	0.055 0	0.023 2	0.035 7
营销创新	31~42 周岁	0.007 5	—	—
	43~54 周岁	−0.007 8	−0.015 3	—
	55~66 周岁	0.039 2	0.031 7	0.047 0

从表 3-27 可以发现，方差无显著齐性。表 3-28 的结果显示，理事长是小学及以下文化程度的农民合作社的技术创新水平显著地低于理事长是初中文化程度的农民合作社（$p < 0.1$）和理事长是大学（包含大专）及以上的合作社（$p < 0.05$）。其他各组之间的 4 种创新水平无显著差异。

表 3-27　方差齐性

变量名称	p 值
产品创新	0.263
技术创新	0.329
管理创新	0.996
营销创新	0.275

表 3-28 单因素方差分析

变量名称	理事长文化程度	小学及以下	初中	高中或中专
产品创新	初中	0.092 7	—	—
	高中或中专	0.050 7	-0.042 0	—
	大学（包含大专）及以上	0.060 1	-0.032 6	0.009 4
技术创新	初中	0.154 2*	—	—
	高中或中专	0.129 1	-0.025 1	—
	大学（包含大专）及以上	0.164 0**	0.009 8	0.034 9
管理创新	初中	0.069 8	—	—
	高中或中专	0.035 4	-0.034 4	—
	大学（包含大专）及以上	0.074 5	0.004 7	0.039 1
营销创新	初中	0.039 3	—	—
	高中或中专	0.026 2	-0.013 1	—
	大学（包含大专）及以上	0.061 1	0.021 8	0.034 9

从表 3-29 可以看出，技术创新与营销创新方差存在显著齐性，故不做讨论，而产品创新与管理创新方差无显著齐性。表 3-30 的结果表明，理事长外部社会网络大于 150 人的农民合作社的管理创新水平显著高于外部社会网络 50 人及以下的农民合作社（$p<0.01$），其他各组之间产品创新与管理创新水平无显著差异。

表 3-29 方差齐性

变量名称	p 值
产品创新	0.176
技术创新	0.025
管理创新	0.541
营销创新	0.035

表 3-30　单因素方差分析

变量名称	理事长外部社会网络	50 人及以下	51~100 人	101~150 人
产品创新	51~100 人	−0.000 7	—	—
	101~150 人	−0.014 9	−0.014 1	—
	150 人以上	0.072 5	0.073 2	0.087 3
技术创新	51~100 人	0.052 4	—	—
	101~150 人	0.055 6	0.003 1	—
	150 人以上	0.131 8*	0.079 3	0.076 2
管理创新	51~100 人	0.089 6	—	—
	101~150 人	0.072 5	−0.017 1	—
	150 人以上	0.148 9***	0.059 3	0.076 4
营销创新	51~100 人	0.071 6	—	—
	101~150 人	0.048 4	−0.023 1	—
	150 人以上	0.134 4**	0.062 8	0.085 9*

第四章　互联网应用对农民合作社创新行为的影响研究

在乡村振兴背景下促进农村经济可持续发展的关键在于如何驱动农民合作社创新发展。本章利用四川省种植业农民合作社的问卷调查数据，就互联网应用能否推动农民合作社创新行为进行了实证检验。研究结果显示：互联网应用对农民合作社产品创新、技术创新、管理创新、营销创新都具有显著的积极影响，且研究结果具有较强的稳健性。除此之外，剂量响应函数分析结果表明：互联网应用程度与农民合作社创新行为之间呈现出显著的"U"形关系，即当互联网应用程度达到特定值时，互联网应用对农民合作社创新行为的积极影响会呈现出显著递增的状态。进一步研究发现，聘用职业经理人会显著强化互联网应用对农民合作社产品、技术创新的积极影响。本章的研究结果意味着，大力推动"互联网+农民合作社"，不断完善农民合作社职业经理人制度，是加快农民合作社创新与转型和实现乡村振兴的重要路径。

第一节　研究概况

随着农业现代化发展进程的推进，农民合作社作为现代农业的新引擎，已经成为促进农村经济可持续发展的中坚力量，对推动农业技术推广、提高农民组织化程度、增强农民民主意识、增加农民效益等方面发挥着重要作用（郑阳阳 等，2020；张晋华 等，2012；徐旭初，2003）。据工商总局统计，截至2018年6月底，全国工商登记的农民合作社数量高达210.2万家。然而，随着农民合作社数量的不断增加，随之而来的诸多问题也日益凸显，其中最为突出的问题是当前普遍存在僵尸合作社、空壳合作社等现象，出现这种异化现象的原因可能是农民合作社发展过程中的管理体制不健全、发展不规范、后期发展无力、市场竞争力不足等（杨军，2012）。除此之外，大量运营中的农民合作社也普遍存在创新不足、故步自封的问题，这使得这类农民合作社的发展面临着巨大的瓶颈。现有文献表明，创新已经成为农民合作社竞争优势的重要来源（Luo et al.，2017）。农民合作社作为新型农业经营主体，是乡村振兴中的重要载体。在实现乡村振兴发展进程中，为了让农民合作社更好地发挥引领作用，就迫切需要农民合作社通过创新和转型来提升自身的竞争优势。因此，如何驱动农民合作社创新和转型是现阶段实现乡村振兴的重要问题之一。回顾现有研究，有关创新行为的文献大多将研究对象聚焦于企业层面，探讨了企业社会资本（Zhang et al.，2015；Thompson，2018）、企业协同合作和知识共享（解学梅，2015）、决策者的管理支持和技术能力（Bayarçelik et al.，2014；Claudino et al.，2017）、企业吸收能力（Xie et al.，2018；Rangus et al.，2017；任爱莲，2010）、研发支出和专利申请（Emodi et al.，2017）、政府调控和公共政策（Clausen，2009；Bi et al.，2016）、政府补贴和支持（David et al.，2000；Clausen，2009；侯世英 等，2019；梅冰菁 等，2020）等因素对企业创新的影响。在现有的文献中，我们了解到创新过程通常嵌入在特定的环境中（Jansen et al.，2006）。经济组织必须时刻洞悉市场环境的动态变化，准确把握市场需求和发展趋势，并根据这些不断变化的市场信息进行持续的产品创新、技术创新、管理创新和营销创新，不断地满足和创造市场需求，从而保持永续的竞争优势。由此推之，农民合作社创新行为的本质就是将获取的外部资源和内部资源进行整合重配的过程，准确、持续、迅速地捕捉外部环境的变化，对经济组织的创新战略决策具有至关重要的影响（Cassiman et al.，2006）。

随着网络信息技术的飞速发展，"互联网+"已经渗透到社会经济的各个领域。特别是在乡村振兴战略实施背景下，"互联网+农民合作社"的发展模式将有可能成为农民合作社未来发展的重要方向（朱哲毅 等，2018）。大量研究结果表明，互联网的嵌入不仅能有效地实现知识创建、捕获和共享（Balmisse et al.，2007；Von Krogh，2012；潘秋玥 等，2016），还能加速知识在农民合作社内部转化的效率，颠覆农民合作社的传统模式和业态，有效降低合作过程中产生的协调与交易成本（Grover et al.，1999）。同样地，互联网与传统农业的深度融合，不仅能有效促进生产要素的优化配置，科学而合理地投入人力、物力、财力，还能促进农产品转型升级、创新产业链，实现农业生产、经营方式的重大转变（寇光涛 等，2016）。在"互联网+"背景下，互联网不仅是信息交流的重要手段之一，还是经济实体对生产和销售等经营活动进行创新的重要载体（王兴伟 等，2016）。由此可见，互联网技术可能是农民合作社获得外部资源进而创新的有效手段之一，然而，现有研究并未从实证角度检验互联网应用对农民合作社创新行为的影响及其作用机制。

深层次地理解互联网应用对农民合作社创新的影响及作用机制是至关重要的。因为它不仅关乎农民合作社创新行为的实现路径和手段，还关乎政府部门如何制定科学的政策来促进农民合作社的创新发展。基于此，本章使用四川省种植业农民合作社的问卷调查数据，分析和评估了互联网应用对农民合作社创新行为的影响及其作用机制。

与现有研究相比，本章可能的贡献有以下两点：首先，长期以来有关互联网应用影响创新的研究多以企业为视角，重点关注互联网应用对企业融资模式、商业模式、管理模式创新的影响（徐洁 等，2014；鲁兴启，2002），缺乏有关互联网应用对农民合作社创新行为的影响研究，本章的工作丰富了这一领域的研究；其次，本章以四川省种植业农民合作社为出发点，从实证角度检验互联网应用对农民合作社创新行为的影响及其作用机制，为深层次理解互联网应用如何影响农民合作社创新行为提供了经验证据，也为制定有效促进农民合作社创新与转型的制度提供了有益的启示。

第二节 理论基础与研究假设

在激烈的市场竞争环境中，农民合作社想要通过创新和转型摆脱被市场淘汰的命运并寻求自身发展，不仅需要随时获取信息来准确地预测市场动态、顾客需求与偏好、竞争对手的位置和反应，将对市场的感知嵌入产品或服务的生产、管理和营销等业务流程中，还需要获取丰富的异质性资源来改善生产、管理和营销等业务流程（Kahn，2018），以便快速应对时刻变化的市场需求，从而保持在同行中的竞争优势。

根据资源基础观理论，互联网技术是通过高效的信息获取、传递和匹配过程，影响资源配置、知识创造和组织的制度变迁，进而提高生产效率的有效手段（尹士 等，2018；杨善林 等，2016）。借助互联网这种现代信息技术手段，农民合作社能强化社会网络中各类资源的有效管理，帮助农民合作社有效地降低和分散创新过程中所面临的风险。不仅如此，农民合作社借助互联网还能有效提升社员的知识获取能力，及时捕捉市场动态信息，提高对市场环境的敏感性，从而激发其创新活力。接下来，我们就互联网应用对农民合作社产品创新、技术创新、管理创新和营销创新的影响进行论述并构建相应的研究假设。

一、互联网应用与农民合作社产品创新

在竞争日趋激烈的市场环境中，市场需求的剧烈变动要求农民合作社随时关注外部市场环境的动态变化。然而，部分农民合作社对外界环境动态变化的关注不及时，导致产品类型无法迎合消费者的需求。由此可见，信息的滞后性、信息资源获取不及时是妨碍农民合作社可持续发展的重要因素（Cuadrado-Ballesteros et al.，2017）。因此，准确、持续、迅速地捕捉外部环境的动态变化对农民合作社的战略决策具有至关重要的影响（Cassiman et al.，2006）。为了避免出现种非所需、产非所求的现象，农民合作社必须通过引进新品种、产品改良等方式（Sheng，2017；Chang，2017）进行产品创新，将市场动态信息嵌入产品中，不断地迎合市场需求。然而，农民合作社引进什么品种、怎样的产品可以迎合消费者的需求，这便成为农民合作社进行产品创新的关键性问题。现有文献表明，互联网作为一个强大的网络信息获取和服务平台，农民合作社可以利用互联网与客户进行持续的交流，明确客户的产品需求，从而促进种植产品的引进和改良（Sawhney et al.，2010）。因此，农民合作社可以利用大数据技术获取足够的市场动态信息来确定最终培育的产品品种和数量，从而降低由信息滞后、信息不对称等因素造成的市场风险（Hosoda et al.，2012）。基于上述论述，本章提出研究假设4-1。

假设4-1：互联网应用对农民合作社的产品创新具有积极影响。

二、互联网应用与农民合作社技术创新

现阶段，农民合作社多具有紧密和频繁的本地联系，形成地方性生产网络，使得当地农民合作社在产品、技术等方面具有相似性和重复性的特点，导致农民合作社的竞争能力受本地产品趋同的制约。随着市场经济改革的深入，农民合作社不仅需要面对同行业其他合作社的竞争，还需要与生产同类产品的农业企业以及农户进行竞争。日趋激烈的市场环境迫使农民合作社进行技术上的创新，以维持自身的竞争优势（扶玉枝 等，2013）。就农民合作社而言，技术创新是指在产品生产过程中引入新的种植技术或设备，或者改进现有的种植技术或设备等（Palcic et al.，2015），目的在于改善产品质量、降低种植成本，从而增加农民效益。随着互联网技术的逐步普及并运用到社会生活的各个领域，互联网应用的重要作用也一度成为学术界重点探讨的热词之一（曾亿武等，2016；Sambamurthy et al.，2005）。同时，农民合作社在现实中也开始顺应时代发展通过应用互联网谋求创新发展。引入互联网技术不仅可以帮助农民合

作社解决农业科技推广、产品监控和质量控制等核心问题，还能实现农民合作社日常经营管理和资源配置的规范化、数字化和标准化（施威 等，2017）。除此之外，互联网技术是获取创新资源的重要手段，能帮助农民合作社了解当地以外更加优质的产品和技术（Perera et al.，2016）。同时，互联网技术还有助于农民合作社与同行建立合作双赢的社会网络关系，增强农民合作社的资源整合能力和技术创新能力（尹士 等，2018）。基于以上论述，本章提出研究假设4-2。

假设4-2：互联网应用对农民合作社的技术创新具有积极影响。

三、互联网应用与农民合作社管理创新

随着信息通信技术的发展，互联网的使用在信息和资源管理方面发挥着至关重要的作用（Iyengar et al.，2015），它能有效地提高信息和资源的转化效率，强化农民合作社的知识获取与吸收能力，提升农民合作社的创新能力。结合现有研究基础（Nieves et al.，2015）与农民合作社的现实情况，我们将农民合作社的管理创新定义为通过引入新的管理系统、组织变更、改进管理方法等方式进行创新。良好的组织管理系统和管理方法不仅能明确组织内部成员的分工安排，提高内部组织成员的工作效率（刘善仕 等，2010），还能帮助农民合作社有效地降低和分散不确定性环境下创新过程中所面临的风险和交易成本。然而，传统管理模式中的信息搜集和交流手段不仅面临高额的交易成本，还无法有效地缓解信息不对称问题，从而导致经济组织缺乏对市场的敏感性和洞察力，使得相关产品或服务无法有效地满足市场需求，最终陷入被市场淘汰的境地。引入互联网技术进行组织内部管理，不仅能促进农民合作社对市场信息资源的获取、传递、共享与利用（Lankton et al.，2012），还能有效地提高各种信息资源在农民合作社内外部之间的流动，提高信息的匹配效率（Vrontis et al.，2012），促进各职能部门成员之间的日常信息交流（Ivanov，2012），以及促进农民合作社与其他组织之间顺畅且可靠地互动（Santoro et al.，2018），缓解内部管理运作由信息不对称、信息滞后等因素对农民合作社效益的消极影响（Cuadrado-Ballesteros et al.，2017），高效地完成农民合作社日常业务信息的处理。利用"互联网+"的方式，农民合作社可以将信息管理、资源管理、财务管理、营销管理等方面的问题与优势通过大数据技术进行分析，帮助管理层和社员了解自身发展的问题并及时做出调整，从而促进农民合作社管理创新。基于上述论述，本章提出研究假设4-3。

假设4-3：互联网应用对农民合作社的管理创新具有积极影响。

四、互联网应用与农民合作社营销创新

就农民合作社而言，营销创新包括引进新的销售方式、新的营销理念、新的促销方式以及开发新的商业模式等（Naidoo，2010）。通过改变营销策略可以拓宽农民合作社的农产品营销渠道、提高农产品的知名度、减少运营成本、增加农户收益。然而，在农民合作社的现实情境中，大部分农民合作社仍采用传统的营销模式，包括直接销售、订单销售、直营店销售等，虽然部分农民合作社开始利用互联网进行销售，但也仅限于微信、微商订单的初级阶段。现阶段，农产品电子商务是以互联网为载体来拓展农产品流通渠道的主要形式。各类大型网络营销平台如淘宝、天猫、京东等，以及各类网络社交工具包括微博、微信、QQ 等，不仅可以为农产品电子商务的流通提供便捷的营销入口，还能有效降低营销成本（李仪，2016）。这种网络营销不仅能够突破传统销售方式的"渠道单一、信息不畅、成效不高"等问题的限制，具有时效性、便捷性、灵活性等特点（Sawhney et al.，2010），还能提供一系列市场信息，如市场变动信息、产品价格分析、供求信息等。甚至一些网站服务平台还为初学者提供专门的技术指导，手把手为农业经营主体介绍开设网店的方式和流程，从而促进了农产品市场的信息化、规范化和网络化发展（杨继瑞 等，2016），因此，农民合作社利用网络营销不仅可借助互联网大数据技术精确定位到目标客户，还能为农民合作社和潜在客户搭建一个信息交流的网络沟通平台，这个平台可以使合作社、客户和市场三者紧密融合，强化农民合作社与客户之间的直接联系，降低农产品销售对渠道中介的依赖，减少中间环节的交易成本（Lohrke et al.，2006），使生产者与消费者直接对接，提升信息的透明化程度（Heang et al.，2015）。除此之外，互联网应用还有助于农民合作社进行采购、广告宣传、市场研究、销售和服务等（Prasad et al.，2001），这不仅能有效提高产品的知名度、增加产品的营销渠道，还能提高农民合作社成员的经济效益。不仅如此，这种新的商业模式在拓展了传统农产品的销售渠道的同时，还扩大了农产品受众面。在"互联网+"背景下，互联网将成为促进农产品流通、开拓农民合作社经营流通新渠道的重要手段。同时，互联网也正日益成为众多农业经营主体普遍青睐的新型销售渠道。

基于上述论述，本章提出研究假设4-4。

假设 4-4：互联网应用对农民合作社的营销创新具有积极影响。

第三节　研究设计

一、数据来源与样本分布

本章的研究数据来源于 2018 年对四川省种植业农民合作社进行问卷调查所得的数据。此次调查主要针对农民合作社理事长或其他重要管理人员，并采用结构式访谈法进行实地问卷调查。为了保证研究具有良好的代表性，我们以分层随机抽样法来确定被调查的农民合作社。第一阶段，排除掉农民合作社数量较少的市区，确定所要调查的最终城市。第二阶段，以样本数与该层总体数的比值相等的原则进行抽样，结合各城市的农民合作社花名册确定该地区抽取的样本数量。最终，我们的调研地区覆盖了四川省成都市、达州市、绵阳市、广安市、凉山州、泸州市、自贡市、雅安市、宜宾市、眉山市、遂宁市、南充市、内江市、乐山市、广元市、德阳市、攀枝花市、简阳市共计 18 个地区，占四川省总地区数的 85.71%。本次调查共发放 312 份问卷，截至 2018 年 9 月底，一共收集到有效问卷共计 260 份，问卷回收率为 83.33%。该问卷一共包括 9 个部分，本书主要涉及 4 个部分。第一部分涵盖合作社的基本情况，主要包括合作社成立时间、合作社主要产品类型、合作社种植面积、成员规模、合作社级别、是否聘请了职业经理人等；第二部分主要调查农民合作社理事长的基本情况，主要包括理事长的性别、年龄、文化程度、外部网络等；第三部分调查农民合作社的创新行为情况，主要涉及产品、技术、管理以及营销创新；第四部分为农民合作社的互联网应用情况，主要调查互联网应用时间、应用领域、互联网带来的影响等。我们认为此次问卷调查具有良好的代表性。

二、计量模型与变量定义

现实中，影响农民合作社创新行为的因素有很多，除了本章关注的互联网应用程度之外，农民合作社的年龄、规模、产品类型、是否引入职业经理人等农民合作社基本特征以及理事长的基本特征都会影响农民合作社的创新行为。鉴于此，为了评估互联网应用程度对农民合作社创新行为的影响，本章建立如下的线性估计模型：

$$Y_i = \alpha + \beta \text{Internet\_usage}_i + \chi X_i + \varepsilon_i \qquad (4-1)$$

其中，被解释变量 Y_i 表示第 i 个农民合作社的创新行为，关键解释变量 Internet_

usage 表示第 i 个农民合作社的互联网应用程度；X_i 表示第 i 个农民合作社的控制变量矩阵；α 表示常数项；ε 表示随机误差项。

（一）被解释变量：农民合作社创新行为

本章根据现有文献（Kahn，2018）将农民合作社的创新行为细分为产品创新、技术创新、管理创新和营销创新。本章在这四种创新行为的现有测量量表的基础上（Sheng，2017；Palcic et al.，2015；Perera et al.，2016；Prasad et al.，2001；Chang，2017），结合农民合作社的实际情况，最终形成了测量农民合作社创新行为的量表（见表 4-1）。在问卷中这四个量表均采用五点李克特量表尺度（Likert scale）进行测度。受访者可以选择"非常同意""同意""一般""比较不同意""非常不同意"五种答案，我们将答案分别按顺序赋予 5、4、3、2、1 的数值。为了明确互联网应用程度对这些创新行为的整体影响，我们采用因子分析法对四个创新量表进行降维，并对因子得分进行正向化处理（正向化处理公式为 $X'_i = \dfrac{X - X_{\min}}{X_{\max} - X_{\min}}$），最终将正向化处理的因子得分作为创新水平的代理变量，因子得分越高，创新水平也就越高。

表 4-1　创新行为与互联网应用程度的测量量表

指标	量表	指标	量表
产品创新	合作社经常根据市场需求对产品进行改良	管理创新	合作社在决定采用何种方法达到最终目的方面更具创新
	合作社经常引入新的品种		合作社比竞争对手在启动新系统/过程方面更具创新
技术创新	合作社经常引进新的产品种植技术		合作社比竞争对手在开发全新的目标完成方式和路径方面更具创新
	合作社经常引进新的产品储存技术		
	合作社社员经常参加技术培训		合作社在改进工作方法方面更具创新
	合作社经常自主研发新的种植技术		合作社在提高员工工作满意度方面更具创新
营销创新	合作社积极寻求创新的营销理念	互联网应用程度	合作社运用互联网进行交流
	合作社经常寻找方法来开发新的商业模式		合作社运用互联网进行学习
	合作社经常寻找方法来提高促销方法和工具		合作社运用互联网获取信息
	合作社试图找到新的方法来构建与客户的关系		合作社运用互联网进行产品销售
			合作社运用互联网进行采购
	合作社经常引入新的产品促销方式		合作社运用互联网进行管理

（二）关键解释变量：互联网应用程度

互联网应用程度表示农民合作社应用互联网进行交流、学习、获取信息等的深入程度。在问卷中，我们结合农民合作社的互联网应用的实际情况，设计出测量互联网应用程度的量表（见表 4-1），与创新行为的测量方法相同，受访者可选择五种答案并赋予不同的数值。通过因子分析法对量表进行降维，并对因子得分进行正向化处理，将最终的因子得分命名为互联网的应用程度（Internet_usage）。

（三）控制变量

除了本章探讨的互联网应用程度，我们还发现农民合作社的社会资本是影响创新的重要因素（戈锦文 等，2016），且高层管理者的性别、年龄、受教育程度等背景特征的不同对创新也会产生不同的影响（Elenkov et al.，2005；董晓波，2010）。因此，我们将农民合作社特征以及作为农民合作社高层管理者的理事长的相关特征变量进行控制。农民合作社层面的控制变量包括农民合作社年龄（cooperative_age）、产品类型（types）、种植规模（cooperative_scale）、农民合作社级别（grade）、商标注册（brand）、质量认证（certification）、职业经理人（manager）、技术人员（technician）、2017年产值（production17）并取自然对数、火车站距离（lndistance）并取自然对数；理事长层面的控制变量包括理事长性别（gender）、理事长年龄（age）、理事长文化程度（education）、外部网络规模（ex_network）、外部网络异质性（dif_career）。

（四）因子的有效性检验

表4-2汇报了验证性因子分析与相关系数分析结果。可以看出，各因子的Cronbach's α 系数值为0.801~0.920且大于0.7，说明因子通过了内部一致性检验。除此之外，组合信度CR的数值为0.8938~0.9402且大于0.7，平均方差抽取量AVE的结果为0.6192~0.8354且大于0.5，说明因子具有较好的聚合效度。各变量间的相关系数结果显示，各因子平均方差抽取量的平方根均大于该因子与其他因子的相关系数，表明因子具有较好的区分效度。

表4-2　验证性因子分析与相关系数分析结果

因子		PI	TI	MI	SI	IU
产品创新	PI	(0.914)	—	—	—	—
技术创新	TI	0.728**	(0.823)	—	—	—
管理创新	MI	0.648**	0.747**	(0.865)	—	—
营销创新	SI	0.625**	0.699**	0.738**	(0.871)	—
互联网应用程度	IU	0.273**	0.252**	0.158*	0.179**	(0.787)
Cronbach's α 系数		0.801	0.839	0.915	0.920	0.880
组合信度 CR		0.9103	0.8938	0.9367	0.9402	0.9064
平均方差抽取量 AVE		0.8354	0.6781	0.7474	0.7587	0.6192

三、描述统计

变量说明及描述性统计见表4-3。从表4-3中的均值一栏可知，农民合作社进行产品创新、技术创新、管理创新和营销创新的水平分别为0.7079、0.6628、0.6609、0.7179，农民合作社互联网应用程度在0.5760；从农民合作社的基本特征来看，农民合作社大多已经成立了6年，且种植水果的农民合作社居多，达到38.46%，种植规模大多在400亩以上，且61.15%的农民合作社为普通示范社；除此之外，只有38.85%和40%的农民合作社分别进行了商标注册和质量认证；同时，只有33.85%的农民合作社引入了职业经理人，但有72.31%的农民合作社聘请了技术人员；从理事长的特征来看，86.92%的理事长为男性，而且年龄主要集中在31~54周岁，学历主要集中在初中、高中或中专；理事长的外部社会网络人数规模主要集中在100人以上，并且理事长除内部社员外认识的人的职业数为7种。

表4-3　变量说明及描述性统计

变量类型	变量名称	变量定义		最小值	最大值	均值	标准差
结果变量	$P\_innovation$	产品创新		0	1	0.7079	0.2011
	$T\_innovation$	技术创新		0	1	0.6628	0.1972
	$M\_innovation$	管理创新		0	1	0.6609	0.1753
	$S\_innovation$	营销创新		0	1	0.7179	0.1797
解释变量	Internet_usage	互联网应用程度		0	1	0.5760	0.3066
控制变量	cooperative_age	合作社的年龄＝2018-合作社成立年份		1	24	5.9731	3.5915
	types	产品类型	fruits（水果）=1，其他=0	0	1	0.3846	0.4874
			vegetable（蔬菜）=1，其他=0	0	1	0.2000	0.4008
			flower（花卉苗木）=1，其他=0	0	1	0.1500	0.3578
			fungus（菌类）=1，其他=0	0	1	0.0269	0.1622
			other（其他）=1	0	1	0.2385	0.4270
	cooperative_scale	种植规模，100亩及以下=1；101~200亩=2；201~300亩=3；301~400亩=4；401~500亩=5；500亩以上=6		1	6	4.1730	1.9523
	grade	合作社级别	national（国家级示范社）=1，其他=0	0	1	0.0577	0.2336
			provincial（省级示范社）=1，其他=0	0	1	0.1538	0.3615
			municipal（市级示范社）=1，其他=0	0	1	0.1769	0.3823
			ordinary（普通示范社）=1，其他=0	0	1	0.6115	0.4883

表4-3（续）

变量类型	变量名称	变量定义	最小值	最大值	均值	标准差
控制变量	brand	商标注册，虚拟变量：商标注册＝1，未商标注册＝0	0	1	0.388 5	0.488 3
	certificate	质量认证，虚拟变量：质量认证＝1，未进行质量认证＝0	0	1	0.400 0	0.490 8
	manager	职业经理人，虚拟变量：引入职业经理人＝1，未引入职业经理人＝0	0	1	0.338 5	0.474 1
	technician	技术人员，虚拟变量：聘请技术人员＝1，未聘请技术人员＝0	0	1	0.723 1	0.448 3
	production17	2017年总产值取自然对数	0	4.511	3.004 4	1.250 7
	lndistance	农民合作社与最近火车站之间的距离取自然对数	0	4.369	3.358 4	0.867 1
	gender	理事长性别，虚拟变量：男＝1，女＝0	0	1	0.869 2	0.337 8
	age	理事长年龄，18~30周岁＝1；31~42周岁＝2；43~54周岁＝3；55周岁及以上＝4	1	4	2.757 7	0.718 6
	education	理事长文化程度，primary（小学及以下）＝1；junior（初中）＝2；senior（高中或中专）＝3；college［大学及以上（包含大专）］＝4	1	4	2.915 4	0.847 8
	ex_network	外部网络规模：认识除社员以外的人数。50人及以下＝1；51~100人＝2；101~150人3；150人以上＝4	1	4	3.515 4	0.887 5
	dif_career	外部网络异质性：外部网络不同职业的数量。涉及的职业类型包括：教师、公务员、技术专家、个体户、普通职工、医生、农民、工人、销售经理以及其他	1	10	7.003 8	2.526 3

第四节　实证结果与分析

一、分数回归（Fractional Regression）

本章的被解释变量创新行为属于0~1的连续变量。因此，本章借助Stata软件，采用分数回归的方法来考察互联网应用程度对农民合作社创新行为的影响，再利用margins命令得出所有回归变量的边际效应（见表4-4）。表4-4中，列（1）至列（4）分别表示互联网应用程度对农民合作社的产品创新、技术创新、管理创新和营销创新的回归结果。回归结果表明，互联网应用程度（Internet_usage）对农民合作社的产品创新（$\beta=0.140\ 2$，$p<0.01$）、技术创新

（β=0.214 3，p<0.01）、管理创新（β=0.220 8，p<0.01）和营销创新（β=0.229 4，p<0.01）都具有显著积极影响。平均而言，农民合作社互联网应用程度每增加一个单位标准差，农民合作社的产品创新、技术创新、管理创新和营销创新将分别提高 14.02%、21.43%、22.08% 和 22.94%。由此可见，假设4-1 至假设4-4 均获得了实证支持。由上述结果我们可以推断出，可能的原因是农民合作社通过互联网应用引进新品种、获取相关技术资源，通过查阅同行业协会的相关资料引进适合农民合作社自身发展的技术设备，对自身的产品进行改良，也可以通过网上教学视频对相关种植技术、技术设备进行学习使用，以此达到产品和技术上的更新。同时，农民合作社还可以利用互联网的高效管理模式对农民合作社组织内部进行系统的管理，包括信息管理、资源管理、财务管理、营销管理等内容，以此提高农民合作社内部的组织运行效率。

表4-4　农民合作社互联网应用程度与创新行为的回归结果

VARIABLES	（1） P_innovation	（2） T_innovation	（3） M_innovation	（4） S_innovation
Internet_usage	0. 140 3***	0. 214 3***	0. 220 8***	0. 229 4***
	（0. 047 7）	（0. 039 4）	（0. 036 6）	（0. 036 5）
cooperative_age	−0. 001 8	−0. 003 4	−0. 005 3	−0. 005 4*
	（0. 004 2）	（0. 002 7）	（0. 003 6）	（0. 003 1）
fruits	0. 017 1	−0. 004 2	−0. 040 1	−0. 006 4
	（0. 030 8）	（0. 026 6）	（0. 024 4）	（0. 023 6）
vegetable	−0. 064 4**	−0. 043 5	−0. 054 9**	−0. 060 9**
	（0. 031 5）	（0. 029 1）	（0. 026 0）	（0. 028 1）
flower	−0. 058 5	−0. 056 6	−0. 066 7*	−0. 050 4
	（0. 038 0）	（0. 037 1）	（0. 035 9）	（0. 031 5）
cooperative_scale	0. 007 6	0. 008 9	0. 001 7	−0. 007 0
	（0. 006 5）	（0. 006 5）	（0. 005 3）	（0. 005 6）
national	−0. 012 7	−0. 033 9	−0. 021 0	−0. 031 0
	（0. 065 3）	（0. 049 5）	（0. 052 7）	（0. 053 5）
provincial	−0. 030 0	−0. 004 6	−0. 047 8	−0. 021 7
	（0. 039 5）	（0. 036 9）	（0. 030 0）	（0. 030 5）
municipal	−0. 000 4	0. 053 1	0. 015 0	0. 025 6
	（0. 034 1）	（0. 033 8）	（0. 030 5）	（0. 033 3）
brand	−0. 005 1	−0. 000 9	0. 026 1	0. 007 2
	（0. 027 9）	（0. 027 0）	（0. 021 8）	（0. 023 6）
certificate	0. 022 2	0. 006 1	−0. 005 5	0. 013 1
	（0. 025 9）	（0. 022 8）	（0. 021 3）	（0. 019 7）

表4-4(续)

VARIABLES	（1） P_innovation	（2） T_innovation	（3） M_innovation	（4） S_innovation
manager	0.060 3 **	0.035 8	0.076 0 ***	0.045 4 **
	(0.027 1)	(0.025 7)	(0.024 5)	(0.022 6)
technician	0.003 3	0.025 1	0.010 4	0.019 2
	(0.029 6)	(0.025 6)	(0.022 6)	(0.024 7)
production17	0.011 8	0.004 8	0.007 3	0.015 2 *
	(0.009 1)	(0.008 4)	(0.007 2)	(0.008 2)
lndistance	0.020 8	0.018 4	0.017 9	0.003 2
	(0.015 3)	(0.014 8)	(0.013 0)	(0.012 3)
gender	0.041 2	0.019 2	0.001 3	0.038 9
	(0.038 9)	(0.031 5)	(0.029 7)	(0.033 1)
age	0.012 1	0.001 4	0.015 3	0.006 4
	(0.016 2)	(0.017 6)	(0.014 0)	(0.014 2)
education	−0.015 6	0.004 4	−0.011 9	−0.010 2
	(0.015 3)	(0.014 2)	(0.012 5)	(0.012 6)
ex_network	0.004 7	0.013 0	0.022 2 *	0.009 6
	(0.017 3)	(0.014 6)	(0.012 9)	(0.012 9)
dif_career	0.007 7	0.011 2 **	0.005 4	0.010 3 **
	(0.005 7)	(0.005 2)	(0.004 4)	(0.004 8)
City fixed effect	YES	YES	YES	YES
Constant	0.257 9	−0.300 5	0.263 1	0.162 2
	(0.862 4)	(0.734 2)	(0.603 4)	(0.617 2)
Wald chi2 （37）	112.76	197.86	171.38	156.96
Prob > chi^2	0.000 0	0.000 0	0.000 0	0.000 0
Pseudo R^2	0.044 0	0.052 4	0.043 9	0.048 1
Log pseudolikelihood	−150.143 84	−157.467 14	−159.210 99	−147.256 2
Observations	260	260	260	260

注：括号内数值表示标准误差；下同。

其他控制变量的估计系数结果也与理论预期一致。产品类型为蔬菜（vegetable）的合作社，对产品创新（$\beta = -0.064\ 4$，$p < 0.05$）、管理创新（$\beta = -0.054\ 9$，$p < 0.05$）、营销创新（$\beta = 0.060\ 9$，$p < 0.05$）的影响显著为负，这说明种植蔬菜的农民合作社不利于进行大部分的创新行为。是否引入职业经理人（manager）对农民合作社的产品创新（$\beta = 0.060\ 3$，$p < 0.05$）、管理创新（$\beta = 0.076\ 0$，$p < 0.01$）和营销创新（$\beta = 0.045\ 4$，$p < 0.05$）具有显著的正向影响。这可能的原因是职业经理人作为高素质的管理人才，具有高水平的专业

知识和丰富的工作经验，是专门从事管理活动的人（李云 等，2013），掌握着现代化的信息化技术，并广泛应用质量可追溯系统到农产品贸易中（Opara et al.，2001）。农民合作社引入职业经理人能有效地改善农民合作社的经营管理现状，同时通过自身所具备的敏锐的市场洞察力，能够对市场风险进行管控，提升农民合作社在动态变化市场中的应对能力，提高创新水平。外部网络异质性（dif_career）对农民合作社的技术创新（$\beta = 0.011\ 2$，$p<0.05$）、营销创新（$\beta = 0.010\ 3$，$p<0.05$）具有显著的积极影响，这意味着外部网络异质性越强，则更有利于农民合作社的技术创新和营销创新，外部网络异质性越强所获得的资源异质性越强，利用这些资源就更有利于农民合作社进行技术创新，这与现有文献的相关研究不谋而合（Dang et al.，2010；Bohlmann et al.，2010）。除此之外，其他变量并没有通过显著性检验，在统计学上不构成影响产品创新的重要因素。

二、稳健性检验

（一）控制方程法

到目前为止，本章的研究结果显示互联网应用程度对农民合作社创新行为具有显著的积极影响。然而，农民合作社的创新行为对互联网应用程度的影响也依然存在，即互联网应用程度与农民合作社创新之间存在双向因果关系。对本书而言，可能存在两种反向因果关系导致农民合作社创新对互联网应用程度产生影响。其一是针对自我创新能力较弱的农民合作社：在日趋激烈的市场环境中，创新能力较弱的农民合作社会更加迫切通过创新来提高自身的竞争优势，这个过程往往需要农民合作社获取足够的资源信息，而互联网技术作为重要的网络资源将有可能成为农民合作社获取知识的重要手段，当农民合作社利用互联网逐步了解到网络信息技术带来的重要作用时，便会不断提高农民合作社对互联网应用的深入程度。其二是针对创新能力较强的农民合作社：这部分农民合作社通过创新从而提高了自身的竞争优势，与此同时，他们会不断通过创新来保持自身的市场竞争力，这个创新的过程往往需要他们积极接收和学习有利于农民合作社发展的新鲜事物，而互联网便是重要的现代信息技术手段，农民合作社会为了保持优势发展从而嵌入互联网技术。

为了解决由于互联网应用程度与农民合作社创新之间双向因果关系引起的内生性问题，本章采用控制方程（CF）法（Rivers et al.，1984；Wooldridge，2015）来降低互联网应用程度（Internet_usage）的潜在内生性。控制方程法使用工具变量（IV）来正确识别因果效应，在函数形式上比标准的 IV 估计量（如两阶段最小二乘）更灵活。控制方程法的具体操作涉及两阶段回归：第一阶段回归，我们从互联网应用程度决定因素的第一阶段回归模型中预测残差，该模型必须包括一个或多个有效工具变量，由于互联网应用程度是一个截尾变量（在 0 和 1 之间的连续变量），我们使用分数回归（fractional regression）估计第一阶段回归，并预测得出残差项。第二阶段回归，我们将预测的残差项作为一个额外的控制变量纳入等式（4-1）的创新模型中。如果式（4-1）中的残差项系数显著，就表明互联网应用程度是内生的，在这种情况下，包含残差项的二阶段回归就会纠正互联网应用系数的内生性偏误；如果式（4-1）中的残差项系数不显著，就意味着互联网应用程度是外生的，在这种情况下，不包含残差项的回归系数就是无偏且有效的。

  如前所述，控制方程法在第一阶段回归中需要对工具变量进行回归。因此，我们将同一城市同一产品类型的互联网应用程度的均值作为该方法的工具变量。要使工具变量有效，它必须满足其与互联网应用程度相关，且不能通过其他机制影响农民合作社创新。因此，接下来我们对该工具变量进行解释和有效性测试。同一城市农民合作社的网络基础设施往往是由当地政府统一建设，且由于农民合作社通常会通过模仿同行业的行为来提高自身竞争力，以及同行业之间的技术溢出效应，使得同一种植类型的农民合作社在现有的网络条件下，利用互联网技术获取市场资源信息并运用到农民合作社的产品类型、生产技术、营销方式、运营管理上往往具有简单重复性。因此，同一城市同一行业的农民合作社的互联网应用程度的均值与互联网应用程度显著相关。满足工具有效性的第一个条件。为了检验工具有效性的第二个条件，我们需要证明互联网应用程度的均值不会通过互联网应用以外的机制影响农民合作社创新。由于我们使用的是互联网应用程度的均值，因此该工具与任何除互联网应用层面的变量都没有显著关联。我们还测试了该工具与其特征变量之间可能的相关性，因为网络可能会改变农民合作社的种植规模、是否进行商标注册、质量认证等，最终得出的相关系数均无统计学意义。结果表明，互联网应用程度的平均值满足第二个有效性条件。表4-5为控制方程法的回归结果，结果显示互联网应用程度对四种创新行为均在1%的水平上显著为正。同时，残差项并不显著，这表明互联网应用程度作为关键解释变量并不具有内生性，去掉残差项的估计结果（见表4-4）具有更好的无偏性和有效性。

表4-5 控制方程法的回归结果

VARIABLES	(1) P_innovation	(2) T_innovation	(3) M_innovation	(4) S_innovation
Internet_usage	0.154 3***	0.231 0***	0.233 8***	0.251 6***
	(0.046 7)	(0.042 2)	(0.036 9)	(0.039 0)
residual	−0.074 8	−0.063 1	−0.058 2	−0.086 4
	(0.106 6)	(0.096 4)	(0.084 2)	(0.089 1)
cooperative_variables	YES	YES	YES	YES
President_variables	YES	YES	YES	YES
City fixed effect	YES	YES	YES	YES
Constant	0.560 9***	0.430 9***	0.535 1***	0.572 4***
	(0.151 0)	(0.136 5)	(0.119 4)	(0.126 3)
Observations	260	260	260	260

（二）剂量响应函数分析

基于上述研究结果，互联网应用程度可能会增加农民合作社的创新行为。然而，农民合作社也会选择性地深入应用互联网，即农民合作社对互联网的使用程度具有一定的选择性。因此，互联网应用程度这一变量可能会因为样本的选择性偏误影响实证结果的可靠性。因此，我们采用 Hirano 和 Imbens 发展的基于 GLM 的广义倾向得分匹配（GPS）来估计剂量响应函数（Hirano et al.，2004），以进一步刻画不同程度的互联网应用对农民合作社创新影响的差异。采用广义倾向得分匹配法分析剂量响应函数通常包括三步：第一步是估计互联网应用程度这一处理变量的行为方程，同时通过对处理变量进行分组得出匹配后的对照组和处理组的差异。表4-6 为互联网应用程度的行为方程及匹配后的对照组和处理组的差异。从互联网应用程度的行为方程中我们发现，农民合作社的年龄、职业经理人、理事长性别、理事长文化程度与处理变量显著相关。在进行倾向得分匹配之前，我们将处理变量的值集划分为 4 个区间，分别为 [0, 0.25]、(0.25, 0.5]、(0.5, 0.75]、(0.75, 1]。由此得出匹配后对照组和处理组的差异，匹配后的合作社的年龄仅在前两个区间显著，职业经理人在第三区间仍然显著，理事长性别和理事长文化程度匹配后的倾向得分均不显著。虽然匹配后的省级合作社与质量认证出现了显著，但是整体而言，广义倾向得分的调整适当地平衡了控制变量。

表 4-6　互联网应用程度的行为方程及匹配后的对照组和处理组的差异

VARIABLES	互联网应用程度的行为方程	匹配后的对照组和处理组的差异			
		[0, 0.25]	(0.25, 0.5]	[0.5, 0.75]	(0.75, 1]
cooperative_age	0.069 2***	0.880 5**	−1.438 0**	−0.610 0	0.860 6
	(0.025 5)	(0.426 1)	(0.563 7)	(0.447 2)	(0.536 8)
fruits	0.121 7	−0.017 8	0.047 1	−0.060 6	0.019 9
	(0.206 0)	(0.064 7)	(0.081 8)	(0.062 6)	(0.077 8)
vegetable	0.163 0	0.049 9	−0.093 7	0.032 9	0.012 9
	(0.225 9)	(0.053 1)	(0.066 9)	(0.051 5)	(0.065 6)
flower	0.338 5	0.006 0	0.043 9	−0.029 5	0.015 8
	(0.318 6)	(0.045 7)	(0.062 2)	(0.045 8)	(0.057 4)
cooperative_scale	−0.033 5	−0.195 6	0.328 3	−0.109 2	0.075 4
	(0.042 7)	(0.252 5)	(0.323 1)	(0.248 0)	(0.311 3)
national	−0.085 2	0.013 6	−0.027 7	0.004 8	0.008 6
	(0.389 6)	(0.027 3)	(0.041 7)	(0.029 8)	(0.035 1)
provincial	−0.002 3	0.029 6	−0.169 1***	0.056 4	−0.024 1
	(0.268 4)	(0.042 4)	(0.060 4)	(0.045 4)	(0.053 7)
municipal	0.318 7	0.013 3	−0.030 2	0.041 9	−0.001 5
	(0.218 0)	(0.043 7)	(0.065 3)	(0.046 8)	(0.053 0)
brand	−0.011 6	0.018 7	−0.109 3	0.025 9	0.003 6
	(0.202 4)	(0.061 4)	(0.080 8)	(0.060 0)	(0.074 6)
certificate	0.021 1	0.063 5	−0.043 4	−0.112 6*	0.140 7*
	(0.188 1)	(0.062 5)	(0.815 0)	(0.060 5)	(0.074 1)
manager	0.382 1*	0.002 1	0.093 3	−0.108 7**	0.049 8
	(0.209 6)	(0.052 3)	(0.073 1)	(0.053 4)	(0.064 0)
technician	0.297 6	0.060 0	0.029 6	0.004 9	−0.028 0
	(0.211 4)	(0.114 1)	(0.072 0)	(0.054 4)	(0.071 8)
production17	−0.037 2	−0.034 9	−0.173 2	0.160 7	−0.108 4
	(0.072 5)	(0.062 1)	(0.201 2)	(0.153 1)	(0.205 1)
lndistance	0.150 0	0.032 1	−0.041 3	−0.101 5	0.120 1
	(0.111 2)	(0.171 5)	(0.143 0)	(0.110 4)	(0.137 5)
gender	−0.392 6*	−0.013 4	0.026 4	−0.004 8	0.025 0
	(0.233 8)	(0.038 1)	(0.056 9)	(0.042 0)	(0.049 3)
age	−0.061 3	−0.022 5	−0.043 6	0.102 2	−0.122 1
	(0.106 4)	(0.097 3)	(0.120 9)	(0.090 9)	(0.115 2)
education	0.298 7***	0.003 9	0.162 3	−0.136 0	0.137 7
	(0.095 2)	(0.111 5)	(0.130 7)	(0.101 0)	(0.129 7)

表4-6(续)

VARIABLES	互联网应用程度的行为方程	匹配后的对照组和处理组的差异			
		$[0, 0.25]$	$(0.25, 0.5]$	$[0.5, 0.75)$	$(0.75, 1]$
ex_network	0.039 5	-0.141 6	0.096 0	0.057 9	-0.019 0
	(0.108 3)	(0.123 3)	(0.150 8)	(0.112 7)	(0.145 5)
dif_career	0.041 5	0.032 4	0.137 9	-0.366 9	0.071 1
	(0.042 6)	(0.327 8	(0.408 8)	(0.310 1)	(0.396 9)
City fixed effect	YES	未报告	未报告	未报告	未报告
Constant	-1.323 7	0.439 5	-0.114 3	0.561 1	0.391 6
	(1.032 3)	(0.751 7)	(0.627 1)	(0.576 1)	(0.659 0)
Observations	260	260	260	260	260

第二步是将农民合作社的创新行为作为因变量，互联网应用程度及其平方项作为关键自变量，互联网应用程度的广义倾向得分及其平方项、互联网应用程度的广义倾向得分与互联网应用程度的交互项作为控制变量的回归方程（回归模型：$Y = T + T^2 + GPS + GPS^2 + T \times GPS$）。根据表 4-7 的结果可知，互联网应用程度的系数估计值都在 5% 的水平上显著为负，而互联网应用程度的二次项均在 1% 的水平上显著为正，说明互联网应用程度与农民合作社创新行为呈现出显著的 "U" 形关系。然而，广义倾向得分的一次项（gps）和二次项（gpssq）在 10% 的水平上不显著，这意味着互联网应用的倾向水平与农民合作社创新之间并不具有显著的统计学关系。最后，互联网应用程度与广义倾向得分的交互项在 10% 的水平上不显著，说明互联网应用概率并不能有效地调节互联网应用程度与农民合作社创新之间的关系。

表 4-7 互联网应用程度与广义倾向得分的回归结果

VARIABLES	（1）P_innovation	（2）T_innovation	（3）M_innovation	（4）S_innovation
treatment	-0.390 9 **	-0.378 3 **	-0.372 3 ***	-0.341 1 **
	(0.186 8)	(0.168 2)	(0.143 8)	(0.152 0)
treatmentsq	0.468 5 ***	0.521 1 ***	0.666 0 ***	0.535 6 ***
	(0.141 9)	(0.127 8)	(0.109 2)	(0.115 5)
gps	-0.112 5	-0.327 7	-0.374 6	-0.350 9
	(0.438 9)	(0.395 1)	(0.337 8)	(0.357 2)
gpssq	0.117 8	0.340 2	0.401 2	0.252 5
	(0.504 9)	(0.454 5)	(0.388 5)	(0.410 9)

表4-7(续)

VARIABLES	(1) $P\_innovation$	(2) $T\_innovation$	(3) $M\_innovation$	(4) $S\_innovation$
treatment×gps	0.182 7	0.210 1	−0.039 6	0.155 4
	(0.385 6)	(0.347 1)	(0.296 8)	(0.313 8)
Constant	0.692 1 ***	0.652 8 ***	0.679 6 ***	0.744 0 ***
	(0.710 8)	(0.095 3)	(0.081 4)	(0.086 1)
R-squared	0.150 4	0.283 6	0.337 8	0.295 0
Observations	260	260	260	260

第三步是在第二步估计系数的基础上，估计出不同互联网应用程度下农民合作社创新行为趋势走向的剂量响应图和处理效应图，具体如图4-1所示。图4-1中的（a）、（b）、（c）、（d）分别对应产品创新、技术创新、管理创新和营销创新，左侧为剂量响应图，右侧为处理效应图。根据图4-1可知，整体而言，四种创新的剂量响应图均呈现"U"形曲线。可能的原因是：当农民合作社还没有应用互联网时，激烈的市场环境迫使农民合作社积极寻求其他方式进行创新发展。当农民合作社开始应用互联网且互联网应用水平较低时，农民合作社社员将更多的时间和精力用到学习和使用互联网的过程中，从而分散了农民合作社进行创新的精力，使得创新水平有所降低。随着农民合作社应用互联网的水平不断提升，其知识获取的能力也不断提升，通过互联网技术的运用源源不断地获取有效的创新资源，结合自身内部转化能力对内外部资源进行重新整合重构，从而也不断增强了农民合作社的创新活力。根据表4-7的估计系数，我们可以计算出产品创新、技术创新、管理创新和营销创新的剂量响应图中各"U"形曲线的转折点分别在0.417 2、0.363 0、0.279 5、0.318 4，这表明当互联应用程度值超过转折点数值时，农民合作社的四种创新水平会随着互联网应用程度的提升而提升。从置信区间上看，互联网应用程度较低时，置信区间较宽，但随着互联网应用程度的提升，置信区间变窄，这说明剂量响应的结果更显著。右侧的处理效应图整体而言均是随着互联网应用程度的提升而呈上升趋势，相比产品创新，技术创新、管理创新和营销创新的处理效应更加显著。四种创新的处理效应均为递增关系，且处理水平小于0.2的情况下处理效应小于0，当处理水平大于0.2时，处理效应随着处理水平的提高不断提升。

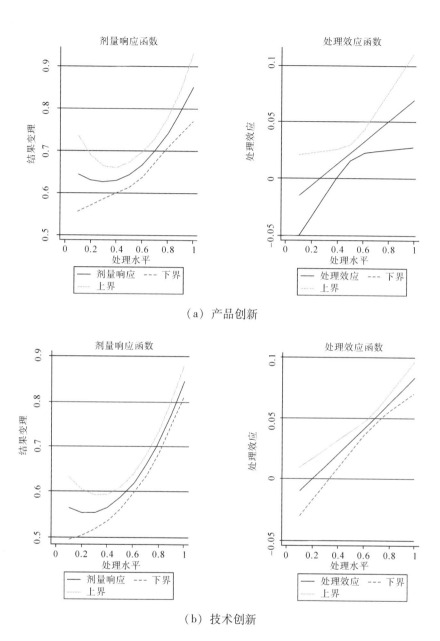

（a）产品创新

（b）技术创新

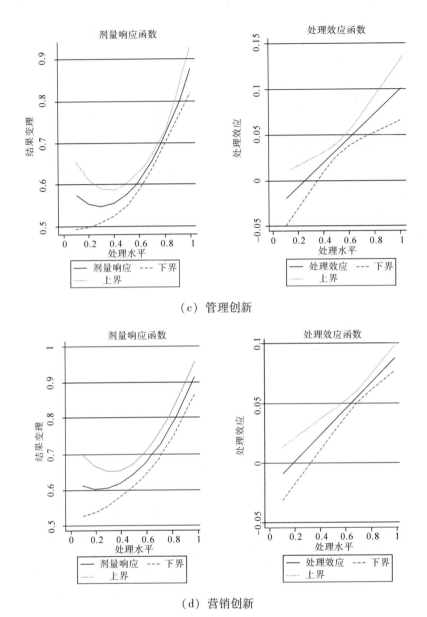

（c）管理创新

（d）营销创新

图4-1　不同互联网应用程度下农民合作社创新行为趋势走向的
剂量响应和处理效应

（三）引入职业经理人的调节机制

高层梯队理论认为，随着管理者的性别、受教育背景、工作经验等背景特征变量的不同，会不同程度地影响管理者的思维方式和感知能力，从而影响其在决策过程中的信息搜集、分析、整合能力，进而使其做出不同的战略选择（Hambrick et al.，1984）。职业经理人作为从事高层管理工作的高素质人才，具有高水平的管理能力、丰富的职业经历、完备的专业技能。在农民合作社的创新发展过程中，职业经理人制度将有可能成为一次重要的市场变革，帮助农民合作社进行内部组织重构，提高自身竞争优势。虽然互联网的使用有助于农民合作社获取创新资源进行整合重构，但是在农民合作社的现实情境中，往往出现拥有互联网的使用条件，却缺乏互联网应用技能的情况。这使得农民合作社的成员只能通过互联网进行简单的信息交流，无法高效地利用互联网获取知识信息资源。这种局面往往需要相关网络技术人才对社员的互联网技能进行引导和培训才能有效打破。在这个信息网络技术发展的时代，职业经理人作为高素质的现代信息管理技术人才，其敏锐的市场洞察能力有可能帮助农民合作社的未来发展做出重要的战略决策。因此，我们有理由相信，引入职业经理人对农民合作社的互联网应用水平具有一定的推动作用，从而强化互联网应用对农民合作社创新行为的积极影响。由表4-8可知，互联网应用程度对农民合作社的四种创新在10%的水平上具有显著积极影响，说明农民合作社的互联网应用程度越高，农民合作社的创新水平就越高。引入职业经理人对农民合作社的产品、技术创新存在负向影响，这说明未引入职业经理人的情况下，互联网应用程度越低对农民合作社的产品创新、技术创新的影响越小。互联网应用程度与职业经理人的交互项对农民合作社的产品创新、技术创新具有显著的积极影响，这意味着职业经理人能强化互联网应用程度对产品、技术创新的积极影响。

表4-8　互联网应用程度与职业经理人的交互项对创新行为的回归结果

VARIABLES	（1） $P\_innovation$	（2） $T\_innovation$	（3） $M\_innovation$	（4） $S\_innovation$
Internet_usage	0.095 5 *	0.164 8 ***	0.205 3 ***	0.221 0 ***
	(0.049 6)	(0.044 6)	(0.039 4)	(0.041 8)
manager	−0.047 8	−0.093 7	0.031 2	0.006 7
	(0.064 7)	(0.058 2)	(0.051 4)	(0.054 5)
Internet_usage×manager	0.171 4 *	0.205 7 **	0.069 8	0.059 9
	(0.092 4)	(0.083 0)	(0.073 4)	(0.077 8)
cooperative_variables	YES	YES	YES	YES
President_variables	YES	YES	YES	YES

表4-8(续)

VARIABLES	(1) $P\_innovation$	(2) $T\_innovation$	(3) $M\_innovation$	(4) $S\_innovation$
City fixed effect	YES	YES	YES	YES
Constant	0.537 8***	0.418 4***	0.510 0***	0.530 1***
	(0.137 8)	(0.123 9)	(0.109 5)	(0.116 1)
R-squared	0.277 5	0.393 0	0.399 4	0.357 7
Observations	260	260	260	260

图4-2为互联网应用程度与引入职业经理人对农民合作社产品创新、技术创新的影响（引入职业经理人的调节效应），其中引入职业经理人为0~1变量，因此图4-2中的High manager表示引入职业经理人，Low manager表示未引入职业经理人。由（a）（b）两图可知，互联网应用程度与职业经理人对农民合作社产品创新、技术创新均存在交互作用。具体而言，由图4-2（a）可知，互联网应用程度越高，农民合作社的产品创新水平越高；同时，相比未引入职业经理人产品创新水平，引入职业经理人的农民合作社其产品创新水平越高。因此，引入职业经理人更有助于增强互联网应用对农民合作社产品创新的积极影响。由图4-2（b）可知，互联网应用程度较低时，未引入职业经理人更容易促使农民合作社进行技术创新。当互联网应用程度到达一定水平之后，引入职业经理人则更有助于增强互联网应用对农民合作社技术创新的积极影响。

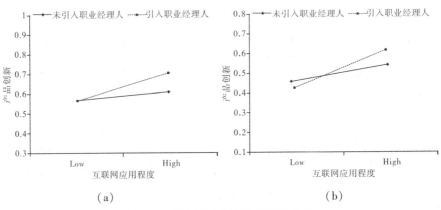

图4-2　引入职业经理人的调节效应

第五节 本章小结

如何有效驱动农民合作社创新从而促进农村经济的可持续发展，是现阶段政府和学术界关注的重大问题之一。本章着眼于能有效获取创新资源的互联网，利用四川省 260 个种植业农民合作社的问卷调查数据，从实证检验的角度探究互联网应用与农民合作社创新行为之间的关系。研究结果表明，互联网应用有助于促进农民合作社的产品创新、技术创新、管理创新和营销创新，提高农民合作社的竞争优势。在稳健性检验中，我们利用控制方程法检验得出互联网应用程度并不具有内生性，去掉残差的估计结果具有较强的稳健性。同时，结合广义倾向得分匹配的剂量响应函数及其置信区间的绘制，使我们能够更好地检验互联网应用程度与农民合作社的创新行为之间的因果关系：互联网应用程度与农民合作社的四种创新呈显著的"U"形关系。互联网应用程度较低时，农民合作社的产品创新、技术创新、管理创新和营销创新的水平会随着互联网应用程度的增加而降低；而对于互联网程度较高的农民合作社，其产品创新、技术创新、管理创新和营销创新的水平与互联网应用程度之间存在正向递增关系。除此之外，我们还分析了职业经理人在互联网应用与农民合作社创新行为之间的调节作用，发现引入职业经理人更有助于增强互联网应用对农民合作社产品创新的积极影响；互联网应用程度较低时，未引入职业经理人更容易促使农民合作社进行技术创新。当互联网应用程度到达一定水平之后，引入职业经理人则更有助于增强互联网应用对农民合作社技术创新的积极影响。

第五章 互联网应用对农民合作社创新行为的作用机制研究

本章在扎根理论研究方法的基础上，对四川省种植业农民合作社的访谈资料进行了编码剖析，挖掘出"能力不足""发展需要""能力提升""获取能力""吸收能力""整合能力""创新行为"和"创新绩效"八个范畴以及这些范畴之间的逻辑关系，并由此探究得出互联网应用对农民合作社创新行为的作用机制。研究发现，互联网应用能够显著促进农民合作社的创新行为。当前，互联网应用能力不足是农民合作社的主要特征，而互联网技能培训是提升社员互联网应用能力的有效途径。互联网应用能力的提升能有效增强农民合作社获取信息资源的能力，社员通过消化吸收将外部知识内部化，然后借助整合利用能力对农民合作社内外部资源进行整合与重构，从而推动农民合作社的创新行为。该研究突破了现有研究基于企业视角探讨创新行为作用机制的理论局限性，运用扎根理论研究方法探索互联网应用对农民合作社创新行为的作用机制，可以为中国农民合作社的可持续发展提供理论指导。

第一节 研究概况

创新作为驱动经济可持续发展的重要动力（曾亿武 等，2016），是解决"三农"问题的着力点，引领着现代农业的发展。在农业现代化的进程中，创新已经成为农民合作社竞争优势的重要来源（成德宁 等，2017）。农民合作社作为我国农业生产的主要组织形式，更需要依靠创新驱动来促进农村的可持续发展。现有关于创新行为的文献大多将研究对象集中在企业层面，探讨了包括企业社会资本（冯华 等，2016；胡萍，2008）、企业协同合作和知识共享（江维国 等，2015；解学梅，2015）、决策者的管理支持及技术能力（李爱萍，

2018；刘善仕 等，2010）、企业吸收能力（毛基业 等，2008；任爱莲，2010；王伏虎 等，2010）、研发支出和专利申请（王馨，2015）、政府调控和公共政策（王兴伟，2016；徐洁，2014）、政府补贴和支持（张鹏，2018；张晓雯，2017）等因素对创新的影响。鲜有文献探究互联网应用对中国农民合作社创新行为的影响及其作用机制。农民合作社作为新型农业经营主体之一，在成立目的、运作方式、服务主体、成员体制等方面与企业具有明显区别。因此，现有关于企业创新的理论不能直接用于引导农民合作社的创新实践。鉴于此，本章将创新行为的研究从企业层面拓展到农民合作社层面，以期为农民合作社的可持续发展提供有价值的政策启示。

现阶段，互联网的迅速发展和广泛应用极大地带动了世界经济的强劲增长。电子金融、医疗服务、农业发展等各个领域的信息交流都依赖于互联网技术。大量研究表明，互联网的应用不仅能有效地实现知识创建、捕获和共享（Almeida et al.，2008；Balmisse，2007），还能有效降低合作过程中产生的协调和交易成本（Bayarçelik，2014）。同样地，互联网在农业领域的普遍应用，不仅能有效地促进农产品流通，还能推动农产品供应链的转型和升级。在"互联网+"背景下，互联网不仅是信息交流的重要手段之一，还是经济实体对生产和销售等经营活动进行改进的重要载体（Huang et al.，2016；徐星星，2020）。

然而，互联网应用能给农民合作社创新带来哪些资源？互联网应用对农民合作社创新行为的影响和作用机制是什么？对于上述问题，现有文献尚未有效解决。鉴于此，本章旨在探讨互联网应用对农民合作社创新行为的影响及其作用机制，这对于科学制定促进农民合作社进行创新行为的相关政策具有重要的现实意义。

探讨农民合作社创新行为的作用机制需要我们针对理事长的深度访谈资料进行深入分析，逐步形成理论框架，这种以扎根理论为研究框架的质性研究方法适合运用在农民合作社创新行为的探索性分析中。为此，本章在扎根理论的基础上，对四川省六家农民合作社的深度访谈资料进行分析，建构互联网应用影响农民合作社创新行为的分析范式，探索互联网应用对农民合作社创新行为的作用机制。

本章余下部分的结构安排如下：第二部分是对相关文献进行梳理并提炼出本章的理论框架；第三部分是简单介绍本章的研究方法和数据分析过程；第四部分是对概念模型进行阐述；第五部分得出结论并提出实践启示。

第二节　文献回顾与理论框架

一、文献回顾

在"互联网+"的背景下，互联网作为信息交流的重要手段之一，其应用涉及电子商务、医疗服务、农业发展等各个领域（Chang，2017）。互联网技术在农业领域的深度融合，为我国现代农业的快速发展指引了新的方向（Claudino，2017）。农民合作社作为现代农业发展的重要载体，在经营管理的诸多环节都运用了互联网技术。更重要的是，互联网应用对农民合作社创新起到了至关重要的作用。尽管如此，鲜有文献就互联网应用对农民合作社创新行为的影响及其作用机制进行系统性的分析。相对而言，诸多文献探讨了互联网技术对企业商业模式、融资模式创新的影响，分析了互联网技术在企业创新过程中发挥的作用。大量学者通过研究发现，互联网技术有助于企业不断更新商业模式的主体功能，从而实现商业模式的创新（Clausen，2009；吴新玲 等，2016；鲁成 等，2020）。除此之外，互联网与金融的有机结合还促进了企业融资模式的创新（Corbin et al.，1990；张烁珣 等，2019）。这种以互联网为载体的新型融资方式，在一定程度上解决了企业的资金需求问题，为企业的融资难题提供了有效的解决办法（Cuadrado-Ballesteros et al.，2017）。另外，互联网应用还有助于企业随时获取有关客户、竞争对手、合作伙伴等的市场动态信息，从而提高企业对市场环境的敏感度（David，2000），解决企业与市场之间信息不对称的问题。更重要的是，运用互联网技术实现对知识信息资源的系统化管理，有助于促进企业内部知识体系的有效转化（Emodi，2017）。有学者通过研究发现，借助互联网技术创建开放和协作的知识管理系统，企业能够实现对内外部知识的有效管理，从而提升创新能力（Grover et al.，1999）。总体而言，现有研究为深刻理解互联网应用如何影响农民合作社创新行为提供了新的思路。

互联网技术在农业领域的深度应用使得越来越多的学者将关注点聚焦于"互联网+农业"等相关问题的研究，包括互联网技术在农业领域中的发展现状（Hosoda et al.，2012；展进涛 等，2020）、互联网技术在农业技术推广中的作用和发展前景（Huang，2008）、互联网技术在农业经营主体融资模式创新中的作用（Ivanov，2012；易法敏 等，2018）、互联网技术在农特产品营销模式转型升级中的作用（Iyengar，2015；周振，2019）等诸多方面。互联网技术以信息流的方式，与农业产业链中农产品的生产、销售、物流、服务等各个环节深度融合，推动着农业经济的可持续发展。互联网技术在传统农业产业链结构的改造升级、农业综合效益与竞争力的提高、现代农业发展方式的转变等方面发挥着至关重要的作用（Kahn，2018）。

综上所述，现有文献主要探讨了互联网应用对企业创新的影响。尽管部分研究强调了"互联网+"在农业发展中的重要作用，但是这些研究尚未探究"互联网+"这种市场化改革手段对农民合作社创新行为的影响。鉴于此，本章将对互联网应用影响农民合作社创新行为的作用机制进行详细探讨。

二、理论框架

现有研究为本章探讨互联网应用对农民合作社创新行为的作用机制提供了重要的理论基础和启示。动态能力理论表明，吸收能力是一系列流程和惯例，通过组织获取、消化、转化和利用知识形成一组动态能力（Landry et al.，2002）；组织学习理论亦表明，吸收能力是通过探索、转化、利用式学习对外部知识进行认知、吸收并最终创造新知识的能力（Lane et al.，2006）。综合上述理论，我们提出互联网应用影响农民合作社创新行为的基本逻辑：首先，农民合作社通过互联网应用对知识、信息和资源进行选择性获取、整理和存储；其次，农民合作社对获取的资源进行消化、吸收；最后，农民合作社对内外部资源进行整合利用和部署，最终推动农民合作社创新行为的顺利开展。上述逻辑构成以农民合作社互联网应用、知识获取、吸收能力、创新行为作为核心概念的基本研究框架，并由此探讨互联网应用对农民合作社创新行为的影响路径。互联网应用对农民合作社创新行为作用机制的理论框架如图 5-1 所示。

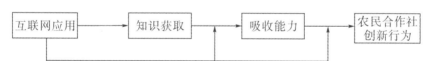

图 5-1　互联网应用对农民合作社创新行为作用机制的理论框架

第三节　研究方法

本章采用扎根理论研究的关键思路在于自下而上地对原始资料不断提炼浓缩，直到分析的资料中不再出现新的概念和范畴为止。根据扎根理论研究方法，我们需要将各种渠道收集到的资料加以整理，首先对原始资料进行开放性编码，此过程是对文本数据进行贴标签、概念化、范畴化的编码过程；其次对相关属性范畴进行整合、归纳、比较，以此确定主范畴和副范畴；最后通过选择性编码确定核心编码及其理论模型，并不断验证优化。

本章选用扎根理论研究方法的主要原因如下：①通过扎根理论研究方法把现象抽象为概念，归纳现象特征，有助于挖掘现象背后的动态演变过程和理论逻辑关系（Lankton et al., 2012）。本章的研究目的是探析"如何影响"的过程问题，因此扎根理论方法有助于总结互联网应用对农民合作社创新行为的作用机制，形成系统的理论。②现阶段鲜有文献研究互联网应用对农民合作社创新行为的影响及其作用机制，并且缺乏解释这两者之间关系的系统性理论框架。而扎根理论研究方法适用于现有理论基础不完善、探究深度不足的全新领域研究。③通过多案例研究方法对每一个案例逐一分析并统一整理归纳，进而得出更精辟、严谨、一般化的描述和更有力的解释。本章选取了四川省六家种植业农民合作社作为研究对象，通过多案例研究来探索互联网应用对农民合作社创新行为的作用机制。

一、研究样本

在确定案例的理想数量时，我们权衡了探索性案例研究有效性的基本要求和增加案例的边际效用，最终选择了四川省六家种植业农民合作社作为研究对象，具体以工商登记为准。之所以选择种植业农民合作社为研究对象，主要原因为：种植业农民合作社在中国农村比较普遍，是一种典型的农民合作社，因此研究对象具有一定的代表性和可行性；此外，为了更好地达到多重验证的效果，本章所选种植业农民合作社创新行为的表现亦具有不同的代表性，兼顾了领先的和落后的种植业农民合作社。需要说明的是，本章的案例并非随机选取，这是为了增加信息的丰满度，确保信息的可获得性和样本的代表性。六家农民合作社的基本情况如表5-1所示。

表5-1　六家农民合作社的基本情况

合作社名称	桫椤葡萄农民合作社①	冠英老木孔生姜农民合作社②	益康粮油农民合作社③	天鹰种植农民合作社④	曲江园林农民合作社⑤	八步桥苗木花卉种植农业合作社⑥
所属地址	乐山市	乐山市	广元市	崇州市	眉山市	成都市

---

① 下简称"桫椤合作社"。
② 下简称"老木孔合作社"。
③ 下简称"益康合作社"。
④ 下简称"天鹰合作社"。
⑤ 下简称"曲江合作社"。
⑥ 下简称"八步桥合作社"。

表5-1（续）

合作社名称	桫椤葡萄农民合作社	冠英老木孔生姜农民合作社	益康粮油农民合作社	天鹰种植农民合作社	曲江园林农民合作社	八步桥苗木花卉种植农业合作社
成立时间	2007	2009	2014	2005	2011	1990
经营范围	葡萄	生姜为主，蔬菜为辅	粮油为主，小麦水稻为辅	粮油为主，蔬菜为辅	风景树苗为主	观赏花木为主，工业苗木为辅
是否应用互联网	是	是	是	是	是	是
应用互联网时间	2016	2016	2016	2016	2015	2014
互联网应用领域	日常交流、购买农资、产品销售	日常交流、产品销售、获取信息、信息管理	日常交流、产品销售	日常交流、产品销售、加工管理	日常交流、产品宣传、查找资料	日常交流、产品宣传、知识学习
创新行为	营销创新、产品创新	管理创新、营销创新、产品创新	营销创新	营销创新、管理创新	营销创新、技术创新、管理创新	营销创新

二、数据收集

本书主要通过正式访谈、文档资料、场地观察、二手资料查询等渠道进行数据收集，以深度访谈资料作为主要数据来源，以文档资料、场地观察、二手资料作为补充数据，对数据资料进行补充和验证，以提高案例数据的有效性（Lau et al.，2015）。深度访谈资料来源于2017年10月上旬对24家农民合作社理事长的深度访谈。每位理事长大约进行1~2小时的访谈，总计访谈时长为28小时，整理的访谈文本共25万字，选取资料信息丰满、具有代表性的6家农民合作社作为最终研究对象进行数据分析。

本章采用半结构化访谈形式对熟悉农民合作社内部运作的理事长进行深度访谈。具体而言，我们一方面根据提前设计的访谈大纲来了解农民合作社互联网应用、创新行为等信息；另一方面根据理事长对农民合作社相关问题的回答进一步提问，尽可能地在访谈过程中获得详尽信息。访谈过程中需要访谈人员对访谈内容进行详细记录，访谈过程必须录音，并且需要对现场进行拍照。为了避免访谈人员由于个人疏忽而遗漏相关的重要信息，每位访谈员需要对访谈资料进行及时整理，包括访谈录音、照片的文本翻译等，对缺漏、模糊、矛盾的信息需要受访者再次补充和完善，从而确保信息的充分性和准确性。访谈结束后，两名以上辅助人员完成对全部文本资料的收集整理及审核校对工作。

除正式访谈外，对于农民合作社的其他相关资料信息，本书还通过其他渠道进行采集，主要包括：①农民合作社文档资料，在征得理事长同意的前提下，我们收集了农民合作社的发展历史、运作流程、组织结构、宣传手册等档案文件资料。②调研人员现场观察，对现场参观的农民合作社种植基地、加工场地和基础设备等有效信息进行详细的记录。③二手资料。我们运用互联网平台查找有关农民合作社的资料，包括官网资料、宣传视频、销售平台信息等。

三、数据编码与分析

本书借助 Nvivo 11 对案例资料进行编码分析。采用探索式的研究方法对案例数据资料进行收集整理并审核校对，再对文本数据资料进行编码分析。在编码过程中，编码人员对同一编码资料得出不同编码结果时，需要编码人员一同对不一致的地方进行充分讨论，通过不断合并、对比、补充、校验、修正，最终达成一致意见。具体而言，在编码过程中，不同编码人员对同一初始材料出现相似概念时进行合并处理，对于同一初始材料出现偏差较大的概念时，需要编码人员重新查看原始材料，充分讨论后得出一致意见，并对偏差较大的编码进行修正。这种以团队形式进行的编码有利于降低由于个人主观因素和偏见引起的结论片面性，从而确保信息的准确性（Lohrke et al.，2006）。

（1）开放性编码。开放性编码是将文本资料分解后重新组合形成新的描述性概念（Luo，2017）。这需要编码人员对编码资料进行阅读分析，以一种客观的意见对文本内容进行提炼、浓缩并抽象为概念，并对概念之间的关联性进行总结形成范畴，即通过对文本资料以"贴标签→概念化→范畴化"的顺序进行开放性编码。第一步贴标签，标记资料中有关互联网应用和农民合作社创新行为的原始词句，并进行精简和初步提炼，将原始文本资料分解成独立的节点，以"a+序号"的样式进行标记；第二步进行概念化，将属于同一现象的标签进行归纳、提炼、浓缩形成概念，以"A+序号"的样式进行标记；第三步进行范畴化，将概念进行归类，并把相关或类似的概念整合形成范畴，以"AA +序号"的样式进行标记，概念化形成的树状点变成二级树状节点。为了提高研究的信度，本章将删除小于 3 个参考点的概念，以保证数据来源的有效性。本章最终得到 209 个标签、57 个概念和 43 个范畴，开放性编码示例见表 5-2。

表 5-2 　开放性编码示例

案例资料	贴标签	概念化	范畴化
我们获得的外界信息和我们的内部信息不对称。外界的信息少，而我们需要得到大量的外部信息，但是没有，只有少量的信息进来	a1 内外信息不对称		
合作社社员不知道大概的市场价格，最后以低价卖出，造成社员亏损。会出现这样的问题最关键的原因还是信息的不对称	a2 市场信息不对称	A1 市场信息不对称	AA1 市场信息不对称
因为社员的信息比较少，较难直接接触到买家或者中介，又由于消息的滞后性，社员极有可能因为信息滞后性种植了不适宜的苗木而导致亏损	a3 信息滞后性导致亏损		
我们大多数时候都是要向他们学习互联网营销的，这是我们现阶段的短板，也是我们未来的发展方向	a4 互联网营销是短板	A2 互联网营销技能不足	AA2 互联网应用技能获取不足
……	……	……	……
解决这方面的问题，还是要增强农业合作社中社员们自身上网学习的意识。没事的时候可以逛逛网上相关的咨询博客	a81 网上获取市场信息	A19 获取市场信息资源	AA17 获取外部知识信息资源
除了中介，包工头也参与到这个群里，直接发布自己所需苗木的信息，在群里的社员或理事长能提供该产品的就可以与发布人取得联系，发送图片，交换信息，商议价格	a82 共享市场信息		
在发展过程中，不管是协会还是合作社，我们都经常出去接受新鲜事物、接受新的理念，如尝试用互联网	a83 积极接受新事物	A20 主动学习互联网	AA18 主动学习互联网
在互联网上没有什么经验，需要学的东西太多，想学习，想去跟这方面在行的其他人学习	a84 互联网学习意愿		
……	……	……	……
你通过微信扫码就可以买到我们的大米。我在手机上开了一个微店，微店的名字叫天鹰农业，你用自己的手机搜索就可以搜索到我们这个店铺，就可以进入我们的微店购入我们的产品	a207 微店销售	A56 互联网销售	AA42 互联网销售
我们就处于比较正常的模式，第一是因为最近科技比较发达，出现了网上销售，信息化发展	a208 网上销售		
因为他们需要及时进行技术更新，所以我们必须上网查找学习相关资料，在网上参考别人的种植技术	a209 参考别人种植技术	A57 复制技术	AA43 技术创新

（2）主轴编码。主轴编码是将开放式编码分别命名的资料进行归纳总结，从而得到所有范畴间的因果逻辑关系。我们运用 Corbin 和 Strauss（2010）提出的范式模型（paradigm model），即分析条件、行动/互动策略和结果联合起

来体现范畴间的逻辑关系。其中，条件是指产生某一行动/互动策略所处的现象背景，行动/互动策略是指在某个现象背景下针对一系列问题所采取的处理方法，结果则是指在某种现象背景下采取某种行为/互动策略后所形成的结果，其结果有可能成为另一个行动/互动产生的条件。比如，开放性编码所形成的"成员年龄偏大""成员文化程度偏低""学习能力有限""主动学习互联网""互联网应用技能获取不足""互联网应用范围窄""农民合作社竞争力不足"等初始范畴，可以根据范式模型"条件→行动/互动的策略→结果"的形式整合成一条轴线：农民合作社成员普遍存在年龄偏大和文化程度偏低的特点，他们的学习能力十分有限，通过主动学习互联网的行动，仍不能获取足够的互联网应用技能，导致农民合作社成员互联网应用的范围受限，从而使得农民合作社在同行业中的竞争力不足。因此，这几个范畴可以被重新整合纳入一个主范畴——"经验匮乏"，并成为说明该主范畴的副范畴。而在此范畴中，属于结果的"互联网应用技能获取不足""互联网应用范围窄""农民合作社竞争力不足"等副范畴又成为其他范畴发生的条件。通过这个过程，我们最终将43个副范畴纳入12个主范畴之中，主轴编码结果见表5-3。

表 5-3　主轴编码结果

主范畴	副范畴		
	条件	行动/互动策略	结果
经验匮乏	成员年龄偏大、成员文化程度偏低、学习能力有限	主动学习互联网	互联网应用技能获取不足、互联网应用范围窄、农民合作社竞争力不足
发展需要	互联网应用范围窄、互联网应用技能获取不足、农民合作社竞争力不足	期望提升互联网应用能力	需获取互联网应用技能
经验提升	需获取互联网应用技能	进行互联网技能培训	互联网应用技能提升
资源拓展	交流软件运用经验	应用互联网进行交流	信息资源共享、社会关系网扩大、交流效率提高
知识获取	互联网应用技能提升	网上学习、网上查找资料	获取外部知识信息资源
消化吸收	获取外部知识信息资源	社员内部讨论、请教专家教授	外部知识信息资源内部化
整合利用	获取外部知识信息资源、信息资源共享	整合内外部资源	内外部资源整合和重构
营销创新	互联网营销意愿强烈	开设微店、建立电商平台	互联网销售
管理创新	期望进行网络化管理	网上学习、运用信息管理经验	管理创新
技术创新	农民合作社技术发展需求	网上查找资料、进行技术更新	技术创新

表5-3(续)

土范畴	副范畴		
	条件	行动/互动策略	结果
产品创新	互联网销售、运输风险担忧	包装改进	产品创新
创新绩效	产品创新、互联网销售、网络宣传力度不足	应用互联网推广	产品知名度提高、经济效益提高、产品销量增加、销售渠道拓宽

（3）选择性编码。选择性编码必须在主轴编码的基础上通过严谨的分析识别出核心范畴，并将核心范畴与其他副范畴之间的逻辑关系以"故事线"（story line）的形式联系起来，最终归纳出一个既简单又紧凑的理论框架（Nieves et al., 2015）。选择性编码识别出的核心范畴是通过对主轴编码的再次提炼，以及对其他范畴归纳和总结的结果。其结果是一个过程模型，详细地描述在互联网应用过程中，农民合作社将受到哪些影响，进而又是如何影响创新行为的。通过进一步对12个主范畴与现有理论进行联系和比较可以发现，"互联网应用经验不足"反映的是农民合作社最初阶段所具备的互联网应用能力的特点，因此我们将其归结为"能力不足"这一范畴。同理，我们将农民合作社互联网应用的"经验提升"归结为"能力提升"这一范畴；把"资源拓展""知识获取"归于"获取能力"这一范畴；而"营销创新""管理创新""技术创新""产品创新"则赋予"创新行为"的主范畴。基于此，我们可以得到如下故事线：互联网技术的广泛普及促使农民合作社积极应用互联网，迫使那些互联网应用技能不足、互联网应用范围窄的农民合作社倍感竞争压力。激烈的市场环境和农民合作社的发展需求不断激发农民合作社对互联网技能的学习意愿。尽管如此，现阶段农民合作社对互联网技术的应用大多停留在信息搜集和网络销售上。互联网应用经验不足、应用领域不广、应用程度不高成为农民合作社发展的重要制约因素。在这种情况下，为了提升社员的互联网应用能力，农民合作社会通过互联网技能培训来强化社员的互联网应用技能。随着农民合作社互联网应用技能的提升，社员的互联网应用能力也将不断提升。社员对网上知识、信息和资源进行选择性获取、整理和存储的能力也明显提高，通过社员内部讨论、请教专家等方式对获取的知识进行消化、吸收，再将农民合作社内外部资源进行有效的整合、利用，最终促进创新行为的顺利开展，同时提升创新绩效。如图5-2所示，我们将核心范畴以"条件→行动/互动的策略→结果"的形式组合起来。为了更直接地了解范畴之间的逻辑关系，我们将编码过程以图形的方式绘制出来（见图5-3）。

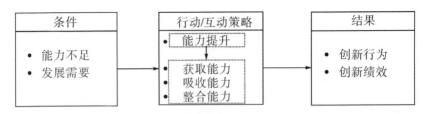

图 5-2　核心范畴的范式模型

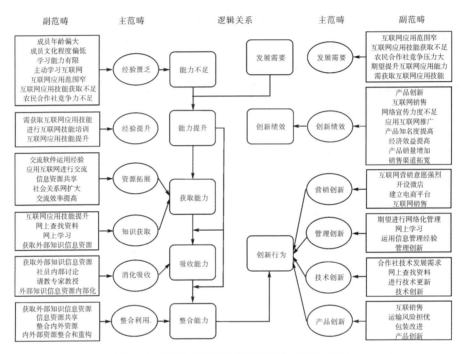

图 5-3　译码过程及核心范畴蕴含的逻辑关系

四、词频分析

我们通过 Nvivo 软件中的词频查询功能，选出材料来源或选定项目中出现频数较高的词语，然后以词语云图的方式将结果显示出来。图 5-4 便是对案例资料进行词频查询所得出的频数较高的词语，其中字体最大且位于云图中心的表明该词在材料中出现的频数最高。如图 5-4 可知，"互联网""销售""信息""创新"等词语字体较大且靠近云图中心，即上述词语在编码分析过程中出现的频数较高，受访者提及最多的则是互联网应用于销售、信息获取、技术更新、日常管理等，与我们研究发现的重点方向一致。

图 5-4　词语云图

五、理论饱和度检验

理论饱和度（theoretical saturation）是指即使通过对额外资料数据进行相同步骤的阅读和分析，并重复进行开放性、主轴性和选择性编码的过程，仍然不能进一步发现某一范畴的新面向，也不再出现新的概念。为了进行理论饱和度检验，我们将剩余的 18 个样本数据资料进行随机抽样，选出 6 个样本数据资料形成新的案例数据，并重复进行开放性、主轴性和选择性编码，发现并没有出现新的范畴，而且所对应的范畴也没有出现新的概念。基于此，我们认为本章所进行的编码已经达到了较好的理论饱和度。

第四节　模型阐述

通过上述编码分析，我们可以从以下几个方面来描述农民合作社通过互联网应用影响创新行为的过程：一是互联网应用是农民合作社创新发展的需要；二是农民合作社创新是吸收能力→知识获取能力→整合利用能力的强化过程；三是农民合作社进行创新的结果。接下来，我们将从以上 3 个方面进行分析并提出命题，最后综合所有命题提出互联网应用对农民合作社创新行为的作用机制模型。

一、互联网应用是农民合作社创新发展的需要

20世纪初期，互联网应用并不普及，农民合作社的运营主要依靠同行业协会的带动对产品类型、种植技术等进行简单的复制，到后期才开始请农科院校的教授和专家对其进行技术指导等。早期的农民合作社之间有着简单的依存关系，不存在过多的竞争压力。但是，当互联网逐步普及并运用到社会生活的各个领域时，"互联网+农业"也一度成为学术界重点探讨的热词之一。在农业发展过程中，部分农民合作社率先顺应时代的发展将互联网运用到农民合作社中，从农业技术的推广到农村电商的发展，不仅让农民合作社的生产种植技术得到了改进，产品的销售市场进一步扩大，还提高了部分农民合作社在整个行业领域的竞争优势。在这种情境下，互联网开始渗透到农民合作社生产、加工和销售等各个环节，如前期市场行情的分析预测、中期农产品种植技术的更新、后期农产品的宣传销售以及农民合作社日常管理工作等。

随着市场竞争环境日趋激烈，市场需求的剧烈变动要求农民合作社要随时关注外部环境的动态变化。政策的调整和变动都可能随时改变市场结构进而导致某类产品的需求急剧下降，最终可能导致农民合作社的发展进入瓶颈期。信息的滞后性、信息资源获取不及时也会导致农民合作社出现亏损（Palcic，2015）。在八步桥合作社和曲江合作社案例中提及：由于国家政策的变动（商品房限购令的出台），原有受欢迎的大型苗木由于新建小区的减少，需求量明显下降；又由于消息的滞后性，社员极有可能因为信息滞后种植了无法迎合市场需求的苗木而亏损。因此，农民合作社想要了解市场行情就必须及时获取准确的市场信息资源，并进行市场预测，根据市场的变动情况确定农民合作社最终培育的产品品种和数量，从而降低由信息滞后、不对称等因素造成的市场风险成本（Pandit，1996），推动农民合作社的正常运作。曲江合作社的代表性观点为：这些人通过微信互相分享经验教训，提供有价值的信息，如市场上什么畅销，什么比较受欢迎。这些信息（市场行情）能很好地引导我们种植哪些品种，种植多少，这样就会降低成本，减少废弃多余的树苗。总体而言，互联网技术的使用不仅有助于农民合作社获取、传递、共享与利用市场信息资源（Paré，2016），还能有效地促进各种信息资源在农民合作社内外部之间的流动，提高信息的匹配效率（Perera et al.，2016），减少由信息获取不对称、不准确、不及时以及内部信息流动慢等原因导致的农民合作社亏损（Prasad，2001）。

在农民合作社中期种植阶段，产品创新、技术创新将会成为增强农民合作社竞争优势的主要来源。产品创新的途径包括引进新品种、对产品进行改良、运用新技术种植等方式（Rangus et al., 2017; Sambamurthy et al., 2005），通过对产品不断优化，进而提高产品质量。技术创新的途径包括引进种植技术、技术改进、引进种植设备等方式（Santoro, 2017）。而现阶段农民合作社多具有紧密和频繁的本地联系，形成地方性生产网络，使得当地农民合作社在产品、技术等方面具有相似性和重复性的特点，导致农民合作社的竞争能力受当地社会网络的制约。因此，农民合作社想要提高行业领域的竞争优势，就必须将目光聚焦于更大的市场。其中，曲江合作社就指出：在产品、技术、设备上的更新，这主要是内部技术人员在负责，他们通过上网查找、学习相关资料，或是直接在网上视频学习，引进优良品种、参考别人的种植技术，对自己产品和技术进行及时更新。互联网的应用有助于农民合作社了解当地以外更加优质的产品和技术。农民合作社通过借鉴他人的成功经验，并根据自身特点引进优良品种和先进技术（Santoro, 2017），因地制宜地引导农民合作社走一条创新发展之路，从而推动农民合作社的可持续发展。

在农民合作社对农产品宣传销售这一后期阶段，宣传力度和宣传成效将会直接影响产品销售结果。早期产品的宣传方式局限于口口相传模式，所谓"酒香不怕巷子深"的传播方式在互联网普及的时代已不合时宜，倘若生产者潜心只为生产更优质的产品，仅依赖消费者对潜在客户进行口头宣传，该产品的受众面将可能局限于当地消费者，外界消费者很难了解到这一产品的优质性。曲江合作社就提到，其通过互联网直接与客户联系，把产品远销到重庆、青岛、云南、贵州、湖北等各个地方。案例研究中我们还发现，部分农民合作社在销售环节直接对应经销商，对接方式比较单一。而互联网应用则有助于农民合作社进行采购、广告宣传、市场研究、销售和服务（Strauss et al., 1997），强化农民合作社与客户之间的直接联系。这不仅能有效提高产品的知名度、增加产品的销售渠道，还能减少合作社对渠道中介的依赖，降低中间环节的交易成本（Tzounis, 2017），提高农民合作社成员的经济效益。

农民合作社的内部组织运营和日常管理工作贯穿于农民合作社产品选育、种植、销售全过程的各个重要环节。良好的组织管理系统不仅能明确组织内部成员的分工安排，还能提高内部组织成员的工作效率（Krogh, 2012）。而信息传递不及时、成员工作不明确、日常工作无法达标等都有可能成为农民合作社亏损的最终原因。比如，曲江合作社利用互联网对获取的市场信息进行交换、分享，成员据此做出相应的调整，避免由市场风险引起的经济亏损。八步桥合作社内部就存在信息不对称的情况，社员种植的品种存在较大差异，直接导致种非所需、需非所有的情况。由此可见，互联网应用不仅能有效促进各职能部门成员之间的日常信息交流（Vrontis et al.，2012），高效地完成农民合作社日常业务信息的处理，还能有效地促使信息在农民合作社成员内部以及农民合作社与其他行业协会组织之间顺畅且可靠地流动（Grover et al.，1999），消除内部管理运作由信息不对称、信息滞后等因素对农民合作社效益的消极影响。

当农民合作社将互联网技术运用到种植、销售、管理等任一环节时，互联网应用会不同程度地提高农民合作社成员的工作效率，增强农民合作社的竞争优势。随着同行农民合作社互联网的普及运用及快速发展，行业竞争压力也在不断增大。那些互联网应用领域少、应用经验不足的农民合作社也开始期望提升自己的互联网应用水平。然而农民合作社成员具有年龄普遍偏大、文化水平普遍偏低等特点，这在某种程度上决定了社员对互联网应用的自主学习能力有限，对互联网应用的范围也仅限于初级阶段的日常交流。在这种情况下，农民合作社开始期望引进相关技术人员，希望年轻后辈回乡发展，或是开展与互联网应用相关的技能培训。不管是为了引进新产品或技术、优化农民合作社内部管理方式，还是为了拓展产品的销售渠道、提高成员的经济效益，互联网应用已经成为现阶段农民合作社发展的需要。由此，我们得出命题5-1。

命题5-1：当农民合作社在各个领域开始应用互联网时，互联网应用经验不足成为制约农民合作社发展的关键。互联网应用技能培训是提升农民合作社成员互联网应用技能的有效途径。强烈的学习意愿推动农民合作社扩大互联网技术的应用范围，促使互联网成为推动农民合作社创新发展的必然要求。

二、获取能力→吸收能力→整合能力的强化过程

通过对文本资料的编码分析我们发现，互联网应用会对农民合作社获取能力→吸收能力→整合能力的三个阶段进行强化。在农民合作社互联网应用经验不足、网络技术人才缺乏的情况下，激烈的市场竞争环境迫使农民合作社积极寻求创新发展的出路和模式，农民合作社成员对互联网技术的强烈学习意愿，激发农民合作社通过技能培训的方式提升农民合作社网络运用技能。在提升农民合作社互联网应用技能之后，农民合作社的各职能部门成员之间便能熟练地运用互联网进行日常信息交流和知识的获取、共享、利用，并高效地完成农民合作社日常业务信息的处理，有效地使信息在农民合作社成员内部以及农民合

作社与其他行业协会组织之间通畅且可靠地流动。

在日益激烈的市场竞争环境中，农民合作社成员可以通过互联网获取市场信息。随时关注外部环境的变动情况，掌握市场需求动态变化信息，并根据外部环境的变化对农民合作社的产品、技术、管理和营销等做出相应的调整。桫椤合作社和曲江合作社均提到，只有在了解外部市场之后，它们才能知道自己种植的葡萄该怎么定价，在与经销商谈的过程中，它们给出的价格才有可能不离谱；市场行情能够帮助它们降低成本、减少风险，它们能根据市场的变化来调整培育的品种和数量，如樱花的品种花色等。除此之外，应用互联网进行交流，不仅能扩大成员的社会关系网、增加资源获取的途径，还能提高各职能部门的交流效率，从而节省时间成本。八步桥合作社和曲江合作社也提及：通过微信群，理事长和其他微信群成员可以接触到与自己没有直接关系甚至不认识的人，理事长的社交关系网会明显扩大；互联网给它们带来联系上的便利和快捷，大家能用最短的时间解决问题，节约大家时间成本，这应该是互联网带给大家最为直接的便利。据此我们可以发现，应用互联网进行知识信息资源的获取、交换、分享、传递，有助于提高农民合作社对知识、信息和资源的获取能力，这个过程便是农民合作社应用互联网技术对知识获取的一个强化阶段。

农民合作社通过互联网应用对外部知识信息资源进行选择性获取之后，其内部成员便对获取的资源进行消化吸收。其中曲江合作社就提及：技术员们直接在网上搜索查阅学习，有什么不懂的及时请教专家、老师、朋友来获得技术的提升，从而解决问题。八步桥合作社提及：农民合作社在网上获得的市场信息，及时地与成员共享、讨论，可以及时采取应对市场信息变化的措施。我们可以发现，农民合作社在利用互联网技术强化了知识获取能力之后，便增加了农民合作社获取外部资源的机会，外部获取的知识源变多了，农民合作社对获取的资源不断消化、吸收，完成外部资源在农民合作社的内部转化。外部知识内部化过程的增加便不断地强化着农民合作社成员的吸收能力，这个过程便是农民合作社吸收能力的强化过程。

农民合作社应用互联网对外部获取的知识信息资源进行消化、吸收之后，其成员便开始结合农民合作社的内部资源进行整合和重构，从而为推动农民合作社创新活动的顺利开展提供基础。在这个过程中，农民合作社应用互联网有效地增加了获取外部知识、资源的数量，同时也增加了农民合作社社员对资源整合利用的机会，进而提升了农民合作社的创新能力，该过程就是农民合作社资源整合利用的强化阶段。曲江合作社提及：因为它们需要及时地进行技术更新，所以它们必须上网查找学习相关资料，在网上学习别人的种植技术和管理方法，接下来再跟有关专家教授进行讨论，最后确定适合自己的栽种技术；技术进步、管理方法的更新、培育方法的进步也得益于互联网，有什么不懂的，直接在网上搜索查阅，甚至可以直接视频教学。由此，我们得出命题5-2。

命题5-2a：农民合作社通过互联网技能培训能有效地提升农民合作社成员对互联网技术的应用技能，强化农民合作社成员的知识获取能力，进而有效提升社员对网上知识、信息和资源进行选择性获取、分享和传递的能力。

命题5-2b：农民合作社利用互联网能有效地强化知识信息资源的获取能力，不但增加了知识源，也强化了农民合作社社员将外部知识信息资源进行内部化的能力。

命题5-2c：随着农民合作社对外部知识内部化程度的不断增加，农民合作社成员对内外资源进行有效整合和重构的机会也在不断增加，这不仅强化了农民合作社成员的整合利用能力，还为农民合作社的创新行为提供了坚实的基础。

三、农民合作社创新行为

创新行为包括产品创新、技术创新、管理创新和营销创新（Wang et al.，2017）。其中，产品创新包括引进新品种、产品改良等形式（Rangus et al.，2017；Sambamurthy et al.，2005）；技术创新包括引进种植技术、技术改进、引进种植设备等方式（Santoro，2017）；管理创新包括引入新的管理系统、组织变更、改进管理方法等方式（Yang et al.，2017）；营销创新包括引进新的销售方式、新的营销理念、新的促销方式和开发新的商业模式等（Yin，2008）。判断农民合作社是否存在创新行为的结果，就是判断农民合作社是否存在产品、技术、管理和营销等方面创新的过程。因此，我们运用这些来判断农民合作社是否存在创新行为。

在研究的案例中我们发现，农民合作社成员以互联网应用技能为基础，通过建立微店，将微信朋友圈作为潜在客源进行宣传，客户通过卖家提供的产品照片、视频等信息来判断是否进行下一步的咨询，从而达成最终交易。比如，益康合作社和桫椤合作社提到，早期少部分人接触微店后收益成效显著，内部成员开设微店的人数便不断增加，对应的消费群体也在不断扩大。不断扩大的社会关系网让更多的消费者了解到该农民合作社的产品。八步桥合作社则通过微信直接进行图片发送、信息交换、价格商议，头卖双方在经历了一次交易之后，便会建立起良好的合作关系，这种关系为以后的再次合作和资源介绍提供了基础。除了开设微店，大多数农民合作社都通过建立电商平台来扩大销售面，把受众群体直接扩大到全国各地。如天鹰合作社提到的"通过网络销售提高了产品面向市场的知名度，还增加了销售量"。老木孔合作社则提到通过互联网销售拓宽了市场，对了解各地市场价格和经商情况也起到重要作用。毋庸置疑，运用互联网对产品进行销售已经成为现阶段重要的营销方式之一，它在提高产品知名度、增加销售渠道、扩大销量等各个方面发挥着重要作用。

我们发现，当农民合作社运用互联网进行营销时，物流问题便随之出现。本章的研究对象为种植业农民合作社，其经营范围包括蔬菜、水果、珍稀苗木等类型，在快递运输过程中极易出现坏死、磕碰等现象，而这种情况会直接导致客户收到的产品出现严重的质量问题，卖家将有可能承担所有经济损失，还可能因此失去信誉，给农民合作社的品牌形象带来负面影响。对此，老木孔合作社对产品包装进行改进，从起初的竹筐到泡沫箱再到塑料筐，对产品包装不断地升级改良。桫椤合作社也尝试着对运输产品的包装进行改良，用泡沫网空气垫的方式进行运输包装。

在技术创新方面，曲江合作社提到通过运用互联网查找相关资料，学习、参考别人的种植技术。同时，在引进先进设备的情况下，内部技术人员通过网上搜索、查阅资料和视频培训等方式进行学习、消化、吸收，再与相关技术专家、教授进行交流探讨，对栽种等技术进行改良，最终达到技术更新的效果。除此之外，在农民合作社内部管理方面，大多数农民合作社通过应用互联网加快了农民合作社的运行效率，强化了农民合作社内部成员之间的联系，有效地提高了各职能部门之间对知识信息资源的获取、交换、分享、传递和利用的效率，从而节省了时间成本。特别是桫椤合作社提到希望运用互联网进行网络化管理，以便全面掌握农民合作社在销售过程中的资金流动情况和流通路径，在销售管理工作中通过互联网与客户建立售后服务沟通和反馈来发现自身缺陷，进而对农民合作社产品、技术、管理、销售等方面做出改进。曲江合作社则提到通过网上学习相关资料的方法对农民合作社的管理方式进行优化创新。

通过对案例的编码分析我们发现，6家农民合作社借助互联网技术对生产、加工、销售和日常管理等各个环节进行了不同程度的创新。所有农民合作社都应用互联网进行产品销售和内部的日常交流，特别是老木孔合作社和桫椤合作社对产品包装进行了改进，解决了产品运输过程中出现的损坏等问题；桫椤合作社和曲江合作社应用互联网来寻求管理系统的优化创新；曲江合作社的技术人员则通过网上查找资料、视频学习等方式对栽培种植技术进行改良创新。正是因为这些创新行为，农民合作社不仅提高了产品的知名度、扩大了销售渠道、增加了经济效益，还提高了农民合作社在行业内的竞争优势，推动农民合作社的可持续发展。基于此，我们得出命题5-3。

命题5-3：农民合作社在应用互联网获取知识信息资源的前提下，通过社员自我消化吸收、内部讨论等方式对外部知识信息资源进行内部转化，再与相关技术专家、教授进行交流探讨，以便促进农民合作社内外部资源的整合和重构，从而推动农民合作社的创新行为。

四、概念模型

综合上述分析，我们提出互联网应用对农民合作社创新行为的作用机制模型（见图5-5），模型从互联网应用时间和创新行为两个维度描述了农民合作社创新行为的演进机制。从原点开始，由于互联网应用时间较短，农民合作社互联网应用初始经验不足，激烈的市场环境迫使农民合作社积极寻求创新的发展出路。强烈的互联网应用意愿促使农民合作社进行互联网技能培训，借此提升农民合作社互联网应用技能，让农民合作社成员都具备互联网应用能力。农民合作社成员互联网应用能力的提升，强化了农民合作社的知识获取能力，社员通过对获取的资源进行有效吸收，再借助整合利用能力对内外资源进行整合和重构，最终促进农民合作社进行创新。在这一阶段，农民合作社将互联网应用于资料查找、信息获取、视频学习等过程，获取的知识信息资源量的增加，也增加了农民合作社对资源不断消化吸收、整合利用的过程，从而促进农民合作社进行创新，最终结果甚至有可能超过农民合作社初始期望通过互联网应用谋求创新发展的目标。

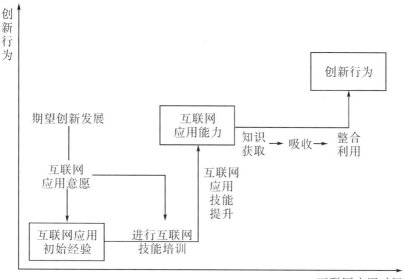

图 5-5　互联网应用对农民合作社创新行为的作用机制模型

第五节　本章小结

　　本章选取了信息丰满度较高的六家农民合作社作为研究对象，运用扎根理论的探索性研究方法，对案例文本进行了编码分析，挖掘出"能力不足""发展需要""能力提升""获取能力""吸收能力""整合能力""创新行为"和"创新绩效"八个范畴以及这些范畴之间的逻辑关系，并由此得出互联网应用对农民合作社创新行为的作用机制。我们发现，互联网应用是现阶段农民合作社创新发展的必然要求。互联网技术的广泛普及推动农民合作社应用互联网谋求创新发展，而那些互联网应用范围窄、互联网应用技能不足的农民合作社所面临的竞争压力越来越大。激烈的市场竞争环境迫使农民合作社积极寻求创新发展的出路和模式，激发农民合作社成员对互联网技术的强烈学习意愿。然而，现阶段农民合作社互联网应用经验不足，在生产、加工、销售和日常管理等环节中对互联网应用深度和广度不足成为制约农民合作社创新发展的关键因素。在这种情境下，农民合作社通过互联网技能培训等方式提升社员的互联网应用能力，提高农民合作社对互联网应用的深度和广度。互联网应用能力的提升强化了农民合作社对内部外知识资源的获取、吸收和利用能力，极大地促进了农民合作社的创新行为，提高了农民合作社的创新绩效。事实上，农民合作社应用互联网是信息化时代发展趋势的必然结果，互联网应用促进了农民合作社的创新行为，提高了农民合作社的创新绩效，强化了农民合作社的竞争优势，推动着农民合作社的可持续发展。

通过对案例文本的编码分析，我们发现互联网应用对创新行为的作用机制在农民合作社与企业之间既有明显的差异，也有一定的相似之处。现有文献论证了知识获取、吸收能力对企业创新行为的影响。相似地，本章研究的农民合作社创新行为的作用机制中也存在知识获取与吸收能力。不同的是，本章所研究的互联网应用影响农民合作社创新行为过程中存在着获取能力→吸收能力→整合能力的三个强化阶段。我们在编码分析中发现了存在以上差异的原因，调查研究的农民合作社成员以农民为主，具有年龄偏大、文化程度偏低、学习能力有限等特点，农民合作社成员必须进行互联网技能培训，才能实现互联网技术在农民合作社内部的有效应用。在互联网应用过程中，农民合作社成员对不断增加的外部资源进行获取、吸收、利用，而这个过程会不断强化农民合作社成员的知识获取能力、知识吸收能力和整合利用能力。相比而言，企业员工都是企业通过笔试、面试等环节进行选拔任职的，其学习能力、互联网应用经验等方面都强于农民合作社的成员，其员工可以直接通过互联网应用对知识进行获取、消化吸收等，进而完成创新。

第六章 "互联网+"视角下农民合作社创新能力的动态演化机制研究

在动态能力、组织学习和知识结构理论的基础上，本章构建了农民合作社从知识搜索到知识创造的系统动力学模型，通过模拟农民合作社互联网的应用技能、知识搜索和创新能力之间的关系，探索出农民合作社创新能力的影响途径和演化过程。具体而言，农民合作社创新能力的影响路径为互联网技能培训→互联网应用技能→创新能力；演化过程由前期的吸收能力为主，逐步演化为吸收、整合能力共同发展，最后形成吸收、整合以及原创能力的均衡发展状态。该研究一方面突破了现有研究基于企业视角探讨创新行为作用机制的理论局限性；另一方面弥补了从动态视角对农民合作社创新能力的演化机制进行系统分析的文献空白，研究结论可以为农民合作社可持续发展的政策制定提供重要的科学依据。

第一节　研究概况

创新作为引领经济发展的第一动力，也是加快农业现代化建设、驱动农村经济可持续发展的重要力量。在推进农业现代化的过程中，创新已经成为农民合作社竞争优势的主要来源（Luo et al., 2017）。农民合作社作为我国农业生产的主要组织形式，更需要依靠创新驱动来促进农村可持续发展。因此，创新作为现阶段乃至以后农民合作社发展的重要组成部分，其创新能力的提升更是农民合作社追求竞争优势、引领农村经济可持续发展的重要途径。现有关于创新能力的文献大多将研究对象集中在企业层面，探讨了创新能力的影响因素

（Xue et al.，2017）、评价指标体系（Zeng，2017；Castela et al.，2018），以及企业知识积累（姜骞 等，2018）、知识管理（刘毅 等，2019）、企业政治关联（何欢浪 等，2019）等因素与创新能力之间的关系。鲜有文献基于互联网视角探讨中国农民合作社的创新能力。农民合作社作为新型农业经营主体之一，在成立目的、运作方式、服务主体、成员体制等方面都明显区别于企业这一经济组织。因此，现有关于企业创新的理论不能直接用于引导农民合作社的创新实践。鉴于此，本书将创新能力的研究从企业层面扩展到农民合作社层面，以期为农民合作社的可持续发展提供有价值的政策启示。

现阶段，互联网的迅速发展和广泛应用极大地带动了世界经济的强劲增长，电子金融、医疗服务、农业发展等各个领域的信息技术交流都依赖于互联网。大量研究表明，互联网的应用不仅能有效地实现知识创建、捕获和共享（Von Krogh，2012；秦佳良 等，2018），还能对知识创造产生积极影响（屠万婧 等，2009）。同样地，互联网也为知识交流和资源整合提供了新的平台（潘秋玥 等，2016）。在"互联网+"背景下，互联网不仅是信息交流的重要手段之一，还逐渐成为经济实体对生产、管理和经营进行改进所必不可少的创新要素之一（王兴伟 等，2016）。

鉴于此，我们认为互联网是影响农民合作社创新能力的重要因素之一。然而，互联网应用能给农民合作社的创新能力带来怎样的影响？互联网应用影响农民合作社创新能力的动态演化机制是什么？对于上述问题，现有文献虽然提供了重要的理论基础，但尚未有效解决。动态能力理论认为，知识吸收能力是一系列流程和惯例，是组织通过获取、消化、转化和利用知识而形成的一组动态能力（Zahra et al.，2002）；组织学习理论表明，吸收能力是通过探索、转化、利用式学习对外部知识进行认知、吸收并最终创造新知识的能力（Lane et al.，2016）；基于知识搜寻和知识结构视角的研究也论证了知识搜寻对创新能力的提升具有积极作用（秦佳良 等，2018；秦鹏飞 等，2019）。现有关于创新能力的研究大多停留在实证分析层面，缺乏对创新能力动态演化机制的系统性分析。

基于此，本书试图基于知识结构视角，构建从知识搜寻到知识创造的系统动力学模型，以此来探讨"互联网+"视角下农民合作社创新能力的动态演化机制，从而为制定农民合作社创新能力提升的长效机制提供科学依据。

第二节 理论综述与研究方法

一、关键变量的理论综述

创新能力作为决定创新成功的重要因素，其内涵早在 20 世纪 80 年代就引起了学术界的广泛争论。早期学者将创新能力默认为技术创新能力，并从战略管理角度出发提出创新能力是一系列综合能力的组合，强调了系统的整合能力（魏江 等，1996）。部分学者则从创新内容和创新过程两个角度出发对其内涵进行界定，前者将创新能力界定为组织管理要素（Schoemaker et al.，1993）；后者则将创新能力界定为将相关知识转化为新知识或工艺的创造性思想（Szeto，2000）。

本书将创新能力定义为嵌入主体在创新行为过程中将原始知识通过复杂处理后转化为高级知识的过程。本质上讲，农民合作社的创新能力由三个子能力组成，即吸收能力、整合能力和原创能力（Yam et al.，2004）。其中，吸收能力是指对外部获取的知识源进行内化的能力（Lichtenthaler，2009）；整合能力是指对不同来源的知识进行有效整合的能力（Iansiti et al.，1994）；原创能力是指对整合的有效知识进行知识创造的能力（Smith et al.，2005）。知识管理理论认为，创新活动过程的本质是知识不断流动的过程（顾新，2008），创新能力的嵌入过程就是对创新知识源进行搜寻、获取、内化、整合、应用并创造新知识的过程。本书在 Lane 等（2006）提出的知识识别、内化、应用知识的概念模型基础上进行简化和扩展，研究以互联网为外部知识源获取途径，挖掘出农民合作社从知识搜索到创新能力的动态演化机制。

二、互联网应用技能与知识搜寻的反馈回路

在创新活动过程中，当农民合作社感知到知识缺口存在时，他们会通过知识搜索来填补知识缺口，其中知识搜索包括本地搜索和外部搜索。本章基于互联网视角来研究农民合作社创新活动的过程。在这一活动过程中，农民合作社主要利用互联网进行外部搜索。互联网应用技能水平越高，农民合作社通过互联网搜索所获得的知识量越大。通过知识搜寻，农民合作社的知识存量会不断地增加。当知识存量增加到一定程度时，农民合作社的知识缺口就会缩小，知识搜寻行为也会减少。互联网应用技能与知识搜寻的简要反馈回路如图 6-1 所示。

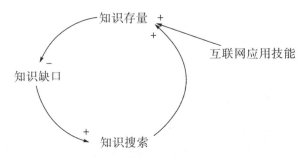

图 6-1　互联网应用技能与知识搜寻的简要反馈回路

三、互联网应用技能、知识搜寻与创新能力的反馈回路

首先，利用互联网搜寻到的外部资源更有利于农民合作社成员获得创新思路、技术等，而互联网应用技能是决定农民合作社获得外部资源数量的关键因素。互联网应用技能和互联网搜索的共同作用，会显著提升农民合作社成员的创新能力（Laursen et al., 2006）；基于知识搜寻效率和知识结构视角的研究结果表明，知识搜寻为知识创造提供了知识基础，从而有利于促进创新能力的提升。其次，农民合作社创新能力的提升来源于两种渠道：一方面，农民合作社通过对知识吸收、整合和创造的能力来实现知识存量的增加，从而提升创新能力；另一方面，在农民合作社未识别新环境产生的知识缺口时，农民合作社知识存量的增加会缩小知识缺口，减少知识搜寻行为。互联网应用技能、知识搜寻与创新能力的简要反馈回路如图 6-2 所示。

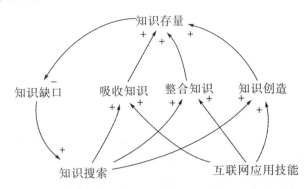

图 6-2　互联网应用技能、知识搜寻与创新能力的简要反馈回路

四、研究方法

本书采用系统动力学软件 vensim dss 进行研究。系统动力学（system dynamics）是 1956 年美国麻省理工学院的福瑞斯特教授创立的一种研究复杂性动态行为和反馈系统的分析建模方法（Forrester，1958），是通过分析各个子系统内部各变量之间的反馈结构关系来研究整个系统的整体行为理论（Sweeney et al.，2010）。该方法主要分为定性分析和定量分析。定性分析是以一种因果循环图（CLD）的方法来表示系统的反馈结构，它映射了系统中的元素之间的因果关系，并识别反馈循环，揭示系统行为的类型。这些循环可以是平衡（目标追求）或强化（恶性）循环，并且可以表现出它们相互作用所产生的意想不到的后果。定量分析是基于微分方程建立关系模型的存量—流量图，流入和流出都会改变系统的状态，从而生成决策和行动所依据的信息（Shire et al.，2018）。

本章采用的是系统动力学的二阶模型（second-order models）。二阶模型是指在现有的理论基础上，通过对不同理论进行整合或重构，根据研究内容构建并模拟出抽象的理论框架，以此来挖掘新的理论（Sastry，1997）。

第三节　系统建模与仿真

就农民合作社而言，其创新能力的动态演化机制存在多个复杂的子系统。在这些子系统结构中影响系统形态的因素是构成因果循环关系的主导因素。根据系统动力学的原理可知，农民合作社创新能力的动态演化机制实际上是一个复杂、非线性的动态反馈系统。本章选用系统动力学研究方法的主要原因在于：①系统动力学的研究方法是将理论和计算机仿真相结合，来分析复杂系统的反馈结构、功能与动态行为之间的关系（张波 等，2010），而本收所研究的农民合作社创新能力的动态演化机制属于复杂、非线性的动态关系，因此利用系统动力学的研究方法有助于挖掘系统的关系；②系统动力学对整个系统用微分方程建立关系模型后，通过调节系统参数来了解整个系统的反馈特性，进而了解整个系统的动态演化规律，从而做出科学的决策（Barlas，1996）。鉴于此，本章采用系统动力学的研究方法来模拟农民合作社创新能力的动态演化机制具有较强的可行性。

一、总体结构

本章以知识结构的视角将动态能力理论和知识管理理论进行重构，构建农民合作社互联网应用技能、知识搜索及创新能力的动态演化模型，该模型包含四个子系统：互联网应用技能子系统、农民合作社的知识存量子系统、知识搜索子系统和创新能力演化过程子系统。子系统之间相互作用、相互影响，构成一个有机整体（见图6-3）。

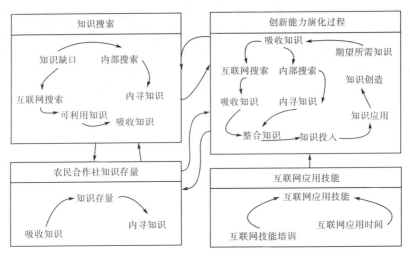

图6-3　模型的总体结构

①互联网应用技能→+农民合作社知识存量，互联网应用技能→+创新能力演化过程；

②知识搜索→+农民合作社知识存量，农民合作社知识存量→-知识搜索；

③知识搜索→+创新能力演化过程，创新能力演化过程→-知识搜索；

④创新能力演化过程→+农民合作社知识存量，农民合作社知识存量→-创新能力演化过程。

二、模型构建

根据总体结构进行设计，本章利用系统动力学软件 Vensim DSS 对模型进行构造，最终构造成如图6-4所示的存量流量图。

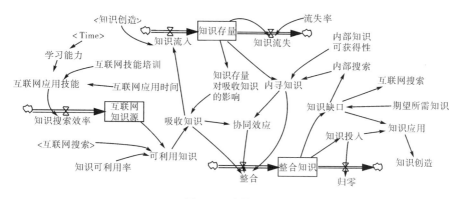

图 6-4　存量流量

共演过程如下①：

（1）农民合作社期望所需知识与整合知识共同影响知识缺口，当农民合作社已有的整合知识少于期望所需知识时，农民合作社内部就会存在知识缺口。

（2）当农民合作社存在知识缺口时，就会进行知识搜索行为，且当知识缺口大于 80% 时，农民合作社利用互联网进行外部搜索；当知识缺口小于 20% 时，农民合作社则进行内部搜索。

（3）当农民合作社进行互联网搜索时，农民合作社的互联网应用技能就会影响互联网知识的获取效率，其中农民合作社成员学习能力强、参加过互联网技能培训、互联网应用时间长都会提高农民合作社互联网应用技能，从而提高互联网知识搜索的效率，增加农民合作社利用互联网获取的知识源；农民合作社互联网搜索行为、知识可利用率和互联网知识源的乘积越大，潜在可利用知识越多，与此同时农民合作社的知识存量越多，农民合作社吸收的知识越多。

（4）当农民合作社进行内部搜索时，内部搜寻行为、知识存量、内部知识可获得性都会影响内部搜寻的知识量。

（5）农民合作社对内外部搜索到的知识进行整合，且内外部知识整合过程会产生协同效应，促进农民合作社对知识的整合。

（6）当农民合作社整合的知识量能够弥补知识缺口时，农民合作社就会将知识投入知识应用中（进行知识创造）。

（7）农民合作社将知识进行应用，从而促进知识创造。

———————————

① 注：本章将吸收知识设定为吸收能力的代理变量，整合知识设定为整合能力的代理变量，知识创造设定为原创能力的代理变量。

（8）农民合作社创新能力通过吸收知识、整合知识、创造知识来对知识缺口产生影响。在不考虑其他因素的条件下，农民合作社的创新能力越强，其知识缺口越小，知识搜索的行为也就越少。

第四节　模型环境设定、主要参数与仿真方程

一、模型环境设定

本章将深度访谈资料作为主要数据来源，深度访谈资料来源于对 24 家农民合作社理事长的深度访谈。每位理事长大约进行 1~2 小时的访谈，我们从中选取资料信息丰满、具有代表性的 1 家农民合作社作为最终研究对象进行案例模型的环境设定。

本章的案例合作社是四川省的天鹰合作社，通过深度访谈，我们了解到该农民合作社成立于 2005 年，主要经营粮油、蔬菜，该农民合作社于 2016 年开始使用互联网，但并未组织社员进行有关互联网的技能培训。据了解，天鹰合作社在日常交流、信息获取、网络销售等过程中均使用互联网，通过开设微店进行网络销售，扩宽了销售渠道，但是该农民合作社社员多数都是年龄大、文化程度较低的农民，对互联网的使用也仅限于工作中的交流，只有少部分年轻人对互联网有较多领域的应用。本章基于天鹰合作社的背景，探讨了互联网应用对农民合作社创新能力的影响过程，以此寻求提升农民合作社创新能力的路径。

二、主要参数

本章构建的模型包含 4 个子系统共 28 个变量，变量名及其性质和相关变量的初始值（模型参数及其性质）如表 6-1 所示。

表 6-1　模型参数及其性质

子系统	变量名	性质	初始值/%
农民合作社知识存量	知识流入	流量	—
	知识存量	存量	—
	知识流失	流量	—
	流失率	辅助变量	10

表6-1(续)

子系统	变量名	性质	初始值/%
互联网应用技能	互联网技能培训	辅助变量	—
	互联网应用时间	辅助变量	—
	互联网应用技能	辅助变量	—
	知识搜索效率	流量	—
	互联网知识源	存量	—
知识搜索	期望所需知识	辅助变量	—
	知识缺口	辅助变量	—
	互联网搜索	辅助变量	—
	互联网知识源	存量	—
	知识可利用率	辅助变量	5
	学习能力	表函数	—
	可利用知识	辅助变量	—
	内部搜索	辅助变量	—
	内部知识可获得性	辅助变量	5
	内寻知识	辅助变量	—
创新能力演化过程	吸收知识	辅助变量	—
	知识存量对吸收知识的影响	表函数	—
	协同效应	辅助变量	—
	整合	流量	—
	整合知识	存量	—
	归零	流量	—
	知识投入	辅助变量	—
	知识应用	辅助变量	—
	知识创造	辅助变量	—

注：模型参数的初始值根据案例合作社的现实情况设定。

三、仿真方程

变量的仿真方程如表6-2所示。

表6-2 变量的仿真方程

子系统	变量的仿真方程	依据及说明
农民合作社知识存量子系统	知识存量 $=\int_0^t$ [知识流入(S) - 知识流失(S)] ds + 知识存量(t_0)	农民合作社的知识存量中,知识流入和知识流失作为流量
	知识流入 = 吸收知识 + 知识创造	知识流入来源于吸收知识和知识创造
	知识流失 = 知识存量 × 流失率	知识存量会随着环境波动而造成一定流失率的知识流失
	期望所需知识 = RANDOM UNIFORM(100,200,0)	农民合作社每个阶段的期望所需知识会随环境随机变化,故将其设置为随机数
知识搜索子系统	知识缺口 $=1-\dfrac{\text{整合知识}}{\text{期望所需知识}}$	在农民合作社的期望所需知识与实际整合的知识量存在差距时,就会存在知识缺口,这种缺口会促使农民合作社进行搜索行为
	互联网搜索 $=\begin{cases}1, & 0.2 < \text{知识缺口} \leqslant 1 \\ 0, & 0 \leqslant \text{知识缺口} \leqslant 0.2\end{cases}$	当存在知识缺口时,农民合作社开始搜索行为,一般分为内部搜索和外部搜索,本章的外部搜索主要强调互联网搜索。我们将互联网搜索和内部搜索设置为变量 0~1,"0"为搜索行为未启动,"1"为搜索行为启动,进行互联网搜索,当知识缺口较大时,进行互联网搜索,当知识缺口较小时,进行内部搜索
	内部搜索 $=\begin{cases}1, & 0 \leqslant \text{知识缺口} \leqslant 0.2 \\ 0, & 0.2 < \text{知识缺口} \leqslant 1\end{cases}$	
	互联网应用技能 = (互联网技能培训 + 互联网应用时间/12) × 学习能力	由案例合作社可知,互联网技能的应用技能主要由互联网技能培训,使用互联网的时间以及社员的互联网应用技能共同影响
	知识搜索效率 = 互联网应用技能水平	农民合作社的互联网知识搜索效率取决于社员的互联网应用技能水平

表6-2（续）

子系统	变量的仿真方程	依据及说明
知识搜索子系统	互联网知识源 = $\int_0^t$ 知识搜索效率 ds + 互联网知识源（t_0）	互联网知识源是指互联网上可搜索到的知识数量
	可利用知识 = $\begin{cases} 互联网知识源 \times 知识可利用率, & 互联网搜索 = 1 \\ 0, & 互联网搜索 = 0 \end{cases}$	可利用知识是农民合作社通过对互联网知识识别出来的有用知识，其大小取决于知识量的大小和知识的可利用率
	内寻知识 = $\begin{cases} 知识存量 \times 内部知识可获得性, & 内部搜索 = 1 \\ 0, & 内部搜索 = 0 \end{cases}$	内寻知识是指通过内部搜索行为查找可用知识，内寻知识取决于知识存量的大小和内部知识可获得性程度
	吸收知识 = 可利用知识 × f（知识存量）	吸收知识是农民合作社通过获取、识别、转化成内部可利用知识的过程
	协同效应 = $\begin{cases} \dfrac{(吸收知识/2-内寻知识/2) \times (内寻知识/2-吸收知识/2)}{内寻知识+吸收知识}, & 内寻知识+吸收知识\neq 0 \\ 0, & 内寻知识 \times 吸收知识=0 \end{cases}$	协同效应是指内外部知识在整合过程中由于知识的互补性，会产生协同作用
创新能力演化子系统	整合 = (吸收知识+内寻知识)×(1+协同效应)	整合主要来源于内部搜索知识和互联网搜索后被吸收的知识，两者互补会产生协同效应
	整合知识 = $\int_0^t$ [整合-归零] ds + 整合知识（t_0）	整合知识为存量，并将项目整合和项目归零设置为流量
	归零 = $\begin{cases} 0, & 知识投入 = 0 \\ 知识投入, & 知识投入 \neq 0 \end{cases}$	归零是指农民合作社针对某一项目所整合的知识量全部应用于弥补项目缺口时，就会归零，并结束该知识整合工作

表6-2（续）

子系统	变量的仿真方程	依据及说明
创新能力演化子系统	知识投入 = $\begin{cases} 0, & \text{知识缺口} > 0 \\ \text{整合知识}, & \text{知识缺口} \leq 0 \end{cases}$	当知识缺口≤0时，就会将整合的知识投入到知识创造中
	知识应用 = $\begin{cases} 0, & \text{知识缺口} > 0 \\ \text{知识投入}, & \text{知识缺口} \leq 0 \end{cases}$	
	知识创造 = $\begin{cases} 0, & \text{知识应用} = 0 \\ \text{RANDOM UNIFORM}(0,5,0), & \text{知识应用} \neq 0 \end{cases}$	知识创造的过程是很复杂的，所创造的知识量很难确定，故将知识创造设置为表函数

注：其中农民合作社社员均是文化程度较低的农民，其学习能力也会随时间而变化，我们将其设置为表函数（见图6-5）；根据Cohen等的研究，本章将知识存量对吸收能力的影响设置为表函数（见图6-6）。

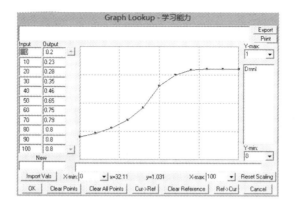

图 6-5　学习能力影响表函数

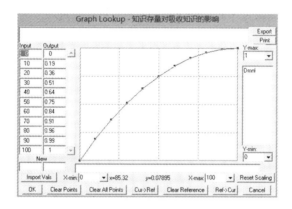

图 6-6　知识存量影响表函数

第五节　模型检验

一、模型边界检验

为了检验本章所设模型中的所有变量与研究内容密切相关，我们需要对所设定的模型进行边界检验，评估模型边界的适宜性，并确定边界的范围。其中，模型边界图和子系统图是进行模型边界检验最常用的方法（Sterman，2000）。模型边界是根据文献回顾（Ding et al., 2016）和深度访谈的案例资料确定的。本书中，我们对 SD 模型中的所有变量进行检验，发现每个变量都与我们设定的模型相关，并且在评估农民合作社创新能力方面具有显著的影响。

二、极端值检验

极端值检验适用于验证本章设定的模型在极端值条件下所做出的行为，主要有两种检验方法：①对模型方程直接进行检验；②通过仿真结果进行检验（Sterman，2000）。该检验只要保证 SD 模型在逻辑上与极端参数值下的实际情况一致，我们就认为该模型结构是合理的。以互联网应用时间为例，其正常值一般在 0~96 的范围内。在本章案例中，互联网应用时间为 24，因此我们模拟了 0、24、96、100 的值，通过观察知识创造的仿真结果来检验该模型在极端条件下的模型行为是否合理，极端值检验的仿真结果如图 6-7 所示。当互联网应用时间为 0 时，知识创造在后期才出现；当互联网应用时间为 1 000 时，知识创造发生在最早时期，且发生频率明显最高。在这两种极端条件下，知识创造的仿真结果仍然是合理的，模拟结果与实际情况一致。

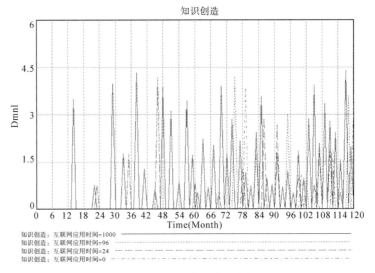

图 6-7　极端值检验的仿真结果

三、灵敏度分析

模型的灵敏度分析主要是通过改变某一关键变量的数值来观察并分析模型的行为变化。例如，本章通过改变农民合作社的互联网应用时间，可以观察到当互联网应用时间不同时，农民合作社创新能力的变化情况。根据深度访谈资料我们了解到，农民合作社最早于 2010 年开始使用互联网，因此我们将互联网应用的时间范围设置为 0~96。这一结果表明，互联网应用的时间越长，农民合作社知识创造的次数越多。这也与农民合作社应用互联网的真实现状是一致的，即互联网的应用时间越长，农民合作社互联网应用的技能水平越高，对知识获取、吸收、整合、创造的能力也越强。同样地，我们对本章的其他关键变量也进行了测试，并通过了灵敏度分析（见图6-8）。

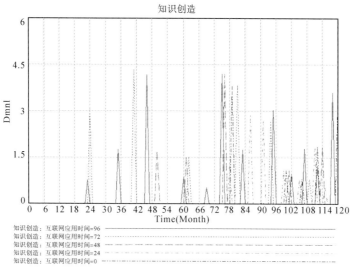

图6-8　灵敏度分析

第六节　模型结果与分析

一、短期分析

根据以上表格，我们完成了模型中的变量和方程的输入，并设定模型的时间限制为50个月，最终仿真模拟得出的结果如图6-9所示。

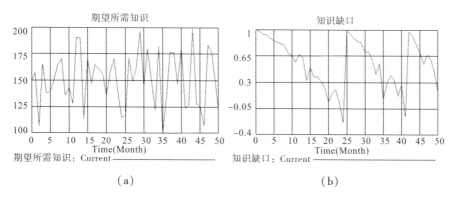

（a）　　　　　　　　　　（b）

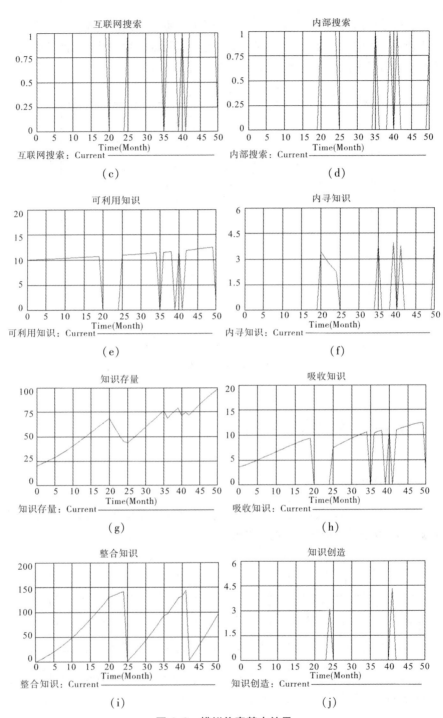

图 6-9　模拟仿真基本结果

农民合作社创新行为的作用机制与动态演化规律研究

根据模拟仿真的运行结果我们将对其进行分析。如图6-9（a）所示，农民合作社在日常运营过程中的不同时期期望获取的知识是随机的，当农民合作社的知识无法满足内部需求时，农民合作社期望的知识需求量就会增加；相反地，如果现阶段农民合作社的知识能够满足内部的需要，那么其期望的知识需求量就会减少。如图6-9（b）所示，当存在知识缺口时，农民合作社会相应地做出知识的内部搜索和互联网搜索行为，从而对获取的知识进行吸收、整合。当整合的知识越来越多时，农民合作社的知识缺口就会不断缩小，直到知识缺口缩小到零时，农民合作社将暂时性地不存在知识缺口，所获取的知识能够满足农民合作社的内部需要。不过，市场环境的不断变化会不断地影响农民合作社的知识需求，知识缺口也会随之出现，所以农民合作社的知识缺口通常会呈现"下降—归位—再下降—再归位"的基本走势。如图6-9（c）和图6-9（d）所示，互联网搜索和内部搜索的变量都是以"0~1"的形式进行取值，且互联网搜索和内部搜索呈现出一种"相反"的走势，其结果取决于农民合作社知识缺口的大小：当知识缺口较大时，农民合作社会做出互联网搜索行为，具体如图6-9（c）所示。这是因为当知识缺口过大，农民合作社亟须进行某种技术更新、新品种引进、营销手段改进等，而农民合作社的内部知识已经不能完全满足农民合作社的创新需要，这会促使农民合作社进行互联网搜索，以求从外部资源中获得创新思路、技术等；当知识缺口较小时，农民合作社会倾向于做出内部搜索行为，具体如图6-9（d）所示。当存在比较简单的技术指导、种植培训等方面的知识缺口时，农民合作社仅需要相关技术人员对社员进行指导、培训即可。此时，通过内部搜索行为所获得的内部知识就能基本满足农民合作社的需要。当农民合作社分别进行互联网搜索和内部搜索行为时，便会获得相应的可利用的知识量，如图6-9（e）和图6-9（f）所示。图6-9（e）表示农民合作社进行互联网搜索时，农民合作社通过互联网应用所获取的可供利用的外部知识，且农民合作社应用互联网的时间、是否进行过互联网技能培训等都会影响农民合作社通过互联网获取可利用的知识量；图6-9（f）表示，当农民合作社做出内部搜索行为时，其便能通过内寻的方式获取有关知识。当对互联网搜索所获得的外部知识进行有效吸收时，农民合作社便会不断地将外部知识内部化，知识存量也会不断增加，且显示为一种上升的走势，具体如图6-9（g）所示。

本章将吸收知识设定为吸收能力的代理变量，整合知识设定为整合能力的代理变量，知识创造设定为原创能力的代理变量，并通过对吸收知识、整合知识、知识创造的仿真模拟进行分析来发现短期（50个月）农民合作社的创新能力演化过程。在创新能力演化过程中，通过互联网搜索对外部知识进行吸收，农民合作社的外部可利用知识会不断增加，这也会不断增加农民合作社将外部知识内部化的机会，从而不断地训练农民合作社对外部知识的吸收以及强化其知识吸收的能力［见图 6-9（h）］。整个演化过程中，农民合作社出现了 3 次知识缺口"下降—归位"的过程［见图 6-9（a）］，相应地，农民合作社也出现了 3 次整合知识"上升—下降"的过程。这表示，当出现知识缺口时，农民合作社会产生知识搜索行为，并通过吸收、整合、创造知识来弥补知识缺口。特别是整合知识每一次"归位"的时间周期不断缩短，这说明农民合作社对知识缺口的弥补能力会不断增强，即农民合作社的整合能力会不断增强［见图 6-9（i）］。最后，农民合作社将整合的知识进行应用，并通过知识创造来弥补合作社的知识缺口［见图 6-9（j）］。

二、长期分析

我们将模型的时间期限设定为 120 个月，以便更好地了解农民合作社创新能力的长期演化规律。如图 6-10 所示，我们将吸收知识、整合知识、知识创造的峰值连接成线，来寻找农民合作社创新能力的长期发展走势及演变规律。如图 6-10（d）所示，我们可以发现，在农民合作社知识创造的初期阶段，吸收能力占据主要地位；在成长阶段，随着知识吸收能力的增强，农民合作社的知识整合能力也在不断提升；在农民合作社知识创造的成熟阶段，由于知识的前期积累，农民合作社的原创能力开始得以发展，并不断增强。在这一阶段，农民合作社的知识吸收能力、整合能力和原创能力呈现出共同发展的态势。通过图 6-10（d）我们还发现，农民合作社的原创能力在后期并没能像吸收能力和整合能力一样保持持续发展，这是由于激烈的市场环境、客户需求、气候变化等因素的影响，农民合作社的新产品无法满足市场和客户的需求。因此，农民合作社很难保持原创能力竞争优势的持续性。我们发现，农民合作社的创新能力的演化规律与企业创新能力的演化存在相同走势，但也存在明显区别（陈力田 等，2014）：农民合作社的吸收能力、整合能力的数值明显低于企业，原创能力的出现也明显迟于企业。我们不难知道其原因：农民合作社成员以农民为主，具有年龄偏大、文化程度偏低、学习能力有限等特点；企业员工都是企业通过笔试、面试等环节进行选拔任职的，其学习、吸收、整合、原创等能力都强于农民合作社的成员。

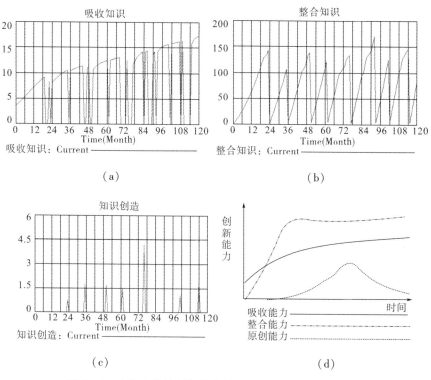

吸收知识：Current ———

（a）

整合知识：Current ———

（b）

知识创造：Current ———

（c）

（d）

图 6-10　农民合作社创新能力的长期发展走势及演变规律

第七节　政策分析

农民合作社应用互联网不仅能有效地获取市场动态信息，还能利用互联网对自身的产品、技术进行更新。因此，为了探索互联网应用对农民合作社创新能力的影响，本章通过调节农民合作社"互联网技能培训"和"互联网应用时间"两个变量的值，来观察农民合作社吸收能力、整合能力和原创能力的动态演变规律。

首先，我们将"互联网技能培训""互联网应用时间"两个变量的值都设置为 0。如图 6-11 中的 a 模式所示，吸收知识的峰值一直在 7.5～10 波动，整合知识的峰值一直在 100～150 波动，知识创造主要在 24 个月之后显现，且知识创造的峰值次数总计为 6 次。可能的原因是，当农民合作社既没有应用互联网又没有进行互联网技能培训时，农民合作社的创新能力会通过其他方式进行培育。但是，a 模式显示出既没有应用互联网，又没有进行互联网技能培训的农民合作社，其创新能力相对较弱。

其次，我们将"互联网技能培训"仍设置为 0，将"互联网应用时间"设置为 24。如图 6-11 中的 b 模式所示，吸收知识的峰值在 10~15 波动，较 a 模式稍微有所增加，整合知识的峰值仍旧在 100~150 波动，但整合知识归位的时间周期较于 a 模式明显缩短，知识创造较 a 模式多出现一次峰值。因此，由图可知，b 模式相较于 a 模式，农民合作社对知识的吸收能力、整合能力、原创能力均有所增强。

再次，我们将"互联网技能培训"设置为 1，将"互联网应用时间"仍设置为 0。如图 6-11 中的 c 模式所示，吸收知识的峰值仍旧在 10~15 波动，整合知识的峰值也仍旧在 100~150 波动，整合知识归位的时间周期比 b 模式更短，而知识创造的峰值次数相较于 b 模式还多一次。b 模式和 c 模式的模拟结果说明：1 次互联网的技能培训相比应用互联网 24 个月更容易提升农民合作社的创新能力，且农民合作社的原创能力更具有可持续性。

最后，我们将"互联网技能培训"设置为 1，将"互联网应用时间"设置为 24。如图 6-11 中的 d 模式所示，吸收知识的峰值在 10~20 波动，较 a、b、c 模式都有所增加，整合知识的峰值仍在 100~150 波动，且整合知识归位的时间周期较 a、b、c 模式都要短，知识创造的峰值出现了 10 次。更重要的是，农民合作社后期知识创造峰值的出现周期比前期的周期较短，出现峰值的频率更高。这说明 d 模式相对于 a、b、c 模式，农民合作社的原创能力更具有持续性。农民合作社通过互联网技能培训，且比同类合作社提前应用互联网，更有利于提升其长期竞争优势。

a 模式：互联网技能培训 = 0，互联网应用时间 = 0。

吸收知识

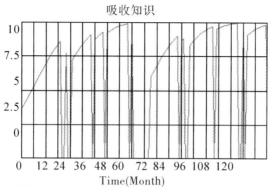

吸收知识：Current ——————————————

整合知识

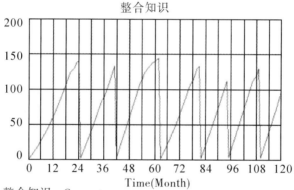

整合知识：Current ——————————————

知识创造

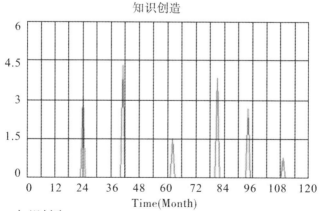

知识创造：Current ——————————————

b 模式：互联网技能培训＝0，互联网应用时间＝24。

吸收知识

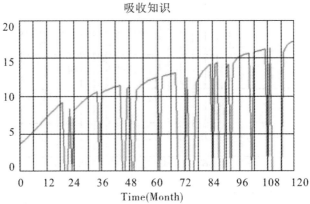

吸收知识：Current ——————————————

整合知识

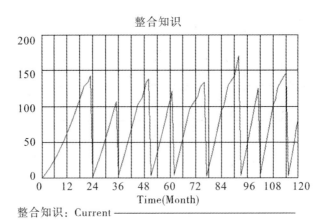

整合知识：Current ——————————————

知识创造

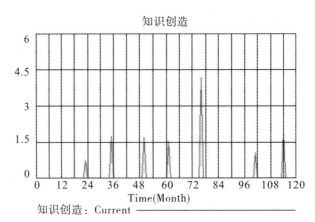

知识创造：Current ——————————————

c 模式：互联网技能培训＝1，互联网应用时间＝0。

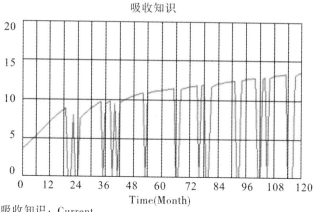

吸收知识

吸收知识：Current ——————————

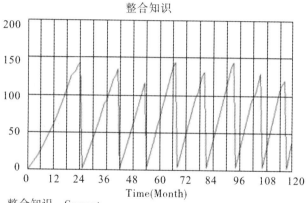

整合知识

整合知识：Current ——————————

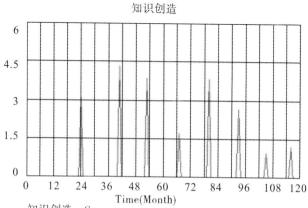

知识创造

知识创造：Current ——————————

d 模式：互联网技能培训=1，互联网应用时间=24。

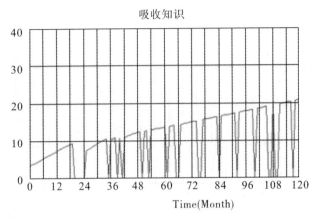

吸收知识：Current ————————————

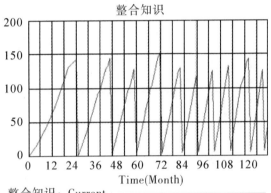

整合知识：Current ————————————

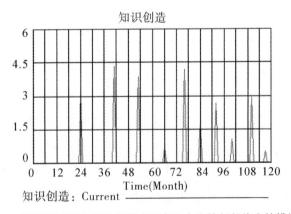

知识创造：Current ————————————

图 6-11 不同互联网应用技能模式下农民合作社创新能力的模拟结果

第八节　本章小结

本章利用 Vensim 软件构建了关于农民合作社创新能力的系统动力学模型，将农民合作社互联网应用技能、知识搜索和创新能力的演化过程纳入一个统一的系统中。在系统中输入主要参数及仿真方程，分别进行短期（50 个月）和长期（120 个月）的仿真模拟，并通过短期和长期分析我们得出有关短期分析结果和长期分析结果的相关发现。

一、短期分析结果

本章设置 50 个月进行短期模拟分析，我们发现，知识缺口是农民合作社进行搜索行为的主要原因。农民合作社会根据知识缺口的大小做出不同的搜索行为。通过知识搜索，农民合作社的知识存量会不断增加。

根据访谈内容我们了解到，天鹰合作社在运作过程中会出现市场信息不对称、种植技术不标准、产品滞销等一系列问题，相应地，该合作社通过知识搜索行为完成知识共享、技术指导、增加销售渠道来弥补知识缺口。如天鹰合作社提到的"合作社获取到的市场信息与社员进行共享，社员就知道种什么，种多少了""部分社员的技术能力比较落后，我们会有专门的技术人员对他们进行指导""网络销售不仅提高了产品面向市场的知名度，还增加了销售量"等。这表明，我们的短期模拟分析结果与农民合作社的现实情况是一致的，故本章所构建的模型有助于指导农民合作社的创新实践。

二、长期分析结果

本章通过 120 个月的长期模拟分析，发现了农民合作社创新能力的演化过程和互联网对农民合作社创新能力演化路径的影响。

（一）农民合作社创新能力的演化过程

农民合作社初期以知识吸收能力为主，中期以吸收能力和整合能力为主，后期以吸收、整合、原创能力的共同发展为主。在初期发展阶段，由于知识存量水平不高，农民合作社便会通过各种搜索方式来获取内外部知识。由此可见，在初期发展阶段，农民合作社主要以知识吸收能力培育为主；在中期发展阶段，由于知识的吸收和积累，农民合作社的整合能力也随之获得大幅提升，因此在这一阶段，农民合作社的吸收能力和整合能力呈现出共同发展的态势；

在后期发展阶段，由于知识的不断整合，农民合作社将整合出来的知识用于弥补知识缺口，从而使得农民合作社的原创能力得以发展，并使得农民合作社的吸收能力、整合能力和原创能力呈现出均衡发展的态势。

（二）互联网对农民合作社创新能力演化路径的影响

对于那些互联网应用时间较长，且进行了互联网技能培训的农民合作社而言，它们的创新能力曲线会向左上方移动。这就意味着，互联网的嵌入使得这类农民合作社的创新能力得到明显的改善。

对于农民合作社创新能力的演化路径而言，互联网的嵌入使得农民合作社的吸收能力、整合能力、原创能力不断提升。对应的每一个知识缺口，农民合作社前期整合知识、知识创造的时间周期不断缩短，在后期，其整合知识、知识创造的时间周期趋于不变，这表明农民合作社的原创能力在后期具有更强的可持续性。由上述结论可知：①农民合作社的互联网应用时间越长，其互联网应用技能水平越高，从而进行创新的能力就越强；②互联网的技能培训相比互联网的应用时间更能提高农民合作社的互联网应用技能水平，这说明对于那些还未应用互联网的农民合作社，可以利用互联网技能培训来实现创新能力的追赶超越。

第七章 理事长社会关系网络
对农民合作社创新行为
影响的扎根理论研究

　　农民合作社创新在农业农村可持续发展中扮演着重要的角色，如何促进农民合作社创新成为当前学术界亟待解决的问题。本章通过深度访谈，运用扎根理论的方法探究了理事长内外部社会关系网络对农民合作社创新行为的影响机制。本章选取六个典型案例，采用扎根理论和三重编码进行研究，发展出"内部社会关系网络""内部社会关系网络资源获取""外部社会关系网络""外部社会关系网络资源获取""内外部资源匹配""资源整合""创新意愿"和"创新行为"8个主范畴，并通过分析范畴间的逻辑关系建立了核心范畴。核心编码结果显示，理事长内外部社会关系网络通过以下路径影响农民合作社创新行为，即理事长内外部社会关系网络通过资源获取或直接影响资源整合，从而激发创新意愿、促进创新行为。其中，资源匹配在资源获取与资源整合之间的正向关系中起着积极的调节作用。本章的研究可以为农民合作社及理事长制定行为策略以促进农民合作社创新提供参考。

第一节　研究概况

　　2017年，中国农民合作社总数达到193万个，较2008年增长了32倍。农民合作社在农业发展中扮演着越来越重要的角色，推动农民合作社可持续发展是实施乡村振兴战略、推进农村现代化进程的重要路径之一。研究表明，创新是经济组织可持续发展的原动力（Almeida et al., 2008；马莉莉 等，2020）。如何促进经济组织的创新发展成为学术界亟待解决的问题之一。

现有大量文献探究了企业创新行为的影响因素，包括企业家特性（Papadakis et al.，1998；梁安琪 等，2020；马莉莉 等，2020）、融资约束（张璇 等，2017；Hall et al.，2010）、研发投入（Romijn et al.，2002；蔡猷花 等，2020）、政策扶持（Fabiani et al.，2014；李静怡 等，2020）、制度环境（刘放 等，2016；杜金岷 等，2020）和社会关系网络（谢洪明 等，2012）等。虽然成果颇丰，但这些研究主要针对的是企业，未能有效揭示出农民合作社这一新型经营主体创新行为的影响机制。在新时代背景下，如何有效推动农民合作社创新不仅关乎农民美好生活需要的满足，更关乎乡村振兴战略的有效实施和整个农村经济增长方式的转变。因此，在理论和现实的双重需求下，探究农民合作社创新行为的影响机制具有重要的理论意义和实践意义。为此，本章基于理事长社会关系网络的视角，对农民合作社创新行为的影响机制进行系统性探究。毋庸置疑，在正式制度不健全的转型经济体中，非正式制度在经济运行的过程中充当着至关重要的角色（郑双胜 等，2009）。社会关系网络作为一种典型的非正式制度，它不仅对中国农村资源分配产生了深刻的影响（李博伟 等，2017），还在农村经济组织创新过程中起着至关重要的引领作用（朱丽 等，2017）。深刻理解理事长社会关系网络这种非正式制度如何影响农民合作社的创新行为，不仅可以为农民合作社管理层在创新战略的制定中提供有益参考，还可以为政府部门制定有效促进农村新型合作经济组织可持续发展的相关政策提供经验证据。

遗憾的是，现有的大量文献将研究的焦点集中在探究社会关系网络如何影响企业创新行为，关于理事长社会关系网络对农民合作社创新行为的影响机制则没有提供太多有效的理论与经验证据。由于农民合作社与企业在组织性质、管理模式、利益分配和成员构成上存在显著差异性，因此现有文献基于企业所得到的理论和经验证据不能用来有效地指导农民合作社的实践。鉴于此，本章基于四川省六家从事种植业的农民合作社的深度访谈资料，运用扎根理论的方法，探索理事长内部及外部社会网络关系对农民合作社创新行为的影响及其内在机理。在本章中，我们将理事长社会关系网络分成内部社会关系网络与外部社会关系网络，前者由农民合作社内部成员组成，后者指的是除社员外，理事长可以直接或间接接触到的所有人员所组成的复杂关系网络。我们发现，理事长内外部社会关系网络通过资源获取、资源整合、创新意愿等中介变量对农民合作社创新行为起着间接的影响。与此同时，我们发现了理事长内外部社会关系网络的特征指标。与现有文献相比，首先，本章的贡献在于厘清理事长社会关系网络对农民合作社创新行为的影响机制，弥补现有文献关于农民合作社创新行为研究的不足；其次，本章得到有关农民合作社发展的启示，为农民合作社的创新发展提供参考。

本章的安排如下：第二部分将进行文献回顾，对现有研究进展进行总结；第三部分介绍本章的研究方法和样本选择；第四部分采用扎根理论对资料数据进行分析；第五部分将通过数据分析进行模型阐述；第六部分是研究结论。

第二节　文献回顾

现有关于创新的研究多集中于企业层面，鲜有针对农民合作社创新行为的研究。仅有几篇文章探讨了农民合作社的创新驱动因素，如罗建利和郑阳阳（2015）通过多案例研究发现，影响农民合作社自主创新能力的因素有人力资本、结构资本和社会资本，但未采用实证方法验证结论的正确性，而戈锦文等（2016）则采用了实证的方法验证了社会资本对农民合作社创新绩效的积极作用。现有大量文献从不同的视角探讨了企业创新的影响因素，包括宏观层面的影响因素，如制度环境（Lu et al., 2008）、政府管控（高文亮 等，2017）、政府扶持（Carboni, 2011；González et al., 2008；庞兰心 等，2018；李静怡 等，2020）、汇率变化（Ekholm et al., 2012；Tang et al., 2012）等；微观层面的影响因素，如企业家特质（Papadakis et al., 1998；王健忠 等，2017；梁安琪 等，2020）、融资约束（张璇 等，2017；顾海峰 等，2020；Hall et al., 2010）、社会关系网络（Perks et al., 2006；Cassiman et al., 2006；胡海波 等，2020）等。随着社会学的不断发展，越来越多的学者开始关注社会网络理论，有关社会关系网络与企业创新之间关系的研究亦如雨后春笋。归纳起来，现有研究沿两条主线展开：一条是企业社会关系网络，即企业作为经济组织整体所拥有的社会关系网络，强调企业对外联结的关系嵌入与结构嵌入以及社会资本对企业创新的影响，认为企业间的相互协作能够促进企业的创新绩效（Li et al., 2013；Gonzalez-Brambila et al., 2013；常西银 等，2018）；另一条是企业家社会关系网络，着眼于企业家的社会关系网络和社会网络资源对企业创新的影响，认为企业家社会网络可为企业带来更丰富的资源，从而促进企业创新（Ellison et al., 1995；徐超 等，2016）。

就企业社会关系网络与企业创新之间的关系，学者们主要从嵌入性理论和社会资本理论的角度进行了大量研究。嵌入性是指经济行为总会嵌入到正式和非正式的经济制度中（Polanyi, 1957），它包括结构嵌入和关系嵌入（Granovetter,

1985)。结构嵌入强调网络的结构与功能，关注企业作为网络关系的节点在网络中的位置（Kelley et al.，2009），经济组织间的联结与合作是企业获取信息与资源的重要手段之一。网络密度和网络规模越大，资源整合范围越广，信息流动速度越快；网络中心度越大，获取资源的能力就越强，越有助于企业创新（范群林 等，2010）。结构嵌入性以联结为枢纽，而关系嵌入强调行为双方互惠互利的双向关系（万元 等，2014），按照联结的强弱可分为强关系和弱关系。强关系有益于知识的共享和传递，然而经济主体的过度嵌入会阻碍新思想和新成员的进入（Portes，1998；Adler，2002），弱化经济主体的创新意愿。相比之下，弱关系可以充当经济组织在网络中建立社会关系的桥梁，从而构建广泛的弱关系网络（Miles，2009），为企业创新奠定坚实的基础。然而，大多数研究仅关注企业的关系嵌入，并认为关系嵌入可以显著提升企业的创新能力（Liu et al.，2010；Jian et al.，2009）。

从社会资本理论角度出发的研究主要认为社会资本嵌入在企业社会关系网络中（Stam et al.，2014），对企业资源获取、信息获取、知识吸收等产生影响，从而推动企业创新。针对社会资本的研究衍生出了多种理论观点，其中资源基础理论表明社会资本是企业的一种能力，凭借这种能力，企业可以通过社会关系网络获取利于自身发展的稀缺资源（边燕杰 等，2000）。丰富的社会资本为企业带来更加丰富和异质性更强的资源（林筠 等，2011），从而为企业创新奠定基础。而知识获取论则从企业社会资本与知识获取的关系入手，认为两者之间存在显著的联系，社会资本会对知识共享和知识转移产生影响（Widén-Wulff et al.，2004；Foss et al.，2010），从而提升企业的知识获取能力，促进企业创新。

关于企业家社会关系网络的研究多将企业家社会关系网络与企业家社会资本混用，并未将两者进行详细区分，其原因是两者的内涵和发展脉络都极为相近，因此此处将两者做同一化处理。企业家社会关系网络是以企业家个人为中心而建立的集信任与社会声望于一体的网络体系。关于企业家社会关系网络与企业创新的关系，目前学术界还未达成一致意见，总结起来主要有两种观点：第一种观点表明企业家社会关系网络会对企业创新产生消极影响，而第二种观点则认为企业家社会关系网络为企业创新带来积极作用。目前，有少部分文献表明社会关系网络会对企业创新产生消极影响，这是因为过强的社会联结会带来冗余信息（Hansen，1999）和创新思想约束（Adler，2002），从而对创新行为及创新产出产生约束。如李永强等（2012）探讨了关系嵌入的负面影响，发现过量成本投入、创新思想约束和创新决策限制会对企业创新产生约束。大部分的文献表明，企业家社会关系网络会对企业创新产生积极影响。这部分文献将企业家社会关系网络分为两种，分别为内部社会关系网络和外部社会关系网络。内部社会关系网络强调企业家团队内部的信息传递及知识共享。内部社会关系网络为企业内部信息交流及知识共享提供渠道，通过内部关系网络，企业员工更加易于传递信息及新思想。在信息传递和知识共享的过程中，信任是促进社会网络更加紧密的关键要素（张秀娥 等，2012），它能降低内部产生分歧的概率，使得信息传递与知识共享行为更为普遍。外部社会关系网络则是企业家在企业外部的社会交往中形成的社会网络，从中获取的资本包括市场性社会资本及非市场性社会资本（贺远琼 等，2008）。外部社会关系网络可为企业提供显性或隐性支持（张东驰 等，2017）。综上所述，嵌入在企业家社会关系网络中的社会资本可为企业带来更多的资源、信息和知识（Hagedoorn，2002），这不仅能降低交易成本和信息搜寻成本，还能满足企业创新所需的资金、技术和人才（徐超 等，2016），为企业赢得竞争性优势（Ellison et al.，1995）。

通过文献回顾可以发现，社会关系网络与企业创新的研究成果已经十分丰富，其中关于企业家社会关系网络对企业创新的影响的研究稍显薄弱，而对于当前发展劲头正足的农民合作社创新行为的研究则显得凤毛麟角。然而，理事长与企业家之间存在不可小觑的异质性，理事长与企业家的学历、经历、交际存在明显的异质性，且企业家是领导者，而理事长除了具有服务者特征外，更具有明显的领导者特征（戈锦文 等，2015）。由此可见，仅依靠基于企业创新的研究所得到的结论对农民合作社创新发展进行指导会出现较大偏差。研究理事长社会关系网络与农民合作社创新行为之间的关系不仅能够厘清两者的关系，弥补现有文献的不足，还能为政府制定有效的政策提供经验证据，指导农民合作社发展。

第三节　研究方法与样本选择

农民合作社是一种新型农业经营主体，农民合作社理事长是一种新兴职业。目前，针对理事长的研究还不成熟，尚无扎实的理论支撑，也没有成熟的量表来测度农民合作社理事长的社会关系网络。因此，我们无法设计有效的问卷来进行定量研究。鉴于此，本书通过对理事长进行深度访谈来获取一手资料，采用扎根理论的方法进行探索性研究。扎根理论（grounded theory）是一种定性的研究方法，相对于实证分析，它以用户为中心，可以系统地分析个体对环境、事件的主观感受。它引导我们从现象中归纳出概念，并进一步挖掘其内涵，最终总结理论、建构模型。扎根理论从数据资料中发现理论，可以很容易地用于定性分析，挖掘某一现象深处的信息（Acun et al.，2018）。扎根理论的方法可以打破传统研究方法的桎梏，使我们不被原有理论束缚，可以从现象中寻找新的理论元素，从而揭示某些未被发掘出的理论。它适用于探索性研究，在没有成熟理论支撑的现象研究中起着较强的分析作用，适用于本章的研究。

在使用扎根理论的文章中多采用典型抽样的方法，因为它能带来更加丰富的信息和资料。本章遵循前人的做法，采用典型抽样的方法。为了具有更强的对比性和说服力，本书所选取的农民合作社都源自四川省从事种植业的农民合作社。选择四川省种植业农民合作社的原因如下：首先，四川省是农业大省，种植业农民合作社在四川省十分普遍，收集资料较为容易，且具有一定的代表性；其次，种植业需要注重产前品种的选择、产中作物的照料和产后的包装运输，这要求理事长及农民合作社与外部关系网络有着更频繁的交流，能形成更加紧密的网络，适用于本章的研究。虽然样本量越大，理论饱和度越高（朱荣，2010），但是在确定案例数量时，考虑到样本的边际效用，我们最终确定采用6个深度案例进行深入研究。

在资料数据收集的过程中，我们采取的是以深度访谈为主，实地观察与文本资料获取相结合的方法。在实际调研中，我们共选取了24家农民合作社，每个农民合作社进行1小时左右的访谈，访谈结束后对录音进行整理，最终形成约20万字的文字资料。在对文字资料进行深入的阅读和理解后，将各个农民合作社的各项特征进行整理，并根据各项特征确定典型样本的选择标准。根据扎根理论的要求和相关文献，本书的选取标准如下：①样本资料丰富、完整（汪涛 等，2012），能够反映社会关系网络与农民合作社创新行为之间的关系；②扎根理论的研究方法要求资料数据具有广度和深度（郭鹏飞 等，2018），考虑到不同类型合作社的状况，使得研究结论具有普适性和可推广性（杨震宁 等，2010）。根据以上标准，我们选取了6家农民合作社作为深度案例，并对其文字资料进行编码分析，剩余样本留作理论饱和度检验。选取这6家农民合作社的原因如下：首先，这6家农民合作社的访谈资料在24家农民合作社中相对更加丰富完整，适合用于扎根理论的研究；其次，这些农民合作社的理事长的内外部社会关系网络规模有大有小，影响力有强有弱，其他各项特征也存在差异，能更全面地反映问题，在分析过程中可以用作对比分析。

我们根据6个深度案例总结出理事长内外部社会网络及创新行为的相关信息，如表7-1所示。

表7-1　案例基本情况

案例	八步桥合作社	天鹰合作社	桫椤合作社	老木孔合作社	曲江合作社	益康合作社
成立时间	1990年	2005年	2007年	2009年	2011年	2014年
示范社类型	普通合作社	省级示范社	普通合作社	市级示范社	普通合作社	省级示范社
社员规模	整个村	780户	222户	3 000户	8人	9人
内部网络影响力	弱	强	强	一般	强	强
外部网络联系方式	微信；电话；见面交谈	微信；电话	邀请参观；培训交流	—	电话；微信	电话；微信
外部网络影响力	重要	一般	重要	一般	重要	重要
外部社会关系网络种类	市场性；金融性；同行业；政治性；其他	市场性；金融性；同行业；技术性；政治性	市场性；技术性；政治性；其他	市场性；金融性；同行业；技术性	市场性；政治性	市场性；金融性；同行业；技术性；政治性；其他
创新行为种类	产品创新；营销创新；技术创新	产品创新；营销创新	产品创新；技术创新	产品创新；管理创新；营销创新；技术创新	产品创新；技术创新；营销创新	产品创新；技术创新；营销创新

资料来源：根据深度访谈资料整理。

第四节　数据分析

一、开放性编码

开放性编码要将所搜集的文字资料逐句分解、审视、提炼、概念化乃至范畴化（Strauss et al., 1990），用提炼出的概念和范畴来表示原始资料的内容，并将从资料中抽象出的概念重新组合（汪涛 等，2012），这是使用扎根理论的首要步骤。这一步要求开放性编码与原始信息意思相同，并做到简明扼要。开放性编码可分为两个步骤：①概念化，即根据文段反映的内容"贴标签"，展示出初始信息，再赋予它们一个概念，这个概念可以代表原始资料所表达的内容；②范畴化，其重点在于归纳总结，根据已经形成的概念，反复斟酌，将相似的概念或与同一现象相关的概念归纳聚拢为一类的过程。

基于以上编码过程，我们使用 Nvivo 11 对 6 个样本的资料进行开放性编码。首先，将原始资料中与"社会关系网络""创新"和"创新活动"相关的文段进行"贴标签"，采用初级代码进行标记，一共形成 701 个自由节点和 1 405 个参考点；再将初级代码进行初步提炼，给予初级代码能够表示其含义的概念，一共建立了 364 个概念。其次，将上一步建立的概念范畴化，这一步骤要注意识别出范畴的性质和维度（Strauss，1987）。我们在 Nvivo 软件中将 364 个概念进行总结归类，形成树状节点，一共形成 46 个范畴，随后遵循王建明和王俊豪（2011）的做法，将某一范畴下初始概念之和的总频次过少（频次少于 2 次）的概念及范畴剔除，仅留下初始概念频次大于或等于 2 的范畴进行研究。经过开放性编码这一过程，我们一共形成 355 个概念、43 个范畴。

表 7-2 是剔除后得到的初始概念及范畴示范，由于篇幅的限制，表中只展示部分范畴，且每个范畴最多展示 3 个原始语句。

表 7-2　开放式编码初始概念及范畴

范畴	初始概念	原始语句
内部网络规模大	联系会员规模大	但是合作社联系的会员比较多，如说我们荣丰村，可能有 2 000 亩土地都属于联系会员，就是这样的规模
	社员人数	现在我们社员是 700 多户、780 多户
		按照我们注册的来说只有 5 户专业大户，但是我们带动有大概 3 000 户
		现在有 1 000 多人的大型苗木花卉的农业种植专业合作社
	联系会员数量	有 168 户联系会员
内部网络联系方式	面对面沟通	农村这块比如说傍晚我去逛田坝就有可能会跟社员相互沟通
	微信沟通	其他交流方式上，现在的这个互联网时代，就是建立了微信群嘛
	电话联系	平常电话也会联系

表7-2（续）

范畴	初始概念	原始语句
市场性社会关系网络	传递种植信息	然后还有一些专业收购部门的销售人员，什么粮食部门啊、收购股份公司啊
	认识经销商	我们最主要的目的是解决葡萄销售难的问题，所以说最主要的就是认识了一些经销商，如湖北的、重庆的、上海的，让我们把葡萄销售得更远
政治性社会关系网络	认识政府人士	像我认识的这些人中有一些是农发局的，然后还有一些是农业部门的技术人员
	认识政府领导	党委书记也算是我们认得到的一个朋友，也算是外部社会关系
		我们政府这边主要是农业方面的领导，还有工商所和派出所
提供技术帮助	技术指导	××大学的教授们前些年也来过我们这里进行技术指导……学生们都很认真
拓宽销路	产品销路广	我们这个大米都卖到重庆了，在重庆，有一个家庭每个月都要求我们给它寄大米。拓宽了销售渠道，我们通过快递送货上门
		现在的情况是只要我们产品品质达到了，销路就不愁
		销路市场拓宽了，客户更多了
产品创新行为	产品包装创新	包装上面有创新。最开始是竹筐来装，后来变为泡沫箱，现在是塑料筐
	创新花色	主要是树种和花色的创新，目前园林里有十来种外界没有的树种
		但树种花色的更新是我们时刻在做的
	品种更新	如两个技术员负责技术设备、品种更新
创新意愿	创新精神	我觉得合作社还是要沿着高科技发展，还是要敢于创新，开阔视野
	有机食品发展意愿	我们的种植模式也尽量朝无公害方向发展，或者是向绿色食品、有机食品等方面转移

二、主轴编码

主轴编码是对开放性编码中已经形成的范畴进行重新组合与排列，其目的是发现范畴之间的相互联系和逻辑关系。在主轴编码中我们需要进行假设、验证、识别，从而建立范畴之间的关系，发展出主范畴和副范畴，形成初步的结论。为了简化研究，我们将某些范畴进行进一步总结，得到 24 个大范畴，再进行主轴编码。根据主轴编码的要求，我们一共形成 9 个主范畴，具体范畴之间的关系如表 7-3 所示。

表 7-3　主范畴及其对应范畴

主范畴	对应的范畴	关系的内涵
内部社会 关系网络	内部网络规模	从社会关系网络理论来看，农民合作社社员的人数、理事长与社员之间的联系、理事长在社员中的影响力、理事长与社员之间的关系质量是理事长内部社会网络的重要组成部分
	内部网络联系	
	内部网络影响力	
	内部网络质量	
内部社会 关系网络 资源获取	社员提供信息	社员提供相关信息是理事长获取内部信息的重要渠道
	社员信息匮乏	社员阅历、工作的限制导致社员不能为农民合作社提供丰富的信息资源
外部社会 关系网络	外部网络多样性	理事长外部网络的多样性、外部网络的规模、外部网络的联系、朋友间的关系、外部网络的质量、理事长在朋友中的影响力是外部社会网络的重要组成部分
	外部网络规模	
	外部网络联系	
	外部网络质量	
	外部网络影响力	
外部社会 关系网络 资源获取	提供技术帮助	从农民合作社外部得到的技术帮助、经营帮助、农资、人力资源、市场信息和销售帮助是其外部社会网络资源的重要部分
	提供经营帮助	
	提供农资	
	提供人力	
	提供市场信息	
	提供销售帮助	
内外部 资源匹配	内外资源有效性	内部资源与外部资源的有效性是衡量资源与需求是否匹配的重要指标

表7-3(续)

主范畴	对应的范畴	关系的内涵
资源整合	资源整合	资源整合用资源整合的程度来度量
创新意愿	创新意愿	创新意愿用创新意愿的强度来度量
创新行为	产品创新	产品创新、技术创新和营销创新是主要且重要的创新行为
	技术创新	
	营销创新	
创新绩效	拓宽销路	销路的拓展、产量的提升、效益的增加、知名度的提高是创新带来的重要积极作用
	提升产量	
	提高收益	
	提高知名度	

三、选择性编码

选择性编码是要挖掘主范畴之间的联系，并根据它们的联系从主范畴中寻找出核心范畴。我们根据每个主范畴的内涵，结合现有的认知和理论将范畴之间联结起来，使之成为有关联的理论框架（Strauss et al., 1990）。主范畴之间的关系结构如表7-4所示。

表7-4　主范畴之间的关系结构

关系结构	关系的内涵
内外部社会关系网络→资源整合	内外部社会关系网络的规模、质量、联系、影响力及多样性对资源整合有着正向的促进作用
内外部社会关系网络→资源获取	内部社会关系网络和外部社会关系网络是资源获取的前提条件
资源获取→资源整合	资源的获取是资源整合的前提，获取资源后，经济主体需对零散、细碎的资源进行整合
资源匹配 ↓ 资源获取→资源整合	资源匹配作为调节变量，它调节资源获取对资源整合的影响
资源整合→创新意愿→创新行为	资源整合不能直接对农民合作社创新行为产生影响，它需要以创新意愿作为中介变量

本章探索的是理事长社会关系网络与农民合作社创新行为之间的关系，根据主范畴之间的关系，建立了理事长内外部社会关系网络对农民合作社创新行为的影响及其作用机制的核心范畴。根据核心范畴，我们构建了几个主范畴之间的联系，从中可以看出理事长内部社会关系网络、外部社会关系网络、内部社会关系网络资源获取、外部社会关系网络资源获取、内外部资源匹配、创新意愿、创新行为和创新绩效之间的关系脉络：①内外部社会关系网络为农民合作社带来相关资源，农民合作社对资源进行整合，从而激发农民合作社的创新意愿，促进农民合作社的创新行为，提高创新绩效，其中资源匹配作为调节变量，在资源获取对资源整合的影响过程中起着调节作用；②理事长内外部社会关系网络对资源整合有直接的促进作用，从而提高农民合作社的创新意愿，促进其创新行为的实施，提高其创新绩效。理事长内外部社会关系网络对农民合作社创新的影响机制如图 7-1 所示。

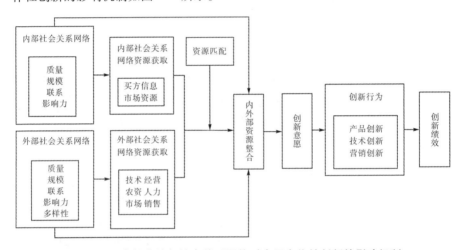

图 7-1　理事长内外部社会关系网络对农民合作社创新的影响机制

四、理论饱和度检验

在建立了核心范畴及范畴结构网络后，我们需要进行理论饱和度检验。理论饱和的含义是在加入新的样本数据后，没有出现新的概念和范畴，已有样本的概念和范畴已经非常丰富，可以覆盖这一研究下所有样本的数据资料。本书将剩下的 18 个样本进行随机抽样，选出 6 个样本进行饱和度检验。检验结果显示，在加入 6 个新的样本过后没有出现新的概念和范畴，说明本书通过了理论饱和度检验，已经达到了理论饱和。内部社会关系网络、内部社会关系网络资源获取、外部社会关系网络、外部社会关系网络资源获取、内外部资源匹配、资源整合、创新意愿、创新行为和创新意愿这 9 个主范畴均未产生新的范畴，可以进行理论建模。

第五节　模型阐述

由于本章研究的是理事长内外部社会关系网络对创新行为的影响，因此在这一部分暂不讨论创新绩效这一主范畴。对创新绩效这一主范畴的原始访谈资料分析发现，理事长提及的创新绩效都是创新行为的实施而导致的，创新绩效只与创新行为产生联结（见图 7-1），因此我们认为舍弃创新绩效不会对整体框架产生影响。基于以上讨论，本章仅对内部社会关系网络、内部社会关系网络资源获取、外部社会关系网络、外部社会关系网络资源获取、内外部资源匹配、资源整合、创新意愿和创新行为八个主范畴进行分析，由此形成新的理论模型。

通过前文的研究和分析，我们认为用"网络→资源→创新"这一逻辑框架来就社会关系网络对农民合作社创新行为的影响机理进行解释较为合适（见图 7-2）。在这一影响机制中共存在八个主范畴，分别为内部社会关系网络、内部社会关系网络资源获取、外部社会关系网络、外部社会关系网络资源获取、内外部资源匹配、资源整合、创新意愿和创新行为。在这八个主范畴中，内部社会关系网络和外部社会关系网络是解释变量，创新行为是被解释变量，内部网络资源获取、外部网络资源获取和创新意愿为中介变量，资源匹配为调节变量。

一、影响机制

（一）内外部社会关系网络与资源获取

社会关系网络是资源获取的重要途径（Liao et al., 2010），且其资源获取的质量和数量受网络特征的影响，如网络规模、网络质量、网络中心度和网络强度等。学者们以企业为研究对象，对网络特征进行了研究，发现网络规模对资源获取的数量有着显著的影响，其网络规模越大，网络中的资源存量也就越大，可获取资源越丰富（Rowley et al., 2000）；网络质量越高，资源获取越容易，其原因是网络中各主体的相互信任能够降低资源所有者的防备意识，从而可以构建宽松的资源获取环境（Huber, 2001）；网络中心度用来衡量企业的网络位置，位于网络中心的经济主体能够获取更多的信息与资源（Shropshire,

2010）；关于网络强度目前还未有一致的研究结论，国外学者认为弱联结能够起到桥梁的作用，带来广泛的异质资源（Rong et al., 2011），而国内学者研究发现，受集体主义文化的影响，较为封闭的网络才能带来高度的信任（Xiao et al., 2007）。本章对理事长社会关系网络进行研究后得到了与学者们较为相似的结论。

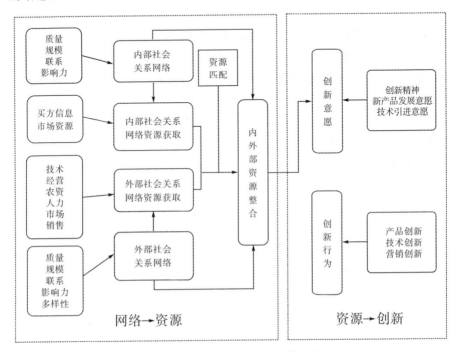

图 7-2 "网络→资源→创新"整合模型

理事长的内部社会关系网络中的每一位成员（社员）身上都嵌入了一定的资源，理事长可以通过社员获得某些资源，本章将这些资源定义为内部资源。理事长内部资源获取的数量和质量由什么决定呢？当社员规模越大、理事长的影响力越强、理事长与社员间联系越紧密、理事长与社员之间关系质量越高时，理事长的内部资源可获得性越强。我们还通过案例分析发现，在内部关系网络资源这一主范畴中一共对应了两个副范畴，分别为社员资源帮助和社员信息匮乏，前者所有的参考节点都来自一个案例，而其他的案例中提取出的信息都是社员信息匮乏。在有"社员资源帮助"的案例中，理事长提到"他们也是常年在外面跑的人，对外界的信息了解得比较多，也比较新颖，能够提供给我们最新的和比较准确的市场信息"，在这一案例中，理事长的内部网络影响力大，且与社员来往密切。而其他五个案例中，理事长能够从内部网络获取的资源数量较少，访谈中提到"普通社员都是农民，每天接触到的信息量也比较少，基本不能提供什么信息"，"外面的信息量应该说是非常大的，但是作为社员来说因为在家里种植，他走出去的时候少"，从这些话语中我们推测由于社员自身掌握的资源较少，无法为农民合作社提供更多的资源。由此，我们推断在社员本身掌握资源的情况下，理事长能通过和社员的紧密交往和更强的影响力从内部社会关系网络获取资源，但是大多数的社员都是农民，嵌入在理事长内部关系网络上的资源比较匮乏，理事长无法从内部关系网络中获取更多的资源。

与内部社员对比，外部社会关系网络所涉及的规模更大、异质性更强，更有可能为农民合作社带来更加丰富、有效的资源。根据智勇等（2011）对社会关系网络"结构→动机→行动"的解释（Lin，2001），理事长基于农民合作社的需求在社会关系网络中采取了资源获取的行为，从而为农民合作社积累了相关资源，而理事长的外部资源可获得性以及资源获取的数量和质量受到外部社会关系网络的特征指标的影响。通过主轴编码发现，理事长外部社会关系网络包含五个特征指标，分别为外部网络多样性、外部网络规模、外部网络联系、外部网络影响力和外部网络质量，其中四个特征指标与内部网络相同，这里不做过多探讨。与内部网络相比，外部网络多了外部网络多样性这一指标，本章认为外部网络多样性可以用来衡量外部网络的异质性，多样性越强，理事长所能获取的信息越丰富。在六个农民合作社中，八步桥、天鹰和益康三个农民合作社的理事长外部网络的多样性是最强的，与此同时，这三个农民合作社的理事长获取的资源种类相对较多。在本书中，我们根据主轴编码可知，外部社会关系网络为农民合作社提供了六种资源，分别为技术帮助、经营帮助、农资、人力、市场信息和销售帮助，八步桥、天鹰和益康三个农民合作社获取到的资源种类有 5~6 种。在以上六种资源中，"提供技术帮助"和"提供销售帮助"两个范畴的参考点远高于其他四个范畴，因此我们推断技术资源与销售资源是理事长外部社会关系网络能够获得的最多的两种资源。

综上所述，我们认为理事长内外部社会关系网络是影响农民合作社资源获取的重要因素，且资源获取的数量和质量受到内外部社会关系网络特征指标的影响。这一发现与社会资本资源说（社会资本理论的代表性理论）一致，社会资本资源说认为社会资本包括社会关系网络以及与其相联系的资源（Bourdieu，1986）。受社员资源的限制，内部社会关系网络对资源获取的影响不显著或十分微弱。相对内部社会关系网络，外部社会关系网络能够提供更多、更丰富的资源，尤其是在销售资源和技术资源两方面。

（二）资源获取与资源整合

资源基础理论将企业视为诸多资源的结合体，这些资源奠定了企业发展的优势（Barney，1991）。类似地，我们将农民合作社看作一个"资源束"，其中集结了来自理事长内部和外部社会关系网络的资源。资源整合是将理事长内部社会关系网络资源和外部社会关系网络资源转化为农民合作社自身资源的过程（葛宝山 等，2017）。资源获取与资源整合是所有资源进行创造都必须经历的过程（柯江林 等，2007）。不同的经济主体具有不同的禀赋和文化，外来资源不能直接应用于自身，且不同来源的资源具有异质性与零散性，在获取资源过后必须进行资源整合，才能使资源利用最大化（孙善林 等，2017）。通过编码得知，获取资源后，农民合作社会根据自身需求和资源的属性将资源转化和利用，正如访谈资料中所说，"大家共同学习借鉴进步，通过技术改良我们也更加高效，紧跟社会发展的步伐（技术借鉴→资源整合）"，"小到花色的选择，樱花的花色有多种，市场更青睐哪种就主要种植哪种，他们提供的这些信息，能很好地引导我们种植什么以及种植多少，这样就会减少成本和代价，减少废弃多余树苗（获取市场信息→资源整合）"。我们认为资源获取是资源整合的前提条件，而资源整合是资源获取后对资源的进一步处理。

（三）内外部社会关系网络与资源整合

大量文献对社会关系网络与资源整合进行了讨论，认为社会关系网络提供了更多相互接触、相互联系的机会，从而促进了人与人之间的信息与资源的交流（Kang et al.，2003）。良好的社会关系网络能够提高网络主体之间的合作积极性，促进资源的整合（Carmona-Lavado et al.，2010）。在本书中，我们对此有类似的看法，即理事长的内外部社会关系网络对资源整合有积极的影响。

首先是内部社会关系网络。内部社会关系网络的规模、联系、影响力和质量对资源整合都有着显著的积极影响，其规模越大、联系越紧密、影响力越强、质量越高，农民合作社的资源整合能力越强。如"和社员关系也很和睦，理事长的名声是众人皆知的，大家都很信任理事长，愿意听他指挥，服从安排，尽量做到公平公正，没有什么问题出现吧（内部社会关系网络质量好）……会与长期固定的那七八个人谈，而且经常有空就探讨一下（内部社会关系网络联系频繁），做出适时的更正和修改（资源整合），主要和固定社员讨论的是树苗的培育、新树苗的繁育、日常田间管理、病虫害怎么治理、售卖到市场等"。在这一案例中，理事长与社员关系十分和睦，且经常与社员探讨农民合作社的相关事宜，使得农民合作社"做出适时的更正和修改"，促进了资源的整合。

其次是外部社会关系网络。外部社会关系网络的多样性、规模、联系、影响力和质量也对资源整合都有积极的影响。如"大家关系十分好，最为主要的是与农户、商业中介和建筑工程的有关人员保持联系（外部网络质量好）……然后主要靠的就是那些商业中介向社员们提供其所需要的资源，我们结合这些东西运作合作社（资源整合）"。又如"过年过节大家互相问候一下，这样情谊也就慢慢建立起来了（建立情谊→内部网络质量好），平时就是大家互相分享经验教训，提供有价值的信息，如市场上什么畅销以及什么比较受欢迎，比如说现在樱花很畅销，什么花色的比较抢手，我们都会互相交流，然后根据市场变化来调整今年树木的品种（资源整合）"。在这两个案例中，理事长外部社会网络质量好，大家互相进行信息和资源的交流，促进了资源的整合。

根据理论上的逻辑关系以及实际案例的论证，我们认为内部社会关系网络和外部社会关系网络对资源整合有积极的影响，即理事长内外部社会关系网络规模越大、联系越紧密、影响力越强、质量越高、多样性越强，农民合作社的资源整合能力就越强。

（四）资源整合、创新意愿与创新行为

前文已经提到资源整合是农民合作社将理事长内外部社会关系网络资源转化为农民合作社自身资源的过程，资源整合的结果是形成使用性较强的资源。在本章的研究中，我们认为资源整合后得到的有效资源不会对创新行为产生直接的影响，而是通过影响创新意愿进一步影响创新行为。

技术资源、人力资源等资源要素是影响创新意愿的重要因素（Ritter et al.，2003）。资源整合能够激发农民合作社的创新意愿，如在曲江合作社的资料中提到的"这一行的朋友们在这一方面提供了很多信息，特别是市场上现在更青睐于哪种树苗和花色，比如，现在白色樱花和粉色樱花（市场信息资源），大家共同学习借鉴进步，通过技术改良我们也更加高效，更好地跟随社会发展的步伐（技术借鉴→资源整合）……但也不会一直没有变更，因为大家都知道市场经济时代，市场竞争这么激烈，只有做到人无我有、人有我新和人新我变，才有在市场竞争中占据上风的优势（创新发展理念→创新意愿）"，在接收到一定的市场信息后，农民合作社将之与自身资源进行整合，认为需要走创新发展道路，即激发了创新意愿。又以老木孔合作社为例，访谈资料中关于资源整合的编码参考点有2个，关于创新意愿的参考点有2个，如"这个技术指导对合作社的发展也是很有借鉴意义的，因为它们的品牌做得好，外面的好评不断，这样我们像它们学习也会增加一定的信用度（借鉴学习→资源整合）""我觉得合作社还是要沿着高科技发展，还是要敢于创新，开阔视野（创新精神→创新意愿）"，在此案例中，农民合作社将技术资源进行整合，激发了理事长的创新精神，而理事长作为农民合作社的管理者和决策者，其在一定程度上可以代表农民合作社。

计划行为理论认为，行为的直接驱动要素是意愿（Fishbein et al., 1975）；同理，创新行为的直接动力来源于创新意愿。创新意愿越强，农民合作社进行创新行为的可能性越高，创新活动越频繁。以老木孔合作社为例，编码中有5个关于创新意愿的参考点，体现出较强的创新意愿，且关于创新行为的参考点达23个，覆盖率达14.62%，说明创新活动频繁。因此，我们认为理事长内外部社会关系网络资源获取对创新意愿产生正向影响，从而进一步影响农民合作社的创新行为。

二、资源匹配的调节作用

资源匹配指的是不同来源、不同类型资源之间的互补和契合（Black et al., 1994）。本章中的资源匹配指的是内外部网络资源的互补性和契合性，以及内外部网络资源与农民合作社需求的吻合程度。在农民合作社的发展过程中，理事长会不断地从社交活动和社交网络中获取资源，农民合作社需要对这些资源进行整合形成匹配的资源组合以供使用。在这个过程中，资源匹配是调节资源获取与资源整合之间关系的重要因素，资源匹配的程度影响着资源获取与资源整合之间的关系强度。本书的6个案例中，老木孔合作社的理事长没有正面回答这个问题，桫椤合作社的理事长认为内外资源不对称，无法满足农民合作社的需求，其他4个理事长认为资源匹配程度较高。整体看来，大多数农民合作社的内外部资源都可以匹配，少部分存在资源规模不足的问题。桫椤合作社的理事长提及："我们获得的外界的信息和我们内部的信息不对称。"在此案例中，我们没能提炼出关于资源整合的概念。在资源匹配程度较高的农民合作社中，以曲江合作社为例，理事长提到"能够匹配，没有价值的东西他们也不会提供给你，提供的市场行情信息这些还是基本准确的（资源匹配）"，"小到花色的选择，樱花的花色有多种，市场更青睐哪种就主要种植哪种，它们提供的这些信息，能很好地引导我们种植哪些以及种植多少，这样就会减少成本和代价，减少废弃多余树苗（资源获取→资源整合）"，在此案例中，资源匹配程度较高，且资源在一定程度上被整合于组织内部。综合两类农民合作社的案例对比，我们猜想，资源匹配对资源整合有着调节作用，且资源匹配的程度越高，资源获取与资源整合之间的正向关系越强。

三、其他发现

在进行主轴编码时，我们发现了一个范畴——管理创新行为，但由于出现频次过低，仅有一个案例提到了"金字塔式管理方法"，在进行范畴筛选时被删除。在进行样本饱和度检验时也未出现相关概念和范畴，因此本章认为农民合作社的管理创新行为极少，在前文中未做探讨。我们认为出现农民合作社几乎没有管理创新行为现象的原因有两个：①农民合作社的理事长和成员几乎都是农民，文化水平不高，进行管理创新的能力较弱；②中国是熟人社会，社会网络几乎是以亲缘和地缘为纽带，非正式制度凌驾于正式制度之上，正式的管理方式或创新的管理方式很难实施。

第六节　本章小结

本章基于六个四川省种植业农民合作社理事长的深度访谈资料，对理事长社会关系网络与农民合作社创新行为之间的关系做了探索性研究，最终得出内部社会关系网络、外部社会关系网络、内部社会关系网络资源获取、外部社会关系网络资源获取、内外部资源匹配、资源整合、创新意愿和创新行为八个主范畴，并通过选择性编码建立了八个主范畴之间的逻辑关系，从而建立了理事长社会关系网络对农民合作社创新的影响机制模型。主要研究结论如下：

理事长内外部社会关系网络为农民合作社带来相关资源，农民合作社对资源进行整合，或是理事长内外部社会关系网络对资源整合有直接的促进作用，资源整合形成的有效资源会激发农民合作社的创新意愿，从而积极影响农民合作社的创新行为，其中资源匹配作为调节变量，正向调节资源获取对资源整合的影响。在这个过程中，理事长内外部社会关系网络对农民合作社的影响受其特征指标的影响，当网络规模越大、理事长的影响力越强、理事长与网络成员联系越紧密、理事长与网络成员之间关系质量越高、理事长的外部网络多样性越丰富时，理事长的资源可获得性就越强，且受社员资源禀赋限制，内部社会关系网络对资源获取的影响较为微弱。这一研究结论与企业家社会关系网络的研究结果有相似之处，如理事长社会关系网络与资源获取的关系、资源获取与资源整合的关系，同企业类似，农民合作社也会从理事长的社会关系网络中获取资源，并对所获取的资源进行整合，从而形成有效的资源。

第八章　理事长社会关系网络 对农民合作社创新行为 影响的实证研究

在乡村振兴的背景下，如何推动农民合作社创新、提高农业经营主体的发展质量，从而促进农村经济可持续发展，已经成为当前亟待解决重大问题之一。本章利用四川省种植业农民合作社的调查数据，检验了理事长内部社会关系网络与农民合作社创新行为之间的关系。研究结果表明，理事长内部社会关系网络质量和异质性对产品创新、技术创新、管理创新和营销创新均有显著的积极影响，且结果具有较强的稳健性。进一步研究发现，对于应用互联网的农民合作社而言，理事长内部社会关系网络质量对管理创新和营销创新的影响更加强烈。以上研究从理论和实证的角度厘清了理事长内部社会关系网络与农民合作社创新行为之间的关系，有助于深刻理解社会关系网络在新型经营主体创新过程中的作用。

第一节　研究概况

近年来，农民合作社发展迅速，已经成为促进农业农村经济发展、带动农民增收的一支重要力量。然而，在农民合作社发展过程中仍存在一些亟待解决的问题，如管理体制不健全、自我发展机制缺失、内部控制机制薄弱、市场竞争力不足等，这些问题导致大量农民合作社成为僵尸合作社、空壳合作社，面临被淘汰或被取缔的命运。在乡村振兴背景下，如何推动农民合作社可持续发展已经成为政府部门亟待解决的重大问题之一，也是当前众多学者关注的焦点之一（徐旭初 等，2017；张连刚 等，2016）。现有文献表明，创新是推动经济组织可持续发展的重要动力（Nidumolu et al.，2009；叶江峰 等，2020）。因此，创新不仅是农民合作社发展壮大的重要举措，还是实现乡村组织振兴的有效路径。

尽管农民合作社创新对农业农村发展具有至关重要的作用，然而，如何促进农民合作社创新，目前鲜有文献涉及（胡冉迪，2012；段利民 等，2013）。现有文献主要围绕企业创新进行了大量的探究（Zhang，2018；Tian et al.，2019；Shao et al.，2019）。由于农民合作社与企业在组织性质、管理模式、利益分配以及成员构成上存在显著差异性，现有关于企业创新的理论和经验证据可能并不适用于农民合作社创新实践指导。鉴于此，我们从理论和实证的角度厘清农民合作社创新的影响因素就显得尤为重要。

在正式制度并不健全的农村经济体中，社会关系网络这种重要的非正式制度对农民合作社创新究竟起到了怎样的作用？社会资本理论为解释创新活动提供了重要的观点（Laursen et al.，2011；Landry et al.，2002；Nahapiet et al.，1998）。社会资本作为一种重要的无形资产，它会深刻地影响人类的各种活动，包括个体的知识创造（Mcfadyen et al.，2004）、组织间的知识转化（Inkpen et al.，2005；Tsai，2001）和经济组织的创新（Subramaniam et al.，2005）等。由社会资本理论可以推测，作为社会资本载体的社会关系网络对农民合作社的创新活动具有至关重要的作用。已有研究证明，团队领导者在工作上的社会关系网络也会对团队的创新能力产生影响（Kratzer et al.，2008）。因此，本书认为，理事长与社员之间建立的社会关系网络与农民合作社创新紧密相关。尽管如此，鲜有研究就理事长与社员之间建立的内部社会关系网络和农民合作社创新之间的关系提供经验证据。因此，本章试图利用农民合作社的调查数据，检验理事长内部社会关系网络对农民合作社创新行为的影响。本章可能的贡献体现在：首先，在检验理事长内部社会关系网络对农民合作社创新行为影响的过程中，我们使用控制方程法解决了潜在的内生性问题，估计了理事长内部社会关系网络对农民合作社创新行为的影响，并检验了互联网应用的调节效应。研究结论有助于人们深刻理解社会关系网络这种重要的非正式制度对新型经营主体创新与转型的影响，特别为制定促进农民合作社创新的相关政策提供了经验证据支持。其次，我们将农民合作社的创新活动分为产品创新、技术创新、管理创新和营销创新，分别检验了理事长内部社会关系网络的异质性和质量对这四种创新活动的影响及其差异性，进一步丰富和完善了与创新有关的文献。最后，现有大量文献以企业为研究对象，对创新问题进行了系统性的探究，而我们则将研究对象拓展至农民合作社，进一步拓宽了创新的研究视角。

第二节 理论分析与研究假设

现有研究普遍认为，建立良好的社会关系网络能够刺激组织产生新的想法，提高经济组织的创新水平（Carnabuci et al., 2015）。其原因在于社会关系网络是资源的载体（Inkpen et al., 2005），网络中嵌入了丰富的信息资源。与此同时，社会关系网络还是信息流动的桥梁（Cross et al., 2004）。

根据社会资本理论可知，个体所属的关系网络中的默契、礼物交换和恩惠是影响信息资源共享的关键要素。通常地，较高的信任水平会带来较高价值的资源互换（迈尔斯，2009）。由此可见，由信任表征的社会关系网络质量对提升资源共享具有至关重要的作用。还有部分学者从网络异质性的角度讨论了社会关系网络对创新的影响。他们发现，在网络中占据跨越结构洞的中间位置可以得到各种互不相关的信息和知识（Aral et al., 2011），整合这些互不相关的信息对新观念的产生至关重要，同时有效地利用这些整合信息能显著促进创新活动的形成。因此，异质性的网络中嵌入的多样化、非冗余信息能有效提高创新水平（Phelps, 2010）。综上可知，社会关系网络质量和异质性与创新之间有着紧密的关系。

一、内部社会关系网络与农民合作社产品创新

农民合作社必须具备敏锐的市场洞察力，时刻了解市场动态，才能根据市场环境的动态变化不断地调整产品种类，实现产品创新以迎合市场的需要，最终在激烈的市场竞争中占有一席之地。动态能力理论表明经济组织通过整合、重新配置内外部资源，可以适应快速变化的环境（Teece et al., 1997）。在产品创新的过程中，理事长作为农民合作社的管理者和决策者，是收集市场信息的重要角色，其内部资源是农民合作社获取市场信息以实现产品创新的重要渠道。此外，理事长与社员之间的交流和来往还能在一定程度上降低社员否定产品创新项目的可能性。因此，内部社会关系网络能够促进农民合作社产品创新。接下来，本章就理事长内部社会关系网络质量和异质性对农民合作社产品创新的影响进行论述。

（一）理事长内部社会关系网络质量与农民合作社产品创新

高质量的内部社会关系网络可以消除内部认知差异，提高产品创新活动的认可度，从而促进农民合作社产品创新。产品创新是一个复杂的过程，它不仅

涉及外部环境的变化，还与内部成员在认知、观念和能力上的差异带来的异质性认知有关（张延禄 等，2017；王舒阳 等，2020）。因为农民合作社要研发、改良或是引进新产品必须得到合作社成员的一致认可，而认知的差异可能会导致部分社员对产品创新项目持否定态度。理事长与社员之间的紧密交往能够降低社员认知之间的差异性，从而降低信息不对称程度，实现合作社内部目标和行动的一致性。因此，内部社会关系网络质量越高，越有助于提升农民合作社社员对产品创新活动的认可度，从而促进农民合作社产品创新。根据以上论述，本章提出研究假设8-1。

假设8-1（H1）：理事长内部社会关系网络质量能够促进农民合作社产品创新。

（二）理事长内部社会关系网络异质性与农民合作社产品创新

通常地，内部社会关系网络的异质性越强，越有助于获取异质性信息，从而能够促进产品创新。研究表明，企业家与异质性员工构建的社会关系网络能够提供不同领域的知识和信息（张艳 等，2016），由此推断农民合作社成员的异质性越强，理事长信息和资源搜索的广度越大。禹献云和周青（2018）证实知识搜索广度越大，知识的类别越多，完整度越高，对知识进行整合的可能性越强，从而能够促进创新。因此，我们认为内部社会关系网络异质性能够通过提升信息获取广度促进产品创新。综上所述，本章提出研究假设8-2。

假设8-2（H2）：理事长内部社会关系网络异质性能够促进农民合作社产品创新。

二、内部社会关系网络与农民合作社技术创新

技术创新是降低农业生产成本、提高农产品收益的有效途径。然而，由于高投入和高风险等特点，技术创新往往会受到资金短缺和技术锁定的影响（Puranam et al.，2006）。研究表明，合作与协调能有效降低创新活动中的不确定性，提高技术创新产出（程聪 等，2013）。通过交流与来往，理事长内部社会关系网络能够促进内部的合作与协调，提升内部吸收能力，从而促进技术创新。一方面，理事长与社员之间紧密的关系可以为资源获取攫取优势；另一方面，社员之间的异质性能为合作社提供更多的创新想法。因此，本章认为理事长内部社会关系网络质量和理事长内部社会关系网络异质性与农民合作社技术创新紧密相关。接下来，本章就理事长内部社会关系网络质量和异质性对农民合作社技术创新的影响进行论述。

（一）理事长内部社会关系网络质量与农民合作社技术创新

一方面，内部社会关系网络质量可以通过降低风险促进技术创新。由于技

术发展充满了不确定性（程聪 等，2013），农民合作社难以把握技术发展的趋势，需要不断获取信息来准确把握市场动态。其中，社员是农民合作社信息资源的重要来源，能否获取社员所掌握的信息资源取决于合作社内部关系质量的高低。通常地，理事长与社员之间建立起良好的关系可以促进信息共享，降低技术创新风险。另一方面，高质量的内部社会关系网络能够提升吸收能力（刘学元 等，2016），从而推动技术创新。从知识到技术创新的转化依赖于组织对知识的吸收与整合能力，知识消化和利用是实现技术创新的关键步骤（禹献云 等，2018）。理事长与社员之间的关系越好，越能促进彼此之间交流和吸收新知识，从而促进知识的转化和利用。综上所述，本章提出研究假设8-3。

假设8-3（H3）：理事长内部社会关系网络质量能够促进农民合作技术创新。

（二）理事长内部社会关系网络异质性与农民合作社技术创新

根据资源基础理论，稀缺的异质性资源既是企业竞争优势的来源（Barney，1991），也是其开展创新活动的基础。毋庸置疑，创新活动具有较高的风险，技术创新的过程往往需要对多种类型的资源和知识进行整合（杨张博，2018），关系资源异质性能够降低技术的不确定性（党兴华 等，2010）。因此，异质性的社员能够提高资源异质性，降低技术创新的风险，从而促进技术创新。此外，非冗余的资源和知识能够形成更多的创新要素组合，从而促进技术创新（常红锦 等，2013）。综上所述，本章提出研究假设8-4。

假设8-4（H4）：理事长内部社会关系网络异质性能够促进农民合作社技术创新。

三、内部社会关系网络与农民合作社管理创新

管理创新代表着一种新的管理实践或过程的产生和实施（Mol et al.，2009），以提升组织效率和绩效。知识和信息等资源是组织进行管理创新的重要基础。在我国，管理创新往往是管理者提出的，且具有自上而下的特点（Daft，1978）。在农民合作社中，理事长是信息和知识获取的关键人物，其内部社会关系网络对合作社管理创新起着重要的作用。接下来，本章就理事长内部社会关系网络质量和异质性对农民合作社管理创新的影响进行分析。

（一）理事长内部社会关系网络质量与农民合作社管理创新

在社会关系网络的诸多维度中，网络关系质量是影响创新活动的关键要素之一。较高的质量能够促进员工知识共享，从而促进管理创新。在组织中，管"人"是管理活动的重要内容（贾旭东 等，2018），因此，更多地了解员工的

想法有助于管理创新的实现。郭韧等（2018）的研究表明，组织成员是组织的宝贵资源，他们更加了解其他成员的意见和想法。然而，并非每一个组织成员都愿意向他人分享个人的知识和想法，知识共享的形成依赖于管理者与组织成员之间的长期互动。因此，理事长与社员之间的关系质量越高，越有利于农民合作社管理创新。综上所述，本章提出研究假设8-5。

假设8-5（H5）：理事长内部社会关系网络质量能够促进农民合作社管理创新。

（二）理事长内部社会关系网络异质性与农民合作社管理创新

内部社会关系网络异质性也会对管理创新产生影响，然而其影响的正负性还不得而知。一方面，社员的异质性越强就意味着资源的异质性和非冗余性与异质性社员之间的良好互动有助于理事长获取异质性资源，建立新的管理制度，从而推动农民合作社的管理创新。另一方面，不同的个体对管理方式的偏好和适应性不同，然而管理活动倡导"以人为本"（张航 等，2015），为异质性较强的群体建立新的管理模式难度更高。因此，社员之间的异质性会对管理创新产生抑制作用。综合以上讨论，本章提出竞争性的备择假设，即假设8-6。

假设8-6a（H6a）：理事长内部社会关系网络异质性对农民合作社管理创新具有积极影响。

假设8-6b（H6b）：理事长内部社会关系网络异质性对农民合作社管理创新具有消极影响。

四、内部社会关系网络与农民合作社营销创新

众多学者在研究营销创新时，将其定义为产品创新和营销程序或营销方式创新的总和（李颖灏，2012），本章对营销创新的研究不考虑产品层面的创新。现有研究认为，市场导向对强化企业营销创新能力有积极作用（Ngo et al.，2012），即洞察市场变化并以顾客为中心能够促进企业营销创新（李先江，2014）。因此，通过获取市场信息和消费者动态，理事长内部社会关系网络能够对营销创新产生积极作用。接下来，本章就理事长内部社会关系网络质量和异质性对农民合作社营销创新的影响进行阐述。

（一）理事长内部社会关系网络质量与农民合作社营销创新

从网络质量的角度来看，理事长社会关系网络质量通过影响市场性资源的配置能够影响营销创新。社员既是生产者，又是消费者，他们更接近市场（郭韧 等，2018），了解消费者需求，掌握着较多的市场信息。与社员沟通获取消费者需求偏好的信息能够提供更多的营销创新机会。理事长与社员之间的

信任能够促进知识获取和吸收，从而对营销创新产生影响。因此，理事长与社员之间建立良好的关系网络能够促进营销创新。综合以上分析，本章提出假设8-7。

假设8-7（H7）：理事长内部社会关系网络质量能够促进农民合作社营销创新。

（二）理事长内部社会关系网络异质性与农民合作社营销创新

从网络异质性的角度来看，社员的异质性能够提供更加全面的消费者信息。一方面，社员可以从自身的角度表达消费偏好，通过与不同专业和职业的社员交流可以了解不同类型消费者的需求，从而"对症下药"，根据消费者需求的变化，设计新的营销方案；另一方面，不同职业的社员可以从不同专业的角度提供建言，农民合作社将各领域的知识融合到营销方案中，更有利于创新性营销手段的产生。综合以上分析，本章提出假设8-8。

假设8-8（H8）：理事长内部社会关系网络异质性能够促进农民合作社营销创新。

第三节　研究设计

一、数据来源

本章所使用的数据来自2018年四川省种植业农民合作社的问卷调研。我们选择四川省种植业农民合作社的原因有两点：①四川省是典型的农业大省，种植业发达，易于获取调研数据；②种植业的生产特征要求理事长与社员之间有更为紧密的联系，生产活动对社会关系网络的嵌入性更强，且种植业农民合作社在全国都很普遍，研究对象具有代表性。为了保证样本具有代表性，此次调研采用的是分层随机抽样，具体操作如下：首先，为节约成本，我们根据四川省农民合作社的分布情况，去掉农民合作社分布较为分散的市区，确定所要调查的城市；其次，我们根据样本数与总数比例相等的原则对所选的城市进行随机抽样。问卷内容包括理事长个人层面的基本情况、农民合作社层面的基本情况、理事长内部社会关系网络、农民合作社创新等内容。本次调研共发放问卷312份，截至2018年9月底，共回收有效问卷260份，有效回收率为83.33%。260份问卷来自四川省18个市州，覆盖了四川省大部分地区，样本分布较为合理。

由于理事长的社会关系网络是一个较为复杂的构想，难以用结构性问题进行衡量，故遵循学者们的一贯做法，采用李克特五点量表对理事长社会关系网络进行测量。本章将农民合作社创新行为划分为产品创新、技术创新、管理创新和营销创新，亦采用李克特五点量表进行衡量。

二、变量选取及测量

（一）被解释变量

本章的被解释变量有 4 个，包括产品创新（P_innovation）、技术创新（T_innovation）、管理创新（M_innovation）和营销创新（S_innovation）。本章对 4 个被解释变量都采用因子分析进行降维，每个被解释变量都得到一组因子得分，我们将正向化的因子得分作为 4 个被解释变量的代理变量。正向化公式为

$$Z_i = \frac{X_i - \min\{X_i\}}{\max\{X_i\} - \min\{X_i\}}$$

（二）解释变量

根据量表采集的数据，我们对社会关系网络的各测量指标进行因子分析降维，通过因子分析得到两个公因子。根据两个公因子中各测量指标的因子载荷，将公因子分别命名为内部社会关系网络质量（isnq）和内部社会关系网络异质性（isnh），并将这两个公因子作为本书的解释变量。同样地，在数据分析前，我们对两个公因子的得分进行了正向化处理。

（三）控制变量

本章的控制变量包括理事长层面的控制变量和合作社层面的控制变量。其中，理事长层面的控制变量包括性别（gender）、年龄（age）、受教育程度（education）、外部社会关系网络规模（extral_network）、外部社会关系网络异质性（dif_career）；合作社层面的控制变量包括合作社年龄（cooperative_age）、经营类型（types）、经营规模（cooperative_area）、2017 年产出（production）、合作社等级（grade）、是否质量认证（certificate）、是否使用互联网（internet）、是否引入技术人员（technicist）、是否聘用职业经理人（manager）。

（四）变量测量及信效度分析

本章中的解释变量和被解释变量均来自测量量表，量表设计借鉴了现有的研究，并根据农民合作社及理事长的现实情况进行了修改。社会关系网络的量表设计灵感来源于梁祺和张纯（2017）以及谢慧娟和王国顺（2012）的研究，我们从规模、中心度、强度和异质性 4 个维度进行测量，共形成 11 个题项。对产品创新的测量借鉴了 Yuan et al.（2010）的研究，修订后形成 2 个题项；技术创新的量表设计借鉴了谢洪明等（2007）对工艺创新的定义，设计了 4 个

题目进行测度；管理创新的测量量表来自 Walker et al.（2010）的研究，修订后形成 5 个题目；对于营销创新的测量，我们在 Knight 和 Cavusgil（2004）的研究基础上修订形成 5 个测量题项。表 8-1 展示了解释变量和被解释变量的构想测量，其中内部社会关系网络质量和内部社会关系网络异质性的测量题项为因子分析结果中的主成分指标。

表 8-1　解释变量和被解释变量的构想测量

构想	指标	构想	指标
内部社会关系网络质量	理事长直接接触的社员数量多	技术创新	合作社经常引进新的产品种植技术
	理事长在社员中的影响力大		合作社经常引进新的产品储存技术
	理事长在社员中的权威性高		合作社社员经常参加技术培训
	理事长与社员之间互动频繁		合作社经常自主研发新的种植技术
	理事长与社员之间联系紧密	营销创新	合作社积极寻求创新的营销理念
	理事长与社员之间有畅通的沟通平台		合作社经常寻找方法来开发新的商业模式
	理事长与社员的合作关系友好		合作社经常寻找方法来优化促销方法和工具
	理事长与社员的合作时间长		合作社试图找到新的方法来构建与客户的关系
	理事长与社员之间相互信任		合作社经常引入新的产品促销方式
内部社会关系网络异质性	理事长认识的社员的专业种类多	管理创新	合作社在决定用何种方法达到最终目标上更具创新
	社员加入合作社前从事的工作种类多		合作社比竞争对手在启动新系统/过程上更具创新
产品创新	合作社经常根据市场需求对产品进行改良		合作社比同行在开发全新的目标完成方式和路径上更具创新
			合作社在改进工作方法方面更具创新
	合作社经常引入新的品种		合作社在提高员工工作满意度方面更具创新

　　由于本章的主要变量均来自量表，因此本章将对变量量表的信度和效度进行检验，同时采用克伦巴赫指数（Cronbach's α）和组合信度（CR）来测验量表信度，采用平均提取变异（AVE）和判别效度对量表效度进行检验。由表 8-2 可知，Cronbach's α 值介于 0.670 和 0.920 之间，内部一致性较好；CR 值均大于 0.8，表明各变量量表具有良好的组合效度；平均提取变异均大于 0.5，表明量表的收敛效度较好，且各变量的 AVE 平方根均大于它与其他变量之间的相关系数，表明量表判别效度较好。表 8-3 为所有变量的含义和描述性统计结果。

表 8-2　量表信度、效度分析表

指标	1	2	3	4	5	6
内部社会关系网络质量	(0.755 0)	—	—	—	—	—
内部社会关系网络异质性	0	(0.842 9)	—	—	—	—
产品创新	0.405***	0.296***	(0.914 0)	—	—	—
技术创新	0.348***	0.338***	0.728***	(0.823 5)	—	—
管理创新	0.422***	0.289***	0.648***	0.747***	(0.864 5)	—
营销创新	0.447***	0.313***	0.625***	0.699***	0.738***	(0.871 0)
Cronbach's α	0.914	0.670	0.801	0.839	0.915	0.920
CR	0.922 3	0.830 2	0.910 3	0.893 8	0.936 7	0.940 2
AVE	0.570 0	0.710 4	0.835 4	0.678 1	0.747 4	0.758 7
KMO	0.888	0.500	0.500	0.780	0.869	0.892

注：*** 表示 $p<0.01$；对角线的值为 AVE 的均方根，其余为相关系数。

表 8-3　所有变量的含义和描述性统计结果

变量类型	变量名称	变量含义	描述性统计			
			最小值	最大值	均值	方差
被解释变量	P_innovation	产品创新	0	1	0.71	0.20
	T_innovation	技术创新	0	1	0.66	0.20
	M_innovation	管理创新	0	1	0.66	0.18
	S_innovation	营销创新	0	1	0.72	0.18
解释变量	isnq	内部网络质量	0	1	0.50	0.21
	isnh	内部网络异质性	0	1	0.64	0.18
控制变量	cooperative_age	合作社年龄	1	24	5.97	3.59
	types	水果=fruit；蔬菜=vegetable；花卉苗木=flower；菌类=fungus；其他=other	1	5	2.53	1.59
	cooperative_area	100 亩及以下=1；101～200 亩=2；201～300 亩=3；301～400 亩=4；401～500 亩=5；500 亩以上=6	1	6	4.17	1.95
	grade	国家级示范社=national；省级示范社=rovincial；市级示范社=municipal；其他=ordinary	1	4	3.34	0.94
	certificate	质量认证=1；未进行质量认证=0	0	1	0.40	0.49
	technicist	聘请技术人员=1；未聘请技术人员=0	0	1	0.72	0.45

表8-3(续)

变量类型	变量名称	变量含义	描述性统计			
			最小值	最大值	均值	方差
控制变量	production	2017 年总产值取自然对数	0	4.5	3.00	1.25
	internet	应用互联网＝1；未应用互联网＝0	0	1	0.84	0.37
	gender	理事长性别：男＝1；女＝0	0	1	0.87	0.34
	age	理事长年龄：18~30 周岁＝1；31~42 周岁＝2；43~54 周岁＝3；55 周岁及以上＝4	1	4	2.76	0.72
	education	理事长文化程度：小学及以下＝primary；初中＝junior；高中或中专＝senior；大学（包含大专）及以上＝college	1	4	2.92	0.85
	extral_network	理事长外部社会网络：50 人及以下＝1；51~100 人＝2；101~150 人＝3；150 人以上＝4	1	4	3.52	0.89
	dif_career	理事长外部社会网络的异质性	1	10	7.00	2.53

三、样本描述

表 8-4 展示了样本的基本特征，这一部分将结合表 8-3 和表 8-4 进行分析。从合作社的基本特征来看，合作社成立时间分布较为均匀，平均年龄为 5.97 年；在合作社类型中，水果和其他种类的农民合作社的数量最多；在所有样本中，500 亩以上的大规模农民合作社接近一半；样本中超过 60%的农民合作社为非示范社，40%的农民合作社进行过产品质量认证；超过 70%的农民合作社有技术人员；83.85%的农民合作社应用了互联网。从理事长的基本特征来看，在 260 个样本中，226 家合作社的理事长为男性，只有 34 家合作社的理事长为女性；理事长年龄分布主要集中在 43~54 周岁；理事长受教育程度主要集中在高中或中专，小学及以下的理事长较少；外部社会关系网络规模普遍较大，72.69%的理事长的外部社会关系网络规模在 150 人以上；近半数的理事长外部社会关系网络的异质性都比较强，职业种类达到了 9~10 种。

表 8-4　合作社和理事长基本特征

指标	分类	样本数/个	比例/%	指标	分类	样本数/个	比例/%
合作社年龄	1~3 年	75	28.85	互联网应用	有	218	83.85
	4~6 年	82	31.53		无	42	16.15
	7~9 年	62	23.85	理事长性别	男	226	86.92
	9 年以上	41	15.77		女	34	13.08

表8-4(续)

指标	分类	样本数/个	比例/%	指标	分类	样本数/个	比例/%
合作社类型	水果	100	38.43	理事长年龄	18~30周岁	10	3.85
	蔬菜	52	20.00		31~42周岁	76	29.23
	花卉苗木	39	15.00		43~54周岁	141	54.23
	菌类	7	2.69		54周岁及以上	33	12.69
	其他	62	23.85	受教育程度	小学及以下	12	4.62
合作社规模	100亩以下	31	11.92		初中	69	26.53
	100~200亩	47	18.08		高中或中专	108	41.54
	200~300亩	27	10.38		大专及以上	71	27.31
	300~400亩	17	6.54	外部社会关系网络规模	50人及以下	15	5.77
	400~500亩	17	6.54		51~100人	25	9.62
	500亩以上	121	46.54		101~150人	31	11.92
合作社等级	国家级示范社	15	5.77		150人以上	189	72.69
	省级示范社	40	15.38	外部社会关系网络异质性	1~2种	17	6.54
	市级示范社	46	17.7		3~4种	34	13.07
	其他	159	61.15		5~6种	47	18.08
质量认证	是	104	40.00		6~8种	36	13.85
	否	156	60.00		9~10种	126	48.46
技术人员	有	188	72.31				
	无	72	27.69				

四、模型设定及研究方法

本章采用实证分析的方法就理事长内部社会关系网络对农民合作社创新行为的影响进行研究,构建的计量模型见式(8-1)至式(8-4):

$$P\_innovation_i = \alpha_1 + \beta_1 isnq_i + \chi_1 isnh_i + \gamma_1 X_i + \varepsilon_{1i} \qquad (8-1)$$

$$T\_innovation_i = \alpha_2 + \beta_2 isnq_i + \chi_2 isnh_i + \gamma_2 X_i + \varepsilon_{2i} \qquad (8-2)$$

$$M\_innovation_i = \alpha_3 + \beta_3 isnq_i + \chi_3 isnh_i + \gamma_3 X_i + \varepsilon_{3i} \qquad (8-3)$$

$$S\_innovation_i = \alpha_4 + \beta_4 isnq_i + \chi_1 isnh_i + \gamma_4 X_i + \varepsilon_{4i} \qquad (8-4)$$

式(8-1)至式(8-4)分别表示被解释变量为产品创新、技术创新、管理创新和营销创新的计量模型。其中,$P\_innovation_i$ 代表产品创新,$T\_innovation_i$ 代表技术创新,$M\_innovation_i$ 代表管理创新,$S\_innovation_i Y_{4i}$ 代表营销创新;$isnq_i$ 代表内部社会关系网络质量,$isnh_i$ 代表内部社会关系网络异质性；X_i 代表合作社层面和理事长层面的控制变量；ε_i 代表随机扰动项。

在研究方法上，本章主要采用了最小二乘法（OLS）和控制方程法（control function approach），并对控制方程法进行介绍。控制方程法用工具变量（IV）来正确识别因果关系（Ogutu et al., 2019），是一种用于识别内生性，并纠正内生性偏差的计量方法。控制方程法在函数形式的灵活性上要优于两阶段最小二乘，同时还能根据回归结果中直观地判断变量是否具有内生性。控制方程法分两个阶段进行回归。

第一阶段，用工具变量估计解释变量，进行残差预测。由于本章有两个解释变量，因此第一阶段将进行两次回归：

$$isnq_i = IV_{1i}\tau_1 + \mu_1 \tag{8-5}$$

$$isnh_i = IV_{2i}\tau_2 + \mu_2 \tag{8-6}$$

第二阶段，将残差纳入模型估计被解释变量：

$$Y_i = \alpha_5 + \beta_5 isnq_i + \chi_5 isnh_i + \gamma_5 X_i + \varphi e_{1i} + \lambda e_{2i} + \varepsilon_5 \tag{8-7}$$

在式（8-5）、式（8-6）、式（8-7）中，Y_i 表示被解释变量，IV_1 表示内部社会关系网络质量的工具变量，IV_2 表示内部社会关系网络异质性的工具变量，e_{1i} 和 e_{2i} 分别表示式（8-5）和式（8-6）的预测残差。由于我们已经对内部社会关系网络质量、内部社会关系网络异质性、产品创新、技术创新、管理创新和营销创新等变量进行了正向化处理，使其成为取值介于 0 和 1 之间的连续变量，因此我们采用 Fractional Logit 的回归方法进行分析。

第四节　实证分析

一、基准回归

在基准回归中，我们采用普通最小二乘法（OLS）进行估计，回归结果如表 8-5 所示。列（1）、列（2）、列（3）和列（4）分别汇报了以产品创新、技术创新、管理创新和营销创新为结果变量的模型回归结果。回归结果显示，在控制了理事长特征、合作社特征和城市固定效应后，isnq 和 isnh 的回归系数均在 1% 的水平上显著为正。列（1）的结果表明，理事长的内部社会关系网络质量及社会关系网络异质性对农民合作社的产品创新行为有显著的正向影响，表明理事长和内部社会关系网络质量及内部社会关系网络异质性均会促进农民合作社的产品创新行为，这印证了 H1 和 H2。列（2）的回归结果表明，在 1% 的显著性水平上，理事长内部社会关系网络质量和异质性均能对农民合作社的技术创新产生积极的影响，H3 和 H4 获得实证支持。列（3）揭示了理事长内部社会关系网络质量和异质性与管理创新之间的关系，内部社会关系网络质量和异质性的系数均显著为正，表明理事长内部社会关系网络质量和异质性能显著提升管理创新水平，H5 和 H6a 成立。列（4）的回归结果显示，理事长内部社会关系网络质量和异质性对农民合作社营销创新水平有着积极的影响，并在1%的水平上显著。因此，H7 和 H8 获得实证支持。

表 8-5　基准回归结果

VARIABLES	（1）P_innovation	（2）T_innovation	（3）M_innovation	（4）S_innovation
isnq	0.309 8 ***	0.235 3 ***	0.279 0 ***	0.340 7 ***
	(0.065 5)	(0.062 6)	(0.053 9)	(0.058 6)
isnh	0.256 3 ***	0.334 3 ***	0.270 5 ***	0.318 7 ***
	(0.076 2)	(0.077 7)	(0.065 5)	(0.064 8)
cooperative_age	−0.002 2	−0.002 3	−0.003 8	−0.003 7
	(0.004 4)	(0.003 1)	(0.004 5)	(0.004 0)
fruit	0.003 8	−0.005 5	−0.045 7 *	−0.007 0
	(0.029 3)	(0.026 3)	(0.024 2)	(0.023 1)
vegetable	−0.058 2 *	−0.031 8	−0.040 7	−0.032 0
	(0.032 6)	(0.031 0)	(0.026 8)	(0.030 3)
flower	−0.074 4 *	−0.050 5	−0.090 6 **	−0.054 5
	(0.040 8)	(0.038 6)	(0.039 9)	(0.035 0)
fungus	−0.114 4 *	−0.085 3	−0.075 7	−0.028 9
	(0.064 6)	(0.059 5)	(0.059 1)	(0.038 8)
cooperative_area	0.008 4	0.007 8	0.003 6	−0.005 8
	(0.007 2)	(0.007 3)	(0.005 8)	(0.005 9)
national	0.002 7	−0.009 6	0.003 6	−0.004 5
	(0.054 4)	(0.050 2)	(0.051 4)	(0.045 4)
provincial	−0.018 2	0.017 7	−0.031 4	−0.012 8
	(0.039 1)	(0.038 5)	(0.033 2)	(0.030 7)
municipal	0.013 2	0.071 6 **	0.040 6	0.039 3
	(0.031 7)	(0.031 3)	(0.028 7)	(0.030 0)
certificate	0.022 8	−0.008 4	−0.006 1	−0.003 6
	(0.027 8)	(0.025 1)	(0.023 7)	(0.022 0)

表8-5(续)

VARIABLES	(1) P_innovation	(2) T_innovation	(3) M_innovation	(4) S_innovation
technicist	−0.009 5	0.022 6	−0.002 6	0.012 3
	(0.030 0)	(0.027 5)	(0.025 6)	(0.026 5)
production	0.002 9	−0.002 3	−0.000 8	0.006 9
	(0.008 8)	(0.008 7)	(0.007 2)	(0.008 5)
internet	0.071 5*	0.084 1**	0.080 4**	0.065 9**
	(0.042 8)	(0.035 5)	(0.033 3)	(0.033 2)
manager	0.038 4	0.026 4	0.073 5***	0.028 9
	(0.027 0)	(0.025 5)	(0.023 4)	(0.020 6)
gender	0.051 7	0.020 0	0.003 9	0.042 2
	(0.035 8)	(0.026 7)	(0.026 8)	(0.027 7)
age	0.011 0	0.002 7	0.009 0	0.007 5
	(0.017 6)	(0.017 7)	(0.015 0)	(0.014 6)
junior	0.064 4	0.099 8*	0.040 9	−0.001 9
	(0.061 3)	(0.054 1)	(0.057 2)	(0.046 9)
senior	0.035 3	0.087 3	0.015 9	0.008 6
	(0.062 2)	(0.053 9)	(0.057 0)	(0.050 4)
college	0.008 0	0.098 5*	0.012 1	−0.007 3
	(0.060 3)	(0.055 3)	(0.057 0)	(0.049 2)
extral_network	0.002 5	0.010 4	0.018 3	0.009 8
	(0.017 3)	(0.014 4)	(0.014 2)	(0.014 9)
dif_career	0.002 7	0.006 0	0.001 4	0.005 6
	(0.005 7)	(0.005 3)	(0.004 9)	(0.005 0)
Constant	0.221 7	0.115 0	0.280 8**	0.204 9*
	(0.138 1)	(0.123 7)	(0.118 1)	(0.118 6)
City fixed effect	Yes	Yes	Yes	Yes
Observations	260	260	260	260
R-squared	0.397 9	0.443 2	0.448 5	0.448 3

注：括号内的数字为标准误差。

基准回归结果表明，理事长内部社会关系网络质量和异质性对农民合作社创新有着积极的影响。从社会关系网络质量的角度来看，可能的原因有以下三点：第一，理事长与社员之间的关系往来能够促进信息资源的共享和流动，以便理事长获取更多的信息资源，从而促进农民合作社创新；第二，理事长与社员之间的密切来往和交流也是互相学习的过程，这个过程不仅可以提高理事长和社员对创新活动的认识程度，还能打破社员认知壁垒，缓解信息不对称；第三，理事长与社员之间的关系质量越高，越有助于提高农民合作社的内部凝聚力，使合作社内部树立共同的创新目标，从而促进农民合作社创新。从社会关系网络异质性的角度来看，一方面，在农民合作社的日常运营中，社员的异质性能够减少重复信息，降低信息冗余度，提升信息资源的丰富性，有助于降低决策风险，并提高科学性，从而提升农民合作社的创新水平；另一方面，农民合作社社员的异质性越强，他们提供给理事长的资源相关性越弱，将这些互不相关的信息进行整合有助于激发新思想，促进农民合作社创新。

控制变量的结果与预期基本相符，其中互联网应用对四种创新行为的影响均显著为正，表明互联网应用能够显著提升农民合作社的创新水平，其原因在于互联网不仅有利于信息和知识的获取，还能有效促进知识的共享，从而促进农民合作社创新；引入职业经理人对管理创新也有着正向的影响，且显著为正，说明职业经理人较高的管理技能能够显著促进农民合作社的管理创新。

二、稳健性检验

在基准回归中，我们将内部社会关系网络质量和异质性视为外生变量进行分析，忽略了两个方面导致的内生性问题。一方面，内部社会关系网络和创新行为之间可能互为因果。这是因为较高的创新水平往往伴随着良好的经营绩效，为了维护自身在合作社的地位和利益，经营良好的合作社的理事长更有动机去经营与社员之间的关系，提升内部社会关系网络质量；另外，在自身创新能力较弱的情况下，为突破发展的瓶颈，理事长与社员往往会采取一定的措施来促进创新发展，这个过程需要理事长与社员进行交流和往来，这些交流和往来会在某种程度上提升理事长内部社会关系网络质量。因此，创新能力较弱的农民合作社的理事长也可能会建立更强的内部社会关系网络质量。另一方面，理事长的内部社会关系网络受到许多因素的影响，某些因素可能会同时对理事长社会关系网络和农民合作社创新行为产生影响，然而这些因素可能被遗漏，从而导致模型估计发生偏误。为解决内生性问题，我们采用控制方程法进行分析。在工具变量选择上，本章借鉴 Fisman 和 Svensson（2007）的工具变量构建思路，计算出同一城市同一行业的理事长内部社会关系网络质量和内部社会关系网络异质性的均值，并把两个变量的均值作为两者的工具变量。

为了更好地识别因果关系，我们在使用控制方程法之前还利用两阶段最小二乘进行了工具变量回归，限于篇幅，此处不做汇报和阐述。针对控制方程法，首先，我们使用 Fractional Logit 进行第一阶段回归，获取残差；其次，在第二阶段的回归中，我们将残差作为控制变量纳入模型中，同样使用 Fractional Logit 进行回归。表 8-6 汇报了控制方程法的回归结果，列（1）至列（4）分别汇报了在使用控制方程法的情况下，理事长社会关系网络对产品创新、技术创新、管理创新和营销创新的影响，其中 e_1 和 e_2 分别表示内部社会关系网络质量和异质性在第一阶段的预测残差。结果显示，与基准回归相比，解释变量的显著性和系数均发生了一定的变化，其中内部社会关系网络质量对技术创新、管理创新和营销创新的影响变得不显著。然而，在这四个方程中，e_1 和 e_2 的系数均不显著，这表明内部社会关系网络质量和异质性并不具有显著的内生性。在这种情况下，去掉残差项的估计结果在无偏性和有效性上表现更好（Ogutu et al., 2019）。

表 8-6　控制方程法的回归结果

VARIABLES	（1） P_innovation	（2） T_innovation	（3） M_innovation	（4） S_innovation
isnq	1.739 5**	0.614 3	0.865 9	0.949 7
	(0.761 6)	(0.583 4)	(0.549 8)	(0.695 9)
isnh	2.256 5**	2.378 3***	1.327 4*	1.606 7**
	(0.887 5)	(0.720 1)	(0.721 8)	(0.760 9)
e_1	−0.199 7	0.628 4	0.577 5	1.031 2
	(0.809 0)	(0.658 4)	(0.611 1)	(0.742 4)
e_2	−1.080 8	−0.881 1	0.000 3	0.200 6
	(0.949 5)	(0.762 6)	(0.755 8)	(0.812 7)
Firm_variables	Yes	Yes	Yes	Yes
President_variables	Yes	Yes	Yes	Yes
City fixed effect	Yes	Yes	Yes	Yes
Constant	−2.112 4*	−1.784 1*	−0.563 7	−0.816 2
	(1.128 5)	(0.911 6)	(0.896 2)	(0.934 5)
Observations	260	260	260	260

基于此，我们去掉残差项使用 Fractional Logit 进行再次回归，并计算了边际效应，结果如表 8-7 和表 8-8 所示，其中表 8-7 汇报了去掉残差的 Fractional logit 回归结果，表 8-8 汇报了边际效应回归结果。表 8-6 中，内部社会关系网络质量和内部社会关系网络异质性的系数均显著为正，这与基准回

归的结果相同。边际效应回归结果表明，平均而言，理事长内部社会关系网络质量每提高 1 个单位的标准差，产品创新、技术创新、管理创新和营销创新分别显著提高 30.20%、23.62%、28.36%和33.84%；理事长内部社会关系网络异质性每提高 1 个单位标准差，产品创新、技术创新、管理创新和营销创新分别显著提高 25.77%、33.42%、27.62%和32.87%。基于以上讨论，我们认为基准回归的结果具有较强的稳健性。

表 8-7　Fractional Logit 回归结果

VARIABLES	(1) P_innovation	(2) T_innovation	(3) M_innovation	(4) S_innovation
isnq	1.585 6***	1.145 8***	1.349 2***	1.802 2***
	(0.320 2)	(0.284 9)	(0.242 6)	(0.291 6)
isnh	1.353 2***	1.621 2***	1.313 7***	1.750 4***
	(0.369 0)	(0.351 7)	(0.308 7)	(0.343 4)
Firm_variables	Yes	Yes	Yes	Yes
President_variables	Yes	Yes	Yes	Yes
City fixed effect	Yes	Yes	Yes	Yes
Constant	-1.394 9*	-1.715 5***	-0.946 7	-1.598 5**
	(0.786 3)	(0.643 1)	(0.637 9)	(0.669 0)
Observations	260	260	260	260

表 8-8　边际效应回归结果

VARIABLES	(1) P_innovation	(2) T_innovation	(3) M_innovation	(4) S_innovation
isnq	0.302 0***	0.236 2***	0.283 6***	0.338 4***
	(0.058 0)	(0.057 3)	(0.049 4)	(0.052 28)
isnh	0.257 7***	0.334 2***	0.276 2***	0.328 7***
	(0.069 2)	(0.070 6)	(0.063 5)	(0.062 5)
Control variables	Yes	Yes	Yes	Yes

第五节　进一步研究

基准回归分析发现，互联网应用对农民合作社的四种创新行为均有显著的正向影响，为了进一步探究互联网应用对理事长社会关系网络与农民合作社创新之间关系的调节作用，我们将互联网应用与理事长内部社会关系网络的交互项引入计量方程（8-1）进行分析。

从知识传播的角度来看，现代信息技术促使知识传递由个体之间的共享向网络化传播发展，大大提升了知识传递的速度，拓展了知识传播的渠道。此外，信息技术的应用能够提升知识管理能力和知识获取能力（李后建，2017）。因此，与未应用互联网的农民合作社相比，已经将互联网应用于日常经营和生活中的农民合作社在知识的传播和共享上更具优势，能够促进理事长对内部社会关系网络知识资源的获取和吸收，有助于农民合作社创新。为了验证互联网应用在理事长内部社会关系网络和农民合作社创新之间的调节作用，本章将引入互联网应用与理事长内部社会关系网络的交互项进行分析。表8-9汇报了互联网应用的调节作用，其中列（1）和列（2）的结果表明，isnq×internet 和 isnh×internet 的系数均为正，但在统计上不显著；列（3）显示，isnq×internet 和 isnh×internet 的系数均为正，且 isnq×internet 的系数在1%的水平下显著，表明互联网应用能显著促进理事长内部社会关系网络质量对管理创新的影响；列（4）中，isnh×internet 的系数为负但不显著，isnq×internet 的系数在10%的水平下显著，这意味着互联网应用在理事长内部社会关系网络质量和农民合作社营销创新中起到了正向调节作用。为了更加直观地观察和分析互联网应用的调节作用，本章还绘制了交互效应图，如图8-1所示。图8-1（a）和图8-1（b）分别展示了内部社会关系网络质量与互联网应用的交互项对管理创新和营销创新的影响。如图8-1（a）所示，互联网应用对内部社会关系网络质量与农民合作社管理创新之间的关系具有显著的调节作用。具体而言，相对于未应用互联网的农民合作社，其理事长内部社会关系网络质量对应用互联网的农民合作社管理创新有更加强烈的积极影响。同样地，图8-1（b）也显示出互联网应用对内部社会关系网络与农民合作社营销创新之间的关系具有显著的正向调节作用。

表 8-9 互联网应用的调节作用

VARIABLES	（1）P_innovation	（2）T_innovation	（3）M_innovation	（4）S_innovation
isnq	0.308 9 ***	0.241 8 ***	0.292 4 ***	0.350 2 ***
	（0.063 3）	（0.061 3）	（0.051 5）	（0.056 9）
internet	0.006 9	−0.100 4	−0.168 4	0.013 7
	（0.217 2）	（0.166 6）	（0.121 4）	（0.179 6）
isnq×internet	0.044 7	0.215 0	0.433 5 ***	0.276 7 *
	（0.211 4）	（0.169 4）	（0.121 7）	（0.150 7）
isnh	0.272 8 ***	0.333 4 ***	0.264 9 ***	0.306 4 ***
	（0.069 5）	（0.073 6）	（0.061 5）	（0.064 0）
isnh×internet	0.070 7	0.131 3	0.072 4	−0.121 2
	（0.258 1）	（0.217 3）	（0.140 3）	（0.193 0）
Firm_variables	Yes	Yes	Yes	Yes
President_variables	Yes	Yes	Yes	Yes
City fixed effect	Yes	Yes	Yes	Yes
Constant	0.275 2 **	0.182 5	0.351 9 ***	0.272 4 **
	（0.137 3）	（0.124 7）	（0.112 8）	（0.118 9）
Observations	260	260	260	260
R-squared	0.396 7	0.451 2	0.483 2	0.464 1

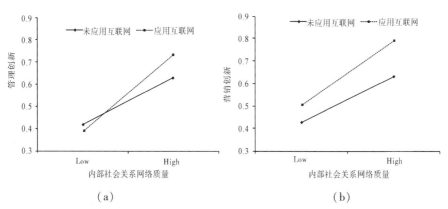

（a）   （b）

图 8-1　互联网应用的调节效应

第六节　本章小结

党的十九大报告将坚持新发展理念作为新时代坚持和发展中国特色社会主义的基本方略之一，提出要加快建设创新型国家。此外，在农村经济转型发展及乡村振兴战略实施的关键时期，如何激发农民合作社的创新活力成为当前亟待解决的重大问题之一。在此背景下，本章利用四川省种植业农民合作社的调查数据，分析了理事长内部社会关系网络对农民合作社创新行为的影响。研究表明：第一，在基准回归中控制了理事长特征、农民合作社特征及城市固定变量后，理事长内部社会关系网络质量和异质性对产品创新、质量创新、管理创新和营销创新均有显著的积极影响。第二，控制方程法分析结果表明，内部社会关系网络质量和内部社会关系网络异质性不具有显著的内生性，基准回归的估计结果具有良好的无偏性和有效性。第三，边际效应分析结果显示，平均而言，理事长内部社会关系网络质量每提高1个单位的标准差，产品创新、技术创新、管理创新和营销创新水平分别提高 30.20%、23.62%、28.36% 和33.84%；理事长内部社会关系网络异质性每提高1个单位标准差，产品创新、技术创新、管理创新和营销创新水平分别显著提高 25.77%、33.42%、27.62% 和 32.87%。同时，本章考虑了互联网应用在理事长社会关系网络与创新行为之间的调节作用，发现互联网应用能正向调节内部社会关系网络质量与管理创新和营销创新之间的关系。

第九章 理事长社会关系网络对农民合作社创新能力影响的作用机制研究

在乡村振兴和经济转型升级的关键时期，创新是农民合作社实现可持续发展的必经之路和最终选择。基于社会资本和资源基础理论，本章利用四川省260家种植业农民合作社的调查数据，采用结构方程模型和链式多重中介效应模型，就理事长社会关系网络对农民合作社创新行为的影响及作用机制进行了实证检验。结果表明：理事长内外部社会关系网络均对农民合作社创新行为产生显著的积极影响，知识获取和知识内化在理事长社会关系网络和农民合作社创新行为之间产生有序的链式中介效应。本章的研究从理论和实证的角度厘清了理事长社会关系网络、知识获取、知识内化和农民合作社创新行为之间的关系，有助于我们揭开农民合作社创新过程中的"黑箱"，深刻地理解非正式制度在农民合作社创新过程中的作用。

第一节 研究概况

《中共中央 国务院关于坚持农业农村优先发展做好"三农"工作的若干意见》提出，要强化创新驱动发展，实施农业关键核心技术攻关行动，推动农业自主创新。毋庸置疑，创新是推动经济可持续发展的重要动力，在农业转型升级的关键时期，促进农业创新发展是实现农业经济健康良好发展、加速农业供给侧结构性改革的重要任务。农民合作社作为农民组织化的核心载体，它不仅能有效解决"小生产"与"大市场"之间的矛盾，还对农民增收起着至关重要的作用。因此，促进农民合作社创新对中国农村经济的可持续发展具有较强的现实意义。

作为一种重要的非正式制度，社会关系网络对中国农村地区资源配置的起着关键作用。现有大量的研究对社会关系网络与创新之间的关系进行了探讨，并从不同的角度对其作用机制进行了探索，获得了较为丰富的研究成果。部分研究将知识获取作为社会关系网络与创新行为之间的中介变量，认为社会关系网络是知识获取的来源，而知识可以促进企业进行产品开发、技术创新等。也有研究将知识吸收作为社会关系网络与创新行为之间的中介变量，这些研究多以 Cohen 和 Levinthal（1990）的定义为标准，将知识吸收定义为知识获取、知识内化和知识应用，认为知识只有被吸收和转化才能作用于创新。

　　然而这些研究多以企业为研究对象，鲜有针对农民合作社的研究。一方面，由于农民合作社和企业之间存在较大差异，将关于企业的研究成果应用于农民合作社难免有失偏颇。对农民合作社来说，他们大部分分布在正式制度建设滞后的农村，消息相对闭塞，导致农民合作社知识资源获取渠道相对较少，因此在信息获取方面其对社会关系网络等非正式制度的依赖性更强。另一方面，这些研究将知识获取和知识内化合并到一个构想（吸收能力）中，未能有效区分知识获取和知识内化。然而，在农民合作社创新的过程中，知识内化是知识获取后对知识的进一步处理，将两者杂糅到一个构想中无法揭示农民合作社创新过程中知识转移的全过程，也无法厘清知识获取和知识内化在社会关系网络和创新之间的作用机理。鉴于此，本章将从理事长的社会关系网络出发，探讨社会关系网络对农民合作社创新的影响及作用机制。我们将知识获取定义为组织与外部群体互动并获取知识的过程，将知识内化定义为组织对知识的转化和利用的过程，以期更加细致地揭示出社会关系网络对农民合作社创新的作用机理及知识转移轨迹。同时，本章将理事长社会关系网络分为内部社会关系网络和外部社会关系网络，前者由农民合作社内部成员组成，后者是指理事长与除去社员外的所有直接或间接接触到的人员之间的特定联系。

　　基于以上讨论，本章构建出"社会关系网络→知识获取→知识内化→创新行为"的概念分析框架，利用结构方程模型和链式多重中介效应模型，就理事长社会关系网络对农民合作社创新行为的作用机制进行深入探讨。本章可能的贡献在于：①厘清了社会关系网络与农民合作社创新行为之间的关系，有助于进一步理解非正式制度在农村社会经济组织创新与转型中所起的作用；②通过构建理论分析框架，明确了知识获取和知识内化在社会关系网络和创新行为之间的作用机理，并通过链式中介效应模型对该作用机理进行了实证检验，从而揭开了社会关系网络影响农民合作社创新行为的"黑箱"；③以农民合作社为研究对象，拓展了关于社会关系网络和创新行为的研究范围。

第二节　理论基础与研究假设

一、社会关系网络与创新行为

在中国，由于正式制度建设滞后，以联结为主要特征的社会关系网络在很大程度上起着替代正式制度的作用。学者们普遍认为社会关系网络可以直接或间接地对创新行为产生影响。例如，李永周（2018）对研发人员的社会关系网络进行了研究，发现其创新网络结构嵌入对创新过程和创新结果均具有显著正向影响，而关系嵌入仅对创新过程具有正向影响。由此推测，理事长社会关系网络也有可能对农民合作社创新行为产生积极影响。

首先，社会关系网络理论的核心观点之一就是组织或个人的网络关系具有社会效用性，它能为组织产出带来发展机遇。因为社会关系网络是许多有形或无形资源的供给方，如金融性资源。在农民合作社这一社会经济组织中，理事长建立的金融性关系网络能够为组织提供金融支持，在一定程度上缓解农民合作社在创新活动中的融资约束和经济压力。其次，理事长的社会关系网络通常表现为其与同行之间建立起来的紧密往来和友好合作关系，长期的合作能够提高合作默契，还能有效降低创新活动中的不确定性，降低农民合作社内部创新活动的成本，促进农民合作社创新。最后，农民合作社与企业之间存在较大差异，其中之一就是农民合作社通过"合作"实现主要功能，"合作"能够在一定程度上分散创新风险和成本。因此，理事长内部社会关系网络不仅能通过资源等因素影响农民合作社创新行为，还会通过社员合作分散风险从而影响农民合作社创新行为。

基于以上讨论，本章提出假设9-1。

假设9-1a（H1a）：理事长内部社会关系网络可以显著地促进农民合作社创新行为。

假设9-1b（H1b）：理事长外部社会关系网络可以显著地促进农民合作社创新行为。

二、社会关系网络与知识获取

现有研究普遍认为，社会关系网络是社会资本的载体，网络中往往嵌入了各种知识资源，成为知识资源的重要获取来源。现有研究表明，社会关系网络对知识获取有积极的作用。如李纲等（2017）对298家企业的实证分析结果表明，社会关系网络能够促进知识获取；Liu（2018）利用我国台湾地区的企业数据分析发现，通过组织学习，社会关系网络能够有效促进知识转移。

现有研究大多将社会关系网络视为企业知识获取的来源和知识传递的渠道。农民合作社与企业之间存在较大差异，农民合作社绝大部分分布在农村，这些地方消息相对闭塞，知识获取来源较少，对社会关系网络的依赖性更强。在社会关系网络中，网络规模、质量、中心度和异质性等都是农民合作社资源获取的关键要素。一般而言，理事长内外部社会关系网络的规模越大，理事长的知识来源面越广，农民合作社能够获取的知识量也会越大。虽然社会关系网络是知识获取的来源之一，但有研究认为，并非所有人都乐意分享自己拥有的资源和信息。中国农村是一个"非普遍信任"的社会，基于差序格局，人们总是愿意将资源共享给自己更加信任的人。长期的互动和频繁的交流能够提高信任程度和关系质量，与内外部社会关系网络成员之间建立良好的社会关系能促进信息传递与知识交换。从网络中心度的角度来看，理事长在关系网络中越处于中心，那么他与知识之间的距离越短，越能获取知识。最后，从网络异质性的角度来看，社员的异质性和外部网络成员的异质性能够提高知识的异质性和非冗余性，从而增加可用知识量。因此，建立良好的社会关系网络是获取知识的关键。

基于以上讨论，本章提出假设9-2。

假设9-2a（H2a）：理事长内部社会关系网络对知识获取有正向的促进作用。

假设9-2b（H2b）：理事长外部社会关系网络对知识获取有正向的促进作用。

三、知识获取与知识内化

在知识经济时代，农业现代化水平不断提升，农民合作社的生产活动都需要依靠知识，并在有知识储备的前提下对知识消化吸收。本章在Cohen和Levinthal（1990）以及Zahra和George（2002）的基础上将知识内化定义为农民合作社对知识的转化和应用的能力，并探讨知识获取和知识内化之间的关系。

许多学者认为知识获取是知识内化的主要影响因素，只有当外部存在可获取知识时，企业才需要消化及利用知识，知识内化才存在。本书认为，农民合作社知识获取能够促进农民合作社知识内化。首先，知识获取是知识内化的前提条件，即农民合作社只有具备了一定的知识存量，才能进行知识内化和转化。其次，已有研究表明，组织现有的知识存量和知识结构（所获知识）反映了其具有理解和应用新知识的能力。因此，农民合作社获取到的知识能够在一定程度上反映出它对知识的理解能力和转化能力。最后，通过不断获取知识，农民合作社能够学习到大量的异质性知识，在学习的过程中，农民合作社对知识内化的能力也会得到提升。

基于以上讨论，本章提出假设9-3。

假设9-3（H3）：知识获取能够促进农民合作社知识内化。

四、知识内化与创新行为

创新活动具有一定的复杂性和不确定性，因此经济组织需对外部知识和资源加以利用。资源基础理论也表明，资源是组织可持续发展、获取竞争优势的基础，组织的创新水平源自组织对稀缺资源的利用。然而，组织将所获取的知识应用在创新活动的过程中离不开对知识的转化和利用。

大量的研究指出，知识内化能够对创新行为产生积极的作用。例如，Mancusi（2008）通过研究国际技术流动发现，知识内化可以促进技术外溢的正外部性，从而促进创新；张莉侠（2018）考察了农业企业的技术吸收和企业创新之间的关系发现，技术吸收对企业创新具有显著的积极影响。

一方面，知识内化可以作为知识处理的工具，将新的知识和现有知识进行整合，产生新的想法和概念，从而促进创新。农民合作社可以通过整合新旧知识和异质性知识，形成新的知识组合，从而产生创新思维。例如，农民合作社可以将获取的市场供需情况与品种信息相结合，从而确定在哪里引进新品种，实现产品创新。另一方面，知识可以在组织之间进行传递，知识内化可以作为知识转移的催化剂，促进知识在组织之间转移，从而有助于组织创新行为的实现。由于创新活动具有较强的风险，农民合作社之间往往具有较为紧密的关系，对创新活动进行交流和合作，知识得以共享和流动。然而，由于牛鞭效应，知识在流动中会产生扭曲，在这个过程中，农民合作社的知识内化能力越强、水平越高，越有助于知识的准确传递，从而促进农民合作社创新。

基于以上讨论，本章提出假设9-4。

假设9-4（H4）：知识内化能够积极影响农民合作社创新行为。

五、社会关系网络与知识内化

知识内化是经济组织发展的重要影响因素，提高知识内化水平是促进经济组织创新的重要途径。然而，由于知识的异质性和知识理解能力的差异，知识内化往往会受到抑制。现有研究表明，社会关系网络是知识内化的影响要素之一，且大多数学者认为社会关系网络能够提高知识内化水平。如韦影（2007）认为社会资本的结构和关系维度能够通过促进认知维度对知识内化产生积极影响；Jansen 等（2005）学者认为社会化能力有助于形成一致的理解和价值观，从而促进对新知识的消化和利用。

本章认为，理事长建立起良好的内外部社会关系网络能够有效提升理事长与社员、朋友之间的信任程度，降低组织成员之间的分歧，以促进组织转化与利用知识。一方面，理事长与社员和朋友之间的频繁交流有助于其与社员、朋友对农民合作社创新活动中的障碍进行研究和探讨。频繁的交流能促进理事长和社员就知识资源进行学习，有助于强化知识理解，促进农民合作社转化和利用知识。另一方面，网络成员之间的联系降低了知识的敌对性和知识整合的难度，有利于组织快速吸收和利用新知识。在理事长的社会关系网络中，理事长与社员和朋友之间的关系强度越高，他与网络成员之间的联系越频繁、信任度越高，越有助于网络成员了解合作社运营状况，从而有针对性地提供知识，提高知识的有效性和匹配程度，从而促进知识的吸收和利用。

基于以上讨论，本章提出假设9-5。

假设9-5a（H5a）：理事长内部社会关系网络可以显著地提升农民合作社知识内化。

假设9-5b（H5b）：理事长外部社会关系网络可以显著地提升农民合作社知识内化。

六、知识获取与创新行为

随着信息知识时代的到来，知识逐渐成为企业获取持续竞争优势的来源。经济组织创新的过程就是整合内外部技术、市场等知识的过程，因此知识获取是组织创新的重要影响因素。例如，马柯航（2015）从开放式创新的视角探究了知识获取的作用，发现隐形知识获取能够显著促进企业创新。由此推测，农民合作社获取更多的知识能够促进农民合作社创新。

农民合作社能够通过外部知识源获取异质性知识，增加内部知识积累，弥补自身固有的知识缺陷，实现知识更新，以促进农民合作社创新行为。首先，知识能够加快农民合作社创新的速度。知识能够为创新活动提供问题的解决思路，破解农民合作社在创新过程中的障碍，缩短创新项目所需时间。因此，大量的知识能够提高农产品研发、农业技术改良、营销方案设计和管理制度设计的速度。其次，由于大多数的农民合作社规模小、成长年限短，它们自身所拥有的知识较为匮乏，而农民合作社要实现创新需要对大量的知识资源进行利用和转化，因此仅靠农民合作社自身的知识很难实现创新。通过知识获取，经济组织可以获取自身无法拥有和创造的知识，并将这些知识与内部知识进行整合和互补。这些知识组合可以刺激组织在产品、技术、管理和营销等方面进行变革，推动农民合作社创新。最后，充足的知识是产品、技术、管理和营销等创新活动得以成功的重要条件，也是提高农民合作社产品和服务差异性和价值的重要保障。原因在于：在生产经营中，针对性的知识可以帮助企业精准地获知消费者需求，从而有针对性地创新，进而提升创新水平。

基于以上讨论，本章提出假设9-6。

假设9-6（H6）：农民合作社知识获取可以正向影响农民合作社创新行为。

综合以上讨论，本章建立起如图9-1所示的理论模型。

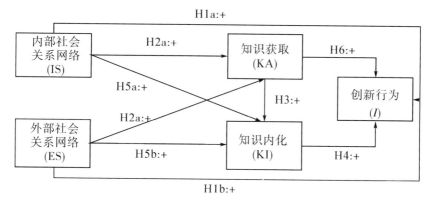

图9-1　社会关系网络、知识获取、知识内化与创新行为的关系模型

第三节　研究设计

一、数据来源

本书所使用的数据来自课题组2018年对四川省种植业农民合作社的问卷调研。问卷内容包括理事长个人层面的基本情况、农民合作社层面的基本情况、理事长内外部社会关系网络、知识获取、知识内化和创新行为等内容。为了保证样本具有代表性，此次调研采用的是分层随机抽样法。首先，我们去掉农民合作社数量较少的市区，确定所要调查的城市及每个城市的问卷数量；其

次，我们对每个城市的农民合作社进行随机抽样。截至 2018 年 9 月底，我们共回收有效问卷 260 份。260 份问卷来自四川省 18 个市州，覆盖了四川省大部分地区，样本分布较为合理。在 260 家农民合作社中，水果和其他种类的农民合作社的数量最多，500 亩以上的大规模农民合作社接近 50%，40% 的农民合作社进行过产品质量认证，超过 70% 的农民合作社有技术人员，83.85% 的农民合作社应用了互联网。在所有样本中，仅 34 家农民合作社为女性理事长，理事长的受教育程度主要集中在高中或中专，超过一半的理事长年龄在 43~54 周岁，近半数的理事长外部社会关系网络的异质性都比较强，职业种类达到了 9~10 种。

二、变量选取及测量

（一）模型主要变量

本书的主要变量为内部社会关系网络（IS）、外部社会关系网络（ES）、知识获取（KA）、知识内化（KI）和创新行为（I）。由于这些变量是较为复杂的构想，难以采用结构性问题进行测量，因此本书遵循了学者们的一贯做法，采用李克特五点量表进行测量。在实际调研中，我们分别采用四个量表对产品创新、技术创新、管理创新和营销创新行为进行测量。为了简化研究，本章对这四个量表进行因子分析降维，每个量表得到一组因子得分。在结构方程模型中，本章将四组因子得分作为创新行为的测量指标。

（二）控制变量

在中介效应检验中，为了剥离其他因素对农民合作社创新行为的影响，更准确地估计出中介效应，本章将加入控制变量进行分析。考虑到本章的研究不仅涉及农民合作社还涉及理事长，因此本章的控制变量包括理事长层面的控制变量和合作社层面的控制变量。其中，理事长层面的控制变量包括：①性别（gender）。一般而言，女性管理者具有较低的风险偏好，女性理事长就职的农民合作社的创新水平可能较低。②年龄（age）。理事长年龄越大经验越丰富，越有助于认识和评估创新风险，而年龄较大的理事长也可能倾向于恪守陈规。③受教育程度（education）。本章仿照张晓亮等（2019）的研究控制了管理者受教育程度。④外部社会关系网络规模（extral_network）。根据本章的研究，我们还控制了理事长外部社会关系网络规模，因为网络规模越大，资源获取范围越广。⑤外部社会关系网络异质性（dif_career）。异质性越高的外部网络所带来的资源冗余性和有效性越强。合作社层面的控制变量包括：①合作社年龄（cooperative_age）。②产品类型（types）。③经营规模（cooperative_size）。规模较大的组织通常拥有较强的资金筹集能力，能够支持研发创新。④合作社等级（grade）。示范合作社在发展状况、创新水平上往往要优于普通合作社。⑤是否质量认证（certificate）。已经进行过质量认证的农民合作社会更加注重产品质量，从而采取措施提升产品质量，从而推动农民合作社创新。⑥是否使用互联网（internet）。互联网应用不仅能够提升知识转移的速度，还能促进组织知识管理。⑦是否引入技术人员（technicist）。技术人员富有丰富的专业知识，有益于促进农民合作社创新。⑧是否聘用职业经理人（manager）。职业经理人具有专业的经营管理知识和经验，他们的权利、职业视野等都会对组织创新产生影响。表9-1是控制变量的描述性统计分析。

表 9-1　控制变量的描述性统计分析

Variable	Mean	Std. Dev.	Min	Max
gender	0.869 2	0.337 8	0	1
age	2.757 7	0.718 6	1	4
education	2.915 4	0.847 8	1	4
extral_network	3.515 4	0.889 5	1	4
dif_career	7.003 8	2.526 3	1	10
cooperative _age	5.973 1	3.591 5	1	24
types	2.534 6	1.585 0	1	5
cooperative_size	4.173 1	1.952 3	1	6
grade	3.342 3	0.939 3	1	4
certificate	0.400 0	0.490 8	0	1
internet	0.838 5	0.368 7	0	1
technicist	0.723 1	0.448 3	0	1
manager	0.338 5	0.474 1	0	1

（三）变量测量

为了保证信度和效度，本章研究中的解释变量和被解释变量均来自测量量表，量表设计借鉴了现有的研究，并根据本章的研究对象进行了修改①。表9-2显示了本章主要变量的量表所借鉴的研究（变量及量表借鉴来源），表9-3是构成各个量表的相关题项（变量测量）。

---

① 本章所借鉴的文献多为基于企业的研究，而本章的研究对象为理事长和农民合作社，因此在设计问卷时我们注重借鉴已有研究的思想，在问题的设计上进行了大量的修改。以内部社会关系网络的量表设计为例，梁祺和张纯（2017）在原文中以网络位置、网络密度、异质性、关系强度四个维度来测量社会关系网络，在问卷设计中由于密度难以测量，我们将问题设计为"理事长直接联系或接触的社员数量多"。由于本章构想较多，其余量表的借鉴和修改方式此处不做详细阐述。

表 9-2　变量及量表借鉴来源

变量类型	变量	量表借鉴来源
解释变量	内部社会关系网络	梁祺 等，2017；谢慧娟 等，2012
	外部社会关系网络	
被解释变量	产品创新	Yuan et al.，2010
	技术创新	谢洪明 等，2007
	管理创新	Walker et al.，2011
	营销创新	Knight et al.，2004
中介变量	吸收能力	Zahra et al.，2002
	知识获取	蒋天颖，2009

表 9-3　变量测量

构想	指标	构想	指标
内部社会关系网络	理事长直接联系或接触的社员数量多	外部社会关系网络	理事长认识的朋友多
	理事长在社员中的影响力大		理事长认识的人的区域分布广
	理事长与社员之间联系紧密		理事长经常与朋友进行联系
	理事长与社员的合作关系友好		理事长在外部社会关系网络的影响力大
知识内化	合作社将外部知识转化为自有知识的能力强		理事长与朋友之间彼此信任
	合作社能够根据已有知识与获取的知识发展新的知识	知识获取	合作社经常与同行交流获取新的知识
			合作社能通过各种合法渠道获取新知识
	合作社能利用新知识解决合作社的实际问题		合作社内部定期进行新知识交流
	合作社能很好地理解分析获得的知识		合作社经常关注外界信息
	合作社将新知识运用到产品或服务的能力强		合作社的学习热情很高
产品创新	合作社经常根据市场需求对产品进行改良	技术创新	合作社经常引进新的产品储存技术
	合作社经常引入新的品种		合作社社员经常参加技术培训
管理创新	合作社在决定用何种方法达到最终目的方面更具创新		合作社经常自主研发新的种植技术
		营销创新	合作社积极寻求创新的营销理念
	合作社比竞争对手在启动新系统/过程方面更具创新		合作社经常寻找方法开发新的商业模式
			合作社经常寻找促销方法和工具
	合作社在开发新的目标完成方式上更具创新		合作社试图找到新的方法来构建与客户的关系
	合作社在改进工作方法方面更具创新		
	合作社在提高员工工作满意度方面更具创新		合作社经常引入新的产品促销方式

三、研究方法

本章主要利用结构方程模型和中介效应检验的方法对社会关系网络、知识获取、知识内化和农民合作社创新进行研究，并对中介效应方法进行分析。本章选用 Preacher et al.（2007）提出的基于 Bootstrap 的链式中介作用检验方法，并利用 Hayes 开发的 process 程序对中介效应进行检验。该方法不需要分布假设，避免了可能违反分布假设的问题，且该方法不依赖理论标准误，所以避免了不同标准误公式产生结果不一致的问题。除此之外，Bootstrap 法具有较高的统计效力，因此本章采用 Bootstrap 法进行检验。模型构建如下：

$$knowledge\_acquisition = a_1 social\_network + \Gamma X + \varepsilon_1 \tag{9-1}$$

$$knowlwdge\_internalization = \alpha_2 social\_network + \alpha_3 knowledge\_acquisition +$$
$$\Gamma X + \varepsilon_2 \tag{9-2}$$

$$innovation = c' social\_network + \beta_1 knowlwdge\_acquisition +$$
$$\beta_2 knowlwdge\_internalization + \Gamma X + \varepsilon_3 \tag{9-3}$$

在式（9-1）、式（9-2）、式（9-3）中，social_network 表示社会关系网络，包括内部社会关系网络和外部社会关系网络；innovation 表示农民合作社创新行为；knowlwdge_internalization 表示知识内化；knowledge_acquisition 表示知识获取；X 表示控制变量集；α_1、α_2、α_3、β_1、β_2 和 Γ 表示待估系数；ε_1、ε_2 和 ε_3 表示随机误差项。

第四节　基于 SEM 的实证分析

一、共同方法偏差分析

本章研究的数据来自问卷调查，受访者均是农民合作社理事长，可能存在一致性倾向的问题，且受访者在问卷填写时会考虑社会接受度，导致方法偏差。考虑到这些问题，本章采用 Harman 单因子检验对方法变异进行检验，这一方法以因子分析为基础，如果出现只析出一个因子，或是一个因子解释了大部分变量变异的现象，则说明存在较为严重的方法变异。在 Harman 检验中，我们将所有变量的测量题项放在一起进行因子分析，共析出 4 个特征值大于 1 的公因子，累计方差为 61.434%，且第一因子的方差为 30.401%。因此，我们认为本章的共同方法偏差不大。

二、信度、效度检验

为了检验本书所用量表的内部一致性,本章对使用量表进行测量的变量进行信度检验。为提升信度检验的可靠性,本章同时使用克伦巴赫指数(Cronbach's α)和组成信度 CR 值进行检验,Cronbach's α 及 CR 值如表 9-4 所示。由表 9-4 可知,本章中的 6 个潜变量的量表的 Cronbach's α 值均大于 0.8,CR 值也均大于 0.8,说明本书所用量表的内部一致性程度较高,适合用于结构方程模型的构建和分析。

在效度检验中,一般包括内容效度和建构效度。在内容效度方面,本书所使用的量表均借鉴现有成熟研究,并根据现有研究基础和农民合作社及理事长的现实情况进行修改,因此我们认为量表的内容效度较高。建构效度包括收敛效度和判别效度,本章分别用 AVE 值和区分有效性来判断。本书通过出因子载荷计算出平均提取变异值(AVE)(见表 9-4),所有变量的平均提取变异均大于 0.5,表现出良好的收敛效度;且各变量的 AVE 值的均方根均大于其与其他变量之间的相关系数,表明量表的区分有效性较好。

表 9-4　构想相关系数及信度、效度检验

构想及相关指标	1	2	3	4	5	6
内部社会关系网络	0.809	—	—	—	—	—
外部社会关系网络	0.495***	0.759	—	—	—	—
网络协同	0.319***	0.403***	0.844	—	—	—
知识获取	0.429***	0.449***	0.423***	0.809	—	—
知识内化	0.320***	0.341***	0.413***	0.531***	0.838	—
创新	0.369***	0.375***	0.388***	0.507***	0.560***	0.774
Cronbach's α	0.822	0.810	0.898	0.864	0.893	0.902
CR	0.883	0.871	0.925	0.904	0.922	0.857
AVE	0.654	0.576	0.712	0.655	0.703	0.600

注:*** 表示 $p < 0.01$;对角线的值为 AVE 的均方根,其余为相关系数。

三、初始模型建立及模型修正

为了检验理论模型中的变量之间的关系,本章根据四川省种植业农民合作社的调查数据,利用 AMOS18 建立结构方程模型进行分析,模型的拟合指标及

拟合标准如表 9-5 所示。在卡方检验中，由于卡方易受样本量、数据分布形态和观测指标质量的影响，我们在实际操作中往往会得到显著的卡方检验结果，因此有学者认为卡方自由度比（χ^2/df）小于 3 即可接受。对于其他的拟合指标，本章根据黄芳铭（2005）的研究确定评价标准，其中 RMSEA 需小于 0.08，TLI、NFI 和 CFI 均需大于 0.9。根据表 9-5 可知，初始模型的卡方自由度比（χ^2/df）为 3.115，RMSEA 为 0.090，TLI、NFI 和 CFI 分别为 0.857、0.828 和 0.857，均小于 0.9，5 个指标均不满足模型适配评价标准，因此本模型的整体适配度较低，需要对模型进行修正。

表 9-5　拟合指标及拟合标准

拟合指标	χ^2/df	RMSEA	TLI	NFI	CFI
评价标准	<3.000	<0.08	>0.90	>0.90	>0.90
初始模型	3.115	0.090	0.857	0.828	0.875
修正模型	1.677	0.051	0.954	0.911	0.961

根据模型修正指数 MI，部分变量之间的 MI 值较高，表明这几对变量之间的共变性较强。由于数据之间存在联动性，每次只能修正一个参数。根据王孟成（2014）的建议，本章从 MI 值最大的参数开始逐步修正，得到最后的修正模型，修正后的拟合指标如表 9-5 所示。表 9-5 中，修正后的卡方自由度比（χ^2/df）和 RMSEA 大幅下降，TLI、NFI 和 CFI 大幅提升，5 个指标均得到改善。修正后的模型中所有的拟合指标均满足评价标准，模型拟合效果较好，因此本章采用这一修正模型进行分析。

四、模型分析

根据修正模型进行估计，本书对变量之间的关系和路径系数进行汇总。

表 9-6 给出了模型变量之间关系、路径系数及显著性水平。模型估计结果显示：理事长内部社会关系网络与创新行为之间的路径系数为正，但在统计上不显著（0.07，$p>0.1$）；理事长外部社会关系网络与创新行为之间的路径系数为正，且在 10% 的水平上显著（0.291，$p<0.1$）。理事长内部社会关系网络与知识获取之间的路径系数显著为正（0.356，$p<0.01$）；理事长外部社会关系网络与知识获取之间的路径系数也显著为正（0.631，$p<0.01$）。知识获取与知识内化之间的路径系数显著为正（0.989，$p<0.01$）。知识内化与创新行为之间的路径系数显著为正（1.000，$p<0.01$）。理事长内部社会关系网络与

知识内化之间的路径系数为正，但在10%的水平上不显著（0.083，$p>0.1$）；理事长外部社会关系网络与知识内化之间的路径系数为负，但不显著（-0.234，$p>0.1$）。知识获取与创新行为之间的路径系数为正，但不显著（0.24，$p>0.1$）。路径系数估计结果表明，H1b、H2a、H2b、H3、H4得到支持，H1a、H5a、H5b、H6未得到支持，如图9-2所示。

表9-6　变量的路径系数估计

研究假设	变量间关系	标准化的路径系数	p 值	支持情况
H1a	IS→I	0.050	0.565	拒绝
H1b	ES→I	0.187*	0.077	接受
H2a	IS→KA	0.305***	0.009	接受
H2b	ES→KA	0.483***	0.000	接受
H3	KA→KI	0.905***	0.000	接受
H4	KI→I	0.921***	0.000	接受
H5a	IS→KI	0.065	0.514	拒绝
H5b	ES→KI	-0.164	0.158	拒绝
H6	KA→I	-0.172	0.223	拒绝

注：*** 表示 $p<0.01$；* 表示 $p<0.1$。

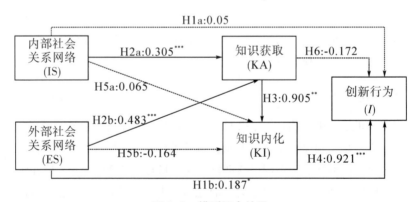

图9-2　模型拟合结果

假设检验结果表明，理事长内外部社会关系网络对知识获取均具有显著的正向影响，证实了社会关系网络在知识资源获取上的积极作用。该结论表明，在农民合作社的发展过程中，由于农民合作社根植于农村，消息相对闭塞，知识获取渠道较少，对社会关系网络的依赖性较强，因此理事长的社会关系网络能够显著提升农民合作社知识获取水平。结果还表明，知识获取能提升农民合作社知识内化水平，即较多的知识储备能够促进农民合作社知识的转化和利用。可能的原因在于，知识获取和知识内化是一个协同提升的过程，也就是说，在获取知识的过程中，由于知识结构的不断完善，农民合作社对知识的理解与处理能力也会同步强化。最后，知识内化对农民合作社创新行为有积极影响，证明将知识进行有效的利用可以促进农民合作社创新。知识内化是知识的处理工具，同时，较强的知识内化能力能够促进农民合作社攫取知识和利用知识，这一结论是对资源基础理论的有效论证。此外，外部社会关系网络还能直接激发农民合作社创新行为，而内部社会关系网络对农民合作社创新没有显著的影响。可能的原因是外部社会关系网络除了获取知识资源，还能从市场、金融、技术等方面为农民合作社提供帮助，而内部社会关系网络的成员大多由农民构成，他们能够为农民合作社提供的帮助有限。

第五节　中介效应分析

接下来，本章将对知识获取和知识内化在社会关系网络和创新行为之间的链式多重中介效应进行检验和分析。通过 Bootstrap 方法（迭代 5 000 次），本章计算出了中介效应的平均值和置信区间，如表 9-7 和表 9-8 所示。其中，表 9-7 汇报了以内部社会关系网络为解释变量的中介效应检验结果，表 9-8 汇报了以外部社会关系网络为解释变量的中介效应检验结果。如表 9-7 可知，模型中路径"IS→KI→I"的中介效应置信区间包含 0，表明理事长内部社会关系网络不能通过知识内化影响农民合作社创新行为；模型中其他路径的平均效应均不包含 0，表明理事长内部社会关系网络不仅能够直接影响农民合作社创新行为，还能通过"内部社会关系网络→知识获取→创新行为"和"内部社会关系网络→知识获取→知识内化→创新行为"两条路径对农民合作社创新行为产生积极影响。如表 9-8 可知，知识获取和知识内化在外部社会关系网络和农民合作社创新行为之间的作用与表 9-7 类似。理事长外部社会关系网络不仅会对农民合作社创新产生直接效应，还会通过"外部社会关系网络→知识获取→创新行为"和"外部社会关系网络→知识获取→知识内化→创新行为"两条路径促进农民合作社创新。综合表 9-7 和表 9-8 可知，在理事长内外部社会关系网络对农民合作社创新行为的影响机制中，知识获取起到了显著的中介作用，知识获取和知识内化的链式中介作用是显著的。

表 9-7　内部社会关系网络、知识获取、知识内化和创新

效应类型	路径	平均效应	标准误	95%的置信区间	
				区间下界	区间上界
直接效应	IS→I	0.175 2	0.069 5	0.038 3	0.312 1
中介效应	总中介效应	0.462 9	0.080 4	0.309 3	0.626 0
	IS→KA→I	0.140 1	0.055 9	0.040 3	0.257 6
	IS→KI→I	0.039 1	0.050 7	−0.063 3	0.139 6
	IS→KA→KI→I	0.283 8	0.052 7	0.191 1	0.396 0
总效应		0.638 2	0.082 1	0.476 4	0.800 0

注：IS 为内部社会关系网络，KA 为知识获取，KI 为知识内化，I 为创新行为。

表 9-8　外部社会关系网络、知识获取、知识内化和创新

效应类型	路径	平均效应	标准误	95%的置信区间	
				区间下界	区间上界
直接效应	ES→I	0.268 8	0.073 2	0.124 6	0.412 9
中介效应	总中介效应	0.462 9	0.077 7	0.312 8	0.617 6
	ES→KA→I	0.124	0.054 3	0.017 5	0.231 5
	ES→KI→I	0.019 1	0.054 6	−0.090 7	0.128 5
	ES→KA→KI→I	0.319 9	0.057 4	0.216 8	0.440 4
总效应	0.731 7	0.084 1	0.566 1	0.897 3	

注：ES 为外部社会关系网络，其余同表 9-4。

中介效应分析的结果与结构方程模型有两点差异：第一，结构方程模型中，知识获取对创新行为没有显著影响，而在中介效应分析中，知识获取在内外部社会关系网络与农民合作社创新之间均起到部分中介的作用；第二，结构方程模型中，理事长内部社会关系网络对农民合作社创新行为没有直接作用，而在中介效应中，两者之间的关系显著为正。

检验结果表明，理事长内部社会关系网络和外部社会关系网络与农民合作社创新行为之间有着紧密的关系。正如理论分析所述，理事长内外部社会关系网络能够直接和间接地激发农民合作社创新行为。从社会资本理论的角度分析，理事长社会关系网络是农民合作社知识资源的重要来源，可以促进农民合作社知识获取，从而推动农民合作社创新；或是农民合作社对获取的知识进行

转化和应用，从而促使农民合作社的创新水平得以提升。然而，仅通过知识内化，理事长社会关系网络不能对农民合作社创新行为产生影响。可能的原因在于，理事长社会关系网络可以通过知识获取对知识内化产生影响，而不能直接影响知识内化，表9-6中的H4a和H4b被拒绝也印证了这一点。

第六节　本章小结

根据社会资本理论，在农民合作社经营中，为了谋求更多的资源，农民合作社管理者通常会建立良好的市场性、金融性、技术性等关系网络。本章通过结构方程模型和中介效应分析探究了理事长内外部社会关系网络对农民合作社创新行为的影响机制。结构方程模型分析结果表明：①理事长内部社会关系网络和外部社会关系网络对农民合作社知识获取有显著的正向影响，知识获取能够显著提升农民合作社知识内化水平，知识内化水平的提升可以促进农民合作社创新。②理事长外部社会关系网络能够积极影响农民合作社创新行为。我们在中介效应检验中加入了理事长和合作社层面的控制变量，结果表明：在理事长社会关系网络和农民合作社创新行为中，知识获取起到了显著的中介作用，知识获取和知识内化也起到了链式中介作用，知识内化的中介作用不显著。在农民合作社发展过程中，理事长的内部社会关系网络和外部社会关系网络均能为农民合作社知识获取和创新行为带来有利条件。内部社会关系网络成员较为了解合作社发展状况和合作社所需资源，他们能够为农民合作社提供具有针对性的知识；外部社会关系网络成员与外界交流更广，他们掌握的知识更为丰富，能提供的知识来源和种类更多。理事长内外部社会关系网络协调同步、共同作用，为农民合作社获取丰富有效的知识资源，从而为农民合作社创新奠定知识基础。农民合作社作为经济组织对知识进行内化和利用，形成新的知识组合，能够刺激农民合作社产生新思想，促进农民合作社引入新品种、利用新技术、调整组织管理形式，并积极尝试新的销售方式。

第十章 理事长社会关系网络
对农民合作社创新行为
影响的动态演化规律研究

农民合作社在农业发展中扮演着不可或缺的角色，农民合作社创新是促进农村经济发展的重要推手，也是当前学术研究的重点话题之一。本章以资源基础理论为依托，构建了"网络→资源→创新"的分析框架，并建立了以社会关系网络、资源获取、资源缺口、产品引进和自主创新为主要变量的系统动力学模型，探究了理事长社会关系网络视角下农民合作社创新能力的动态演化机制。研究发现，在短期内，农民合作社的创新能力呈现出持续上升趋势；在长期内，农民合作社创新能力的变化趋势是"缓慢上升→快速上升→达到峰值→缓慢下降→趋于稳定"；内外部网络中心度和内部网络规模的改变会对农民合作社的创新能力产生影响，但这种影响仅体现在农民合作社发展初期，且内外部网络中心度越高，内部网络规模越大，农民合作社的创新能力通常会越强。

第一节 研究概况

近年来，随着国家对农民合作社的重视及补贴力度的不断加大，农民合作社的数量不断增长，截至 2017 年 9 月底，农民合作社数量增长到 193.3 万个，入社农民超过 1 亿人。农民合作社在农业农村的发展和农民增收上有着举足轻重的地位（孔祥智，2019；刘俊文，2017）。随着农民合作社规模的不断壮大，大量学者对农民合作社进行了深入探究。现有研究主要从合作社的本质（邓衡山 等，2014；秦愚 等，2017）、合作社的增收效应（刘俊文，2017）、合作社的绩效（崔宝玉 等，2017；刘宇翔，2019）、合作社的制度（秦愚，2017）等方面进行了研究，鲜有关于农民合作社创新的文献。

在经济全球化的今天，创新是促进经济主体可持续发展，保持核心竞争力的源泉（罗庆朗 等，2020），如何促进农民合作社的创新？农民合作社创新能力的演化机制是怎样的？现有文献并未给出明确的答案。虽然有大量的文献对创新进行了探索，但这些文献将焦点集中到了企业创新的影响因素上，如企业家特性（郑炫圻，2020）、信贷约束（张璇 等，2017；吴尧 等，2020）、研发投入（张永安 等，2020）、政策扶持（Fabiani et al.，2014）、宏观环境（刘放 等，2016）和社会关系网络（谢洪明 等，2012）等，而忽略了对农民合作社创新的研究。作为农村经济的重要载体，农民合作社的创新发展不仅关乎农业农村的可持续发展、农民的持续增收，还对新时代背景下乡村振兴战略的有效实施有着重要的意义。农村是以亲缘和地缘为纽带的熟人社会（费孝通，2013），正式制度不健全，非正式制度较为普遍。特别是非正式制度对农村资源有着较强的配置作用（李博伟 等，2017）。社会关系网络作为一种重要的非正式制度，它对农村经济组织的创新发展有着深远的意义。厘清社会关系网络与农民合作社创新行为之间的关系，有助于相关部门制定行之有效的政策来激励农民合作社进行创新。

创新是一种复杂的经济行为，它会受到诸多因素的影响。现有研究主要从企业家和企业的角度探讨了社会关系网络与企业创新之间的关系，这些文章大多采用实证研究的方法，关注两者之间的因果关系及作用机制（朱丽 等，2017）。然而这些文献并未从社会关系网络的角度揭示出创新能力的动态演化机制，无法为制定促进创新能力提升的长效机制提供有效的理论依据。鉴于已有研究的缺口，本章以农民合作社为研究对象，以经典案例为线索，采用系统动力学的方法研究理事长社会关系网络与农民合作社创新能力关系的动态演化规律。

本章的安排如下，第二部分将介绍主要变量的内涵、主要变量之间的关系和研究方法；第三部分从系统边界、模型结构和系统流图构建三个方面介绍系统动力学建模过程；第四部分对模型进行了短期分析、长期分析和对比分析；第五部分对本章进行总结，得出结论。

第二节　理论基础与研究方法

一、主要变量的内涵

理事长社会关系网络是指理事长在农民合作社内部和外部的社会交往中所认识的人员组成的关系网。在本章中，我们将理事长社会关系网络分成内部社会关系网络与外部社会关系网络，前者由农民合作社内部成员组成，后者指的是除去社员外的所有理事长可以直接或间接接触到的人员所组成的复杂关系网络。

农民合作社产品创新包括两方面的内容：一方面是自主创新，自主创新是指合作社在生产中利用内外部资源，根据市场需求自主研发出新品种的过程；另一方面是产品引进，产品引进是指合作社根据市场情况从合作社外部引进新品种的过程。本章使用自主创新和产品引进以及两者之和（新产品数量）来表示创新能力。

二、主要变量之间的关系

创新实质上是不断地获取并转化资源的过程。农民合作社不断地从内部和外部获取资源，然后利用这些资源进行创新活动。社会关系网络理论认为社会关系网络是组织或个人获取资源的重要来源（Liao et al.，2010），且网络的规模和中心度是影响资源获取数量和质量的重要因素（Rowley et al.，2000；Shropshire，2010）。资源基础理论表明，资源具有价值性和稀缺性（March，1991），且稀缺的资源是经济组织提升可持续发展能力的基础（Barney，1991）。大量关于创新的文献表明，资源是企业创新发展的关键要素（Sirmon et al.，2007）。结合社会关系网络理论和资源基础理论，本章认为可以用"网络→资源→创新"来简要解释社会关系网络对创新行为的作用机制。

（一）社会关系网络与资源之间的反馈回路

社会关系网络理论强调了社会关系网络对于资源获取的重要性，组织或个人可以通过内部或外部社会关系网络获取资源（Stam et al.，2014），在此过程中，社会关系网络的规模和位置起到了至关重要的作用。本章中的网络规模指的是理事长内外部社会关系网络中的成员数量，网络位置指的是理事长在网络中的层级以及理事长的号召力，本章用网络中心度来衡量（梁雯 等，2018）。网络规模越大，意味着网络中的成员越多，理事长的资源来源就越广，资源总量也越大（Rowley et al.，2000）。网络中心度越高，理事长与网络成员之间的距离就越小，这既有助于一致性认知的产生，也有利于信息和资源的共享（李颖 等，2018），使得资源获取效率得以提升。因此，网络规模越大、网络中心度越高，资源获取速率就会越高（Wellman et al.，1990）。当组织或个人的知识获取速率小且资源存量较小时，为了获取更多的资源，资源获取主体会通过拓展社会关系网络来扩大网络规模，从而获取更多的资源（张保仓，

2020）。在内部社会关系网络中，我们无法预测内部社会关系网络是否会发生变化，因此我们假设社员数量不变，即内部网络规模不变。综上所述，我们建立起社会关系网络与资源之间的反馈回路，如图 10-1 所示。

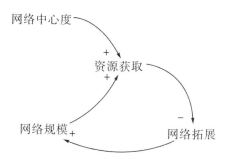

图 10-1　社会关系网络与资源获取的反馈回路

（二）资源与创新行为之间的反馈回路

现有文献表明，稀缺的资源不仅是企业获取竞争性优势的重要源泉（Ellison et al.，1995），还是企业创新过程中不可或缺的关键要素（徐超 等，2016）。创新的过程也是资源利用和转化的过程，创新会激发资源需求，促使企业获取资源（蔡莉 等，2011；陈爽英 等，2012）。为了更好地反映资源与创新之间的反馈回路，本章引入了资源缺口这一变量。一方面，品种引进和自主创新等创新行为能增加农民合作社新产品的数量，同时也会缩小农民合作社感知到的资源缺口；另一方面，资源数量越多，农民合作社感知到的资源缺口也就越小。只有当感知到较大的资源缺口时，农民合作社才会采取资源获取行为，从而弥补资源缺口。资源与创新行为之间的反馈回路如图 10-2 所示。

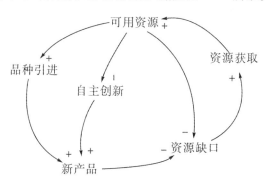

图 10-2　资源与创新行为之间的反馈回路

三、研究方法

农民合作社是一个复杂的动态系统，其组织活动间联系紧密、成因复杂，创新行为作为农民合作社的组织活动之一，具有复杂性和动态性的特征。理事长社会关系网络是一个随时间不断变化的系统要素，农民合作社创新是一个动态演变的过程，研究理事长社会关系网络与农民合作社创新的动态演变规律不宜采用普通实证研究的方法。系统动力学（system dynamics，SD）是系统科学理论和计算机仿真紧密结合的学科，主要用于研究系统反馈结构和行为（贾仁安 等，2014），强调以系统的思维来分析现象和问题（李奕莹 等，2017）。系统动力学将一个系统描述为一个反馈过程，且一个系统可由多个子系统组成，专门用于研究复杂系统的长期动态行为（Fan et al.，2016），可以探索出系统中各组成要素的演变规律，适用于本章的研究。

第三节　系统动力学建模

一、系统边界

系统动力学建模的第一步就是要明确系统的边界（罗政 等，2016），合理地选择系统边界对成功建立模型起着关键性作用（王其藩，2009）。在本章中，两个主要变量分别为理事长社会关系网络和农民合作社创新能力，仅考虑理事长社会关系网络与合作社创新能力之间的动态演化机制，不考虑其他因素的影响。理事长社会关系网络包括理事长内部社会关系网络和外部社会关系网络。合作社创新能力指的是合作社产品创新的能力，包括从外部引进品种和自主研发新产品，其他的创新行为不在本章的考虑范围内。

二、模型结构

为了使本章的仿真模型更加贴近现实，我们选择了四川省××园林农民合作社的深度访谈资料作为本章模型构建的基础。该农民合作社成立于 2011 年，主要从事苗木的培养和销售，是农民合作社的典型，能够比较全面地代表四川省种植业农民合作社的基本特征。我们采用 Nvivo 软件对这家农民合作社的访谈资料进行三重编码，凝练出内部社会关系网络、外部社会关系网络、资源获取、社会关系网络规模、网络中心度、资源整合、资源匹配、产品创新等范畴。接下来，我们结合文献和合作社的实际情况构建系统动力学模型。

在本章中，我们借助系统动力学理论重新构建各个范畴之间的内在关系，以便展现出理事长社会关系网络与农民合作社创新能力之间的动态演化机制。结合文献，本章认为用"网络—资源—创新"的分析框架来对农民合作社创新能力的动态演化机制进行分析较为合适。鉴于此，在构建动态模型时，我们将它分为三个部分，分别为社会关系网络、资源获取和创新，每个部分之间互相关联，形成一个复杂的系统，具体结构如图 10-3 所示。

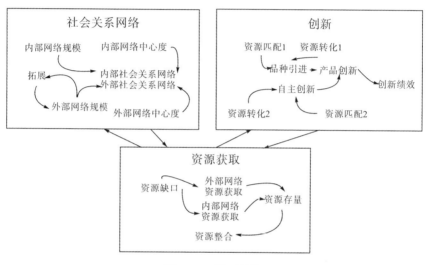

图 10-3   模型结构

三、系统流图构建

基于图 10-3 构建的模型结构及各个部分之间的联系，本章又将各个变量之间的关系细化，识别出存量、流量、辅助变量，并使用 Vensim DSS 软件绘制出农民合作社创新能力的存量流量图，如图 10-4 所示。

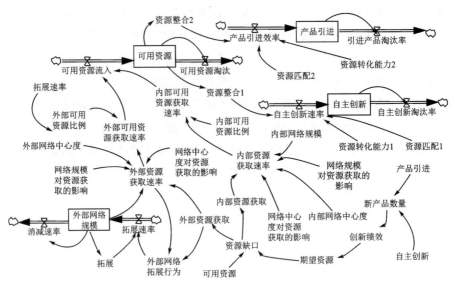

图 10-4　农民合作社创新能力的存量流量

第四节　仿真结果分析

一、短期分析

在模型设定中我们将仿真时间设置为 50 个月进行仿真模拟，仿真结果如图 10-5 所示。

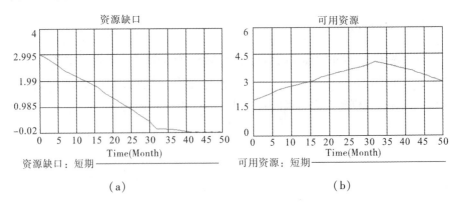

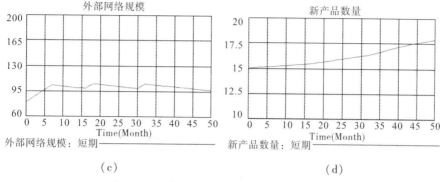

外部网络规模：短期 ————

新产品数量：短期 ————

（c）　　　　　　　　　　　　　　　　（d）

图 10-5　农民合作社创新能力的短期演化

如图 10-5（a）所示，仿真初期资源缺口较大，为了弥补缺口，农民合作社会通过内外部网络来获取资源，促使资源缺口逐渐变小。如图 10-5（b）所示，可用资源在前期快速上升，到达峰值后开始缓慢下降，到了 42 期以后开始以较快的速度下降，整体呈现出先上升后下降的趋势。如图 10-5（c）所示，外部网络规模呈现"上升—下降—上升—下降—上升—下降"的变化趋势，究其原因可能是在农民合作社的发展过程中，每当资源获取速率不能满足需求时，理事长便会拓展外部网络，扩大网络规模，从而提升资源获取速率，而当资源获取速率达到需求值后，会停止外部网络拓展。如图 10-5（d）所示，新产品数量持续增加，其原因是可用资源存量一直较大，致使自主创新速率和产品引进速率均高于其淘汰率，使得两类创新呈现出净流入的状态。

在短期的仿真分析中，外部社会网络规模呈周期性的上升和下降，这是资源缺口变化导致的。当资源缺口较小时，理事长仅从社员中获取资源，即内部资源获取，此时外部网络规模开始消减；而当资源缺口较大时，理事长同时进行内部资源获取和外部资源获取，为了提升外部资源获取的速度，理事长采取了外部网络拓展行为，使得外部网络规模得以扩大，产品引进和自主创新皆呈现出上升趋势。由此说明，在短期的发展中，农民合作社的创新能力呈现出持续增强的态势。

二、长期分析

在模型设定中我们将仿真时间设置为 200 个月进行仿真模拟，仿真结果如图 10-6 所示。

如图 10-6（a）所示，在 0~32 期，外部网络规模的变化趋势为在波动中上升或下降，此时外部可用资源获取速率也是波动的；在 32~80 期，外部网络规模在持续减小，此时外部可用资源获取速率为0；而80期以后，外部网络规模和外部可用资源获取速率都是先波动上升再趋于稳定。

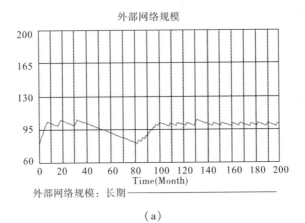

（a）

（b）

图10-6　农民合作社创新能力的长期演化

　　如图10-6（b）可知，合作社的创新行为（新产品数量）呈现先上升后下降最后趋于稳定的变化趋势。在上升前期，合作社新产品数量增长速度较快，随着数量的增加，在上升后期，合作社新产品数量增长速度放缓，直至80期新产品数量达到峰值；随后，合作社新产品数量开始缓慢减少，最后逐渐趋于平稳。

　　在长期的仿真模拟中，创新能力呈先上升后下降最后趋于稳定的状态，这与陈力田等（2014）的研究结论一致。在发展前期，农民合作社的创新能力较弱，为了获取市场认可，农民合作社会不断地进行创新，从而提升创新能力，正如新创企业为了抢占市场份额会不断改善产品和服务（李宏贵 等，

2017），进而提升自身的核心竞争力。在发展前期，由于自身基础薄弱，外部竞争激烈（杨伟 等，2011），农民合作社的发展面临更多的困难，其创新能力提升速度较为缓慢。随着创新发展的逐步推进，农民合作社的创新能力不断提升，研发经验更加丰富，农民合作社的创新能力提升速度加快，农民合作社逐渐趋于成熟，创新能力达到峰值。随后，农民合作社进入发展的中后期，创新发展进入瓶颈期，创新能力受到制约，创新能力开始下降，正如进入衰退期的企业，其市场反应迟缓（任佩瑜 等，2004），创新效率降低。到了创新发展的后期，虽然经历一段时间创新能力的下滑，但是由于农民合作社已经具有较为强大的基础和成熟的发展模式，其创新能力逐渐趋于稳定。

三、对比分析

（一）调整内外部社会关系网络中心度

研究表明，社会关系网络中心度是影响资源获取的重要因素（Shropshire，2010）。鉴于此，本章通过改变社会关系网络的中心度来进行仿真，观察创新行为的动态演化规律。在控制其他变量不变的情况下，我们将外部网络中心度设为 0.3 和 0.7 进行仿真模拟，仿真结果如图 10-7 所示。由图 10-7 可知，在三种情境下，可用资源、产品引进和自主创新的变化趋势都基本一致，只是转折点的大小和时间发生了变化，而外部网络规模的变化趋势稍有差异，差异主要体现在仿真前期，当外部网络中心度为 0.5 和 0.7 时，外部网络规模的变化趋势呈现为波浪形，而当外部网络中心度为 0.3 时，外部网络规模表现为持续上升。从整体来看，外部网络中心度越小，外部网络规模越大。

从图 10-7 的（b）、（c）、（d）三张仿真图来看，在仿真前期，在不同的外部网络中心度下，可用资源、产品引进和自主创新存在一定差异，在仿真后期曲线开始重合。由图 10-7 可知，并非外部网络中心度越大，其可用资源、产品引进和自主创新的仿真曲线变化越大，为了进一步分析产生这种现象的原因，我们将外部网络中心度的取值进行进一步细分并仿真，结果如图 10-8 所示。仿真结果表明，当我们把外部网络中心度从 0.2 开始增加到 0.5 时，创新能力的曲线不断上移，而当我们继续增加外部网络中心度时，创新能力曲线开始下降。由此可见，外部网络中心度对创新能力的影响呈现出倒 "U" 形，即随着外部网络中心度的增加，创新能力呈现出先上升后下降的变化趋势。这一发现与 Hansen（1999）和 Adler（2002）对于强联结和弱联结的研究结论相似，过强的社会联结会带来冗余信息和创新约束，从而对创新能力产生抑制作用。

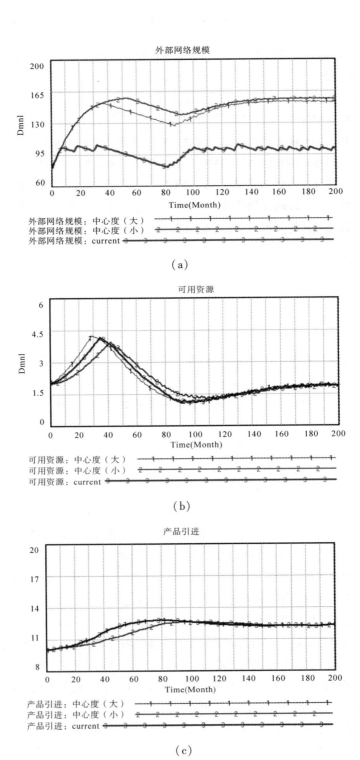

（a）

（b）

（c）

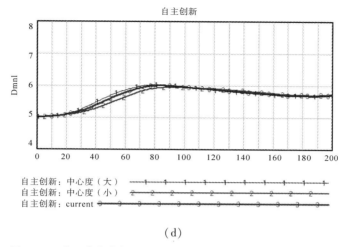

（d）

图 10-7　农民合作社创新能力动态演化对比（外部网络中心度）

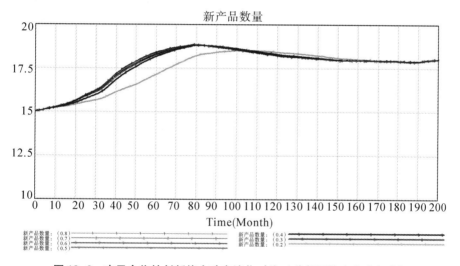

图 10-8　农民合作社创新能力动态演化对比（外部网络中心度细分）

在控制其他变量不变的情况下，我们将内部网络中心度设为 0.3 和 0.7 进行仿真模拟，仿真结果如图 10-9 所示。由图 10-9（a）可知，内部网络中心度越小，外部网络规模就越大，表明如果理事长不能在农民合作社内部获取更高的信任和影响力时，那么他会通过拓展外部网络来提升创新能力；由图 10-9（b）可知，内部网络中心度越大，可用资源达到峰值的时间就越靠前，而到了中后期，三种中心度的可用资源仿真曲线几乎重合。从图 10-9 的（c）、（d）两张仿真图来看，在仿真模拟的前期，内部网络中心度越大，可用资源也就越多，产品引进和自主创新的力度也会越大，这与现有研究发现一致，即越接近网络中心，越有助于经济组织获取资源，并促进它的创新发展；在仿真的后期，三条曲线几乎重合，差异非常小，由此可见在农民合作社发展到一定阶段后，内部网络中心度的大小对创新能力的影响会逐渐消失。

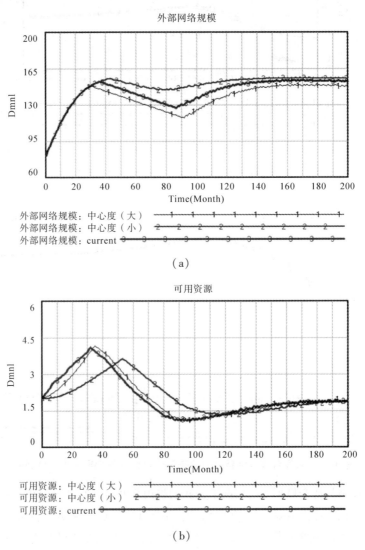

（a）

（b）

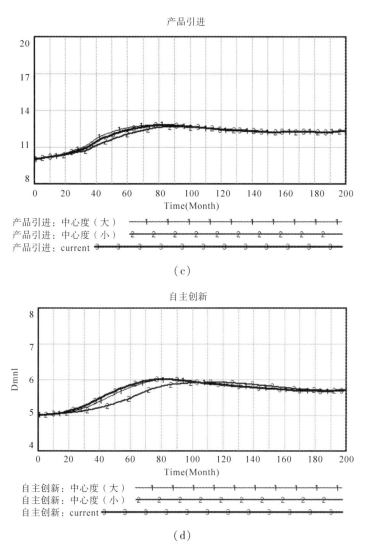

产品引进

自主创新

图 10-9　农民合作社创新能力动态演化对比（内部网络中心度）

（二）调整内部社会关系网络规模

为了研究社会关系网络的规模对农民合作社创新能力的影响，本章在仿真模型中改变网络规模的大小来探究其影响。以长期分析为基础，我们将内部网络规模调整为 20 和 80 进行仿真模拟，仿真结果如图 10-10 所示。

如图 10-10 所示，改变内部社会关系网络规模后，仿真曲线发生偏移，峰值和转折点发生变化，但是整体变化趋势基本不变。在仿真前期，理事长内部社会关系网络规模越大，农民合作社自主创新和产品引进数量都会增加；在仿真后期，三条曲线的差异逐渐消失，不同的内部社会关系网络规模下的农民合作社创新能力逐渐趋于一致。

观察图 10-7、图 10-9、图 10-10 可知，不论是改变哪一个参数，外部网络规模皆会发生变化，且参数大小对创新能力的影响仅体现在前期，到了后期，三条曲线都趋于重合。由此说明，不同的内外部网络规模和内部网络中心度对创新能力的影响仅体现在前期。为了探究发生这种现象的原因，我们在仿真模型中对每一个变量的变化进行观察，发现改变参数的大小时，农民合作社的资源获取速率发生了变化，进而导致了外部网络规模的变化，最终使得可用资源和创新能力在仿真后期趋于一致。

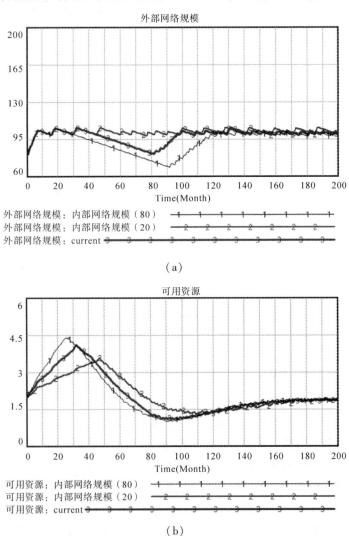

（a）

（b）

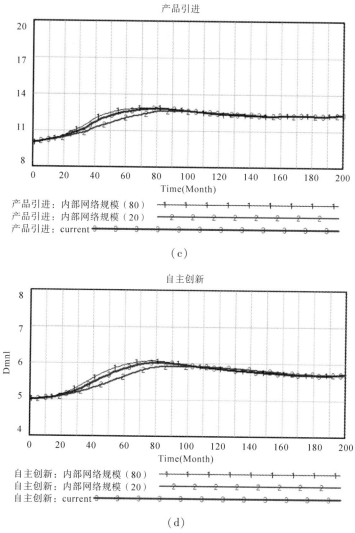

产品引进

产品引进：内部网络规模（80）
产品引进：内部网络规模（20）
产品引进：current

（c）

自主创新

自主创新：内部网络规模（80）
自主创新：内部网络规模（20）
自主创新：current

（d）

图 10-10　农民合作社创新能力动态演化对比（内部社会关系网络规模）

第五节　本章小结

本章基于系统动力学仿真模拟，从理事长社会关系网络的视角分析了农民合作社创新能力的动态演化机制，将社会关系网络、资源和创新能力纳入系统进行研究。我们首先通过质性研究，提炼出有关研究主题的主要范畴；其次根据质性研究结果和文献，构建出"网络—资源—创新"的分析框架，并构建系统动力学模型；再次利用 VENSIM 软件绘制出农民合作社创新能力的存量流量图；最后对系统进行仿真模拟，并对各个变量的因果关系进行仿真分析。本章主要有以下几点发现：

（1）我们在短期仿真分析中发现，农民合作社进行资源获取的根本原因是存在资源缺口，当资源缺口较小时，仅采用内部网络获取资源；当资源缺口较大时，同时采用内部及外部网络获取资源。资源缺口的变化带动外部网络规模、内外部资源获取速率、可用资源等变量的变化，最终对农民合作社创新能力产生影响。在短期的仿真中，农民合作社的创新能力始终呈现出上升的态势。

（2）我们在长期仿真分析中发现，产品引进和自主创新两类创新能力的变化趋势相同，但产品引进的数量始终大于自主创新；农民合作社的创新能力在长期的演化中表现出"缓慢上升→快速上升→达到峰值→缓慢下降→趋于稳定"的态势。

（3）我们在对比分析中发现，当理事长的外部网络中心度变小时，理事长会通过扩大外部网络规模来提升资源获取能力，以此提升农民合作社的创新能力；内部网络中心度越大，农民合作社可用资源和创新能力的峰值出现越早，且创新能力越强；在保持其他条件不变的情况下，内部网络规模越大，农民合作社的创新能力越强；调整内外部网络中心度和内部网络规模均会对农民合作社的创新能力产生影响，但是这种影响仅体现在仿真前期。在仿真后期，不同的中心度和规模对创新能力的影响都逐渐消失。这可能是由于理事长根据自身需求调整外部网络规模来调节资源获取速率，而这种调整需要一定的时间，因此网络中心度和内部网络规模的变化只对发展前期农民合作社的创新能力产生影响。

第十一章　结论与展望

第一节　结论

本书以种植业农民合作社为研究对象，系统地探究了"互联网+"背景下理事长社会网络对农民合作社创新行为的作用机制和动态演化规律。同时，为揭示其机理过程，本书提出知识吸收能力和知识获取能力在理事长社会网络与创新行为之间充当中介角色，而互联网应用充当理事长社会网络与创新行为之间作用机制的调节变量。经过一系列的理论探讨、案例分析和实证检验，本书得到以下研究结论：

第一，互联网应用能力的提升强化了农民合作社对内外部知识资源的获取、吸收和利用能力，极大地促进了农民合作社的创新行为，提高了农民合作社的创新绩效。事实上，农民合作社应用互联网是信息化时代发展趋势的必然结果，互联网应用促进了农民合作社的创新行为，提高了农民合作社的创新绩效，强化了农民合作社的竞争优势，推动着农民合作社的可持续发展。

第二，理事长内外部社会网络对农民合作社创新行为具有正向影响。理事长内外部社会网络为农民合作社带来相关资源，农民合作社对资源进行整合，或是理事长内外部社会网络对资源整合有直接的促进作用，资源整合形成的有效资源激发了农民合作社的创新意愿，从而积极影响农民合作社的创新行为。其中，资源匹配作为调节变量，正向调节资源获取对资源整合的影响。

第三，互联网应用有助于促进农民合作社的产品创新、技术创新、管理创新和营销创新，提升农民合作社的竞争优势，但互联网应用程度与农民合作社的四种创新呈显著的"U"形关系。农民合作社互联网应用程度较低时，其产品创新、技术创新、管理创新和营销创新的水平会随着互联网应用程度的增加而降低；而对于互联网程度较高的农民合作社，其产品创新、技术创新、管理创新和营销创新水平与互联网应用程度之间存在正向递增关系。除此之外，引入职业经理人更有助于增强互联网应用对农民合作社产品创新的积极影响；互联网应用程度较低时，未引入职业经理人更容易促使农民合作社进行技术创新。当互联网应用程度到达一定水平之后，引入职业经理人则更有助于增强互联网应用对农民合作社技术创新的积极影响。

第四，在农民合作社发展过程中，理事长的内部社会关系网络和外部社会关系网络均能为农民合作社知识获取和创新行为带来有利条件。根据社会资本理论，在农民合作社经营中，为了谋求更多的资源，农民合作社管理者通常会建立良好的市场性、金融性、技术性等关系网络。因此，本书通过结构方程模型和中介效应分析探究理事长内外部社会关系网络对农民合作社创新行为的影响机制。结构方程模型分析结果表明，理事长内部社会关系网络和外部社会关系网络对农民合作社知识获取有显著的正向影响，知识获取能够显著提升农民合作社知识内化水平，知识内化水平的提升可以促进农民合作社创新；理事长外部社会关系网络能够积极影响农民合作社创新行为。我们在中介效应检验中加入了理事长和合作社层面的控制变量，结果表明在理事长社会关系网络和农民合作社创新行为中，知识获取起到了显著的中介作用，知识获取和知识内化也起到了链式中介作用，知识内化的中介作用不显著。

第五，互联网应用能正向调节内部社会关系网络质量与管理创新和营销创新之间的关系。农民合作社引入互联网技术进行组织内部管理，不仅能促进其对市场信息资源的获取、传递、共享和利用，还能有效地提高各种信息资源在其内外部之间的流动性、提高信息的匹配效率，促进各职能部门成员之间的日常信息交流以及农民合作社与其他组织之间顺畅且可靠地互动，缓解内部管理运作信息不对称、信息滞后等因素对农民合作社效益的消极影响，高效地完成农民合作社日常业务信息的处理。同时，互联网技术有助于农民合作社精确定位到目标客户，搭建与潜在客户信息交流的网络沟通平台，紧密联合合作社、客户和市场，降低农产品销售对渠道中介的依赖，减少中间环节的交易成本。

第六，我们利用 Vensim 软件构建了关于农民合作社创新能力的系统动力学模型，将农民合作社互联网应用技能、知识搜索和创新能力的演化过程纳入一个统一的系统中。我们在系统中输入主要参数及仿真方程，分别进行短期（50 个月）和长期（120 个月）的仿真模拟。短期模拟分析发现，知识缺口是农民合作社进行搜索行为的主要原因；农民合作社会根据知识缺口的大小做出不同的搜索行为；通过知识搜索，农民合作社的知识存量会不断增加。而长期模拟分析发现，农民合作社创新能力的演化过程是初期以知识吸收能力为主，中期以吸收能力和整合能力为主，后期以吸收、整合、原创能力的共同发展为主；对于那些互联网应用时间较长，且进行了互联网技能培训的农民合作社而言，它们的创新能力曲线会向左上方移动。这意味着，互联网的嵌入使得这类农民合作社的创新能力得到明显的改善。

第七，基于系统动力学仿真模拟，我们从理事长社会网络的视角分析农民合作社创新能力的动态演化机制，将社会关系网络、资源和创新能力纳入系统进行研究。首先，我们在短期仿真分析中发现，农民合作社进行资源获取的根本原因是存在资源缺口，当资源缺口较小时，仅采用内部网络获取资源；当资源缺口较大时，同时采用内部及外部网络获取资源。资源缺口的变化带动外部网络规模、内外部资源获取速率、可用资源等变量的变化，最终对农民合作社创新能力产生影响。在短期的仿真中，农民合作社的创新能力始终呈现出上升的态势。其次，我们在长期仿真分析中发现，产品引进和自主创新两类创新能力的变化趋势相同，但产品引进的数量始终大于自主创新；农民合作社的创新能力在长期的演化中表现出"缓慢上升→快速上升→达到峰值→缓慢下降→趋于稳定"的态势。最后，我们在对比分析中发现，当理事长的外部网络中心度变小时，理事长会通过拓展外部网络规模来提升资源获取能力，以此增强农民合作社的创新能力；内部网络中心度越大，农民合作社可用资源和创新能力的峰值出现得越早，且创新能力越强；在保持其他条件不变的情况下，内部网络规模越大，农民合作社的创新能力越强；调整内外部网络中心度和内部网络规模均会对农民合作社的创新能力产生影响，但是这种影响仅体现在仿真前期。在仿真后期，不同的中心度和规模对创新能力的影响都逐渐消失。

第二节　展望

本书基于 2017 年 5 月至 2018 年 9 月执行的对四川省种植业农民合作社的访谈和问卷调查数据，从理事长社会网络的角度探讨了农民合作社创新行为的作用机制及动态演化规律。本书的研究成果基本上达到了预期研究目标，但由于各种研究条件限制，仍存在一些问题需要进一步研究和突破。

其一，数据搜集困难，样本数量需要增加。本书的研究对象为四川省种植业农民合作社，在研究过程中，尽管花费了大量的人力、物力和财力，但由于调查对象为农民合作社及其理事长，调研成本较高，且时间精力花费较大，得到的样本量较少，存在一定的代表性不足的问题。接下来我们应将样本调查范围扩大至全国，并搜集更多的数据，增强研究结论的普适性。

其二，农民合作社的类型众多，如水稻合作社、苹果合作社和葡萄合作社等，不同类型的合作社面临着不同的管理和营销上的问题，未来我们还需结合合作社类型深入分析。

其三，研究视角需要进一步拓展，部分研究内容需要继续深入挖掘。合作社创新行为还受到许多内部因素和外部因素的影响。接下来我们应进一步探索更多影响合作社创新行为的因素及其作用机制，为中国农民合作社的可持续发展提供理论指导。

参考文献

［1］边燕杰，丘海雄. 企业的社会资本及其功效［J］. 中国社会科学，2000（2）：87-99，207.

［2］蔡莉，朱秀梅，刘预. 创业导向对新企业资源获取的影响研究［J］. 科学学研究，2011，29（4）：601-609.

［3］蔡起华，朱玉春. 社会信任、关系网络与农户参与农村公共产品供给［J］. 中国农村经济，2015（7）：57-69.

［4］蔡猷花，田宇，成全. 创新网络嵌入视角下企业研发竞争的博弈研究［J］. 中国管理科学，2021，29（1）：178-184.

［5］曹永辉. 社会资本理论及其发展脉络［J］. 中国流通经济，2013（6）：62-67.

［6］曾亿武，万粒，郭红东. 农业电子商务国内外研究现状与展望［J］. 中国农村观察，2016（3）：82-93.

［7］常红锦，仵永恒. 网络异质性、网络密度与企业创新绩效：基于知识资源视角［J］. 财经论丛，2013（6）：83-88.

［8］常西银，孙遇春. 协同创新能力与知识扩散的交互影响分析及对策研究：基于企业网络关系嵌入的视角［J］. 上海经济研究，2018（5）：34-41.

［9］陈冰，孔祥智，毛飞. 理事长人力资本对农民合作社经营绩效的影响研究：基于全国 140 家农民合作社的实地调查［J］. 中国农村科技，2014（8）：66-69.

［10］陈红川."互联网+"背景下现代农业发展路径研究［J］. 广东农业科学，2015，42（16）：143-147.

［11］陈力田，许庆瑞，吴志岩. 战略构想、创新搜寻与技术创新能力演化：基于系统动力学的理论建模与仿真研究［J］. 系统工程理论与实践，2014，34（7）：1705-1719.

[12] 陈新建，谭砚文. 基于食品安全的农民专业合作社服务功能及其影响因素：以广东省水果生产合作社为例 [J]. 农业技术经济，2013（1）：120-128.

[13] 陈月，马影. 互联网企业绩效管理的创新与启示：以阿里巴巴为例 [J]. 管理会计研究，2019，2（2）：54-64，87.

[14] 成德宁，汪浩，黄杨. "互联网+农业"背景下我国农业产业链的改造与升级 [J]. 农村经济，2017，（5）：52-57.

[15] 程聪，等. 网络关系、内外部社会资本与技术创新关系研究 [J]. 科研管理，2013，34（11）：1-8.

[16] 崔宝玉，简鹏，刘丽珍. 农民专业合作社绩效决定与"悖论"：基于 AHP-QR 的实证研究 [J]. 农业技术经济，2017（1）：109-123.

[17] 崔宝玉，程春燕. 农民专业合作社的关系治理与契约治理 [J]. 西北农林科技大学学报（社会科学版），2017，17（6）：40-47.

[18] 党兴华，常红锦. 网络位置、地理临近性与企业创新绩效：一个交互效应模型 [J]. 科研管理，2013，34（3）：7-13.

[19] 党兴华，等. 资源异质性对企业核心性形成的影响研究：基于技术创新网络的分析 [J]. 科学学研究，2010，28（2）：299-306.

[20] 邓衡山，王文烂. 合作社的本质规定与现实检视：中国到底有没有真正的农民合作社？[J]. 中国农村经济，2014（7）：15-26，38.

[21] 董晓波. 农民专业合作社高管团队集体创新与经营绩效关系的实证研究 [J]. 农业技术经济，2010（8）：117-122.

[22] 杜金岷，李亚菲，吴非. 股票流动性、媒体关注与企业创新 [J]. 中国经济问题，2020（3）：73-89.

[23] 段利民，霍学喜. 基于交易成本理论的农民专业合作社创新研究 [J]. 西北农林科技大学学报（社会科学版），2013，13（5）：63-71.

[24] 范剑勇，冯猛. 中国制造业出口企业生产率悖论之谜：基于出口密度差别上的检验 [J]. 管理世界，2013（8）：16-29.

[25] 范群林，等. 创新网络结构嵌入性与群内企业创新能力关系研究：以四川德阳装备制造业集群为例 [J]. 研究与发展管理，2011，23（6）：35-44.

[26] 范群林，等. 结构嵌入性对集群企业创新绩效影响的实证研究 [J]. 科学学研究，2010，28（12）：1891-1900.

[27] 费孝通. 江村经济 [M]. 上海：上海人民出版社，2013.

[28] 冯华，陈亚琦. 平台商业模式创新研究：基于互联网环境下的时空契合分析 [J]. 中国工业经济，2016，（3）：99-113.

[29] 扶玉枝，徐旭初.技术进步、技术效率与合作社生产率增长 [J].财贸研究，2013，24 (6)：46-55.

[30] 高文亮，罗宏，潘明清.政府管制、国企分红与企业创新 [J].当代财经，2017 (9)：70-79.

[31] 戈锦文，范明，肖璐.社会资本对农民合作社创新绩效的作用机理研究：吸收能力作为中介变量 [J].农业技术经济，2016 (1)：118-127.

[32] 戈锦文，肖璐，范明.魅力型领导特质及其对农民合作社发展的作用研究 [J].农业经济问题，2015，36 (6)：67-74，111.

[33] 葛宝山，王浩宇.资源整合、创业学习与创新研究 [J].南方经济，2017 (3)：57-70.

[34] 顾海峰，张欢欢.企业金融化、融资约束与企业创新：货币政策的调节作用 [J].当代经济科学，2020，42 (5)：74-89.

[35] 顾新.知识链管理：基于生命周期的组织之间知识链管理框架模型研究 [M].成都：四川大学出版社，2008.

[36] 管珊，万江红，钟涨宝.农民专业合作社的网络化治理：基于鄂东H合作社的案例研究 [J].中国农村观察，2015 (5)：31-38.

[37] 郭鹏飞，周英男.基于扎根理论的中国城市绿色转型政策评价指标提取及建构研究 [J].管理评论，2018，30 (8)：257-267.

[38] 郭韧，周飞，林春培.组织知识共享氛围对管理创新的影响：基于员工自我效能的调节中介模型 [J].科研管理，2018，39 (10)：70-78.

[39] 郭勇.在政府服务与农民主体的互动中发展农民组织：基于双峰县农村科技合作社实践的思考 [J].农业经济问题，2009，30 (9)：37-44，111.

[40] 郭云南，姚洋.宗族网络与农村劳动力流动 [J].管理世界，2013 (3)：69-81，187-188.

[41] 郭云南，张晋华，黄夏岚.社会网络的概念、测度及其影响：一个文献综述 [J].浙江社会科学，2015 (2)：122-132，160.

[42] 何安华，孔祥智.农民专业合作社对成员服务供需对接的结构性失衡问题研究 [J].农村经济，2011 (8)：6-9.

[43] 何欢浪，蔡琦晟.政治关联促进或抑制了中国企业的创新？ [J].中央财经大学学报，2019，(9)：87-96.

[44] 贺远琼，田志龙，陈昀.环境不确定性、企业高层管理者社会资本与企业绩效关系的实证研究 [J].管理学报，2008 (3)：423-429.

[45] 侯世英，宋良荣.财政激励、融资激励与企业研发创新 [J].中国流

通经济, 2019, 33（7）: 85-94.

［46］胡枫, 陈玉宇. 社会网络与农户借贷行为: 来自中国家庭动态跟踪调查（CFPS）的证据［J］. 金融研究, 2012（12）: 178-192.

［47］胡海波, 等. 企业创新网络演化机制双案例研究: 企业家精神与关系嵌入驱动［J］. 科技进步与对策, 2020, 37（4）: 89-98.

［48］胡萍. 我国互联网发展现状和 CNGI 的应用前景分析［J］. 科学管理研究, 2008,（6）: 21-24.

［49］胡冉迪. 当前我国农民专业合作社创新发展问题与对策研究［J］. 农业经济问题, 2012, 33（11）: 44-48.

［50］黄季焜, 邓衡山, 徐志刚. 中国农民专业合作经济组织的服务功能及其影响因素［J］. 管理世界, 2010（5）: 75-81.

［51］黄胜忠, 林坚, 徐旭初. 农民专业合作社治理机制及其绩效实证分析［J］. 中国农村经济, 2008（3）: 65-73.

［52］黄祖辉, 高钰玲. 农民专业合作社服务功能的实现程度及其影响因素［J］. 中国农村经济, 2012（7）: 4-16.

［53］黄祖辉. 中国农民合作组织发展的若干理论与实践问题［J］. 中国农村经济, 2008（11）: 4-7, 26.

［54］贾仁安. 组织管理系统动力学［M］. 北京: 科学出版社, 2014.

［55］贾旭东, 等. 基于"扎根精神"的管理创新与国际化路径研究［J］. 管理学报, 2018, 15（1）: 11-19.

［56］江维国, 李立清. 互联网金融下我国新型农业经营主体的融资模式创新［J］. 财经科学, 2015,（8）: 1-12.

［57］姜骞, 唐震. "资源—能力—关系"框架下网络能力与科技企业孵化器服务创新绩效研究: 知识积累的中介作用与知识基的调节作用［J］. 科技进步与对策, 2018, 35（5）: 126-133.

［58］蒋剑勇, 钱文荣, 郭红东. 社会网络、社会技能与农民创业资源获取［J］. 浙江大学学报: 人文社会科学版, 2013, 43（1）: 85-100.

［59］蒋天颖. 员工知识学习绩效模型研究［J］. 科学学研究, 2009, 27（10）: 1551-1556.

［60］解学梅, 李成. 社会关系网络与新产品创新绩效: 基于知识技术协同的调节效应模型［J］. 科学学与科学技术管理, 2014, 35（6）: 58-66.

［61］解学梅, 左蕾蕾. 企业协同创新网络特征与创新绩效: 基于知识吸收能力的中介效应研究［J］. 南开管理评论, 2013, 16（3）: 47-56.

［62］解学梅.企业协同创新影响因素与协同程度多维关系实证研究［J］.科研管理，2015（2）：69-78.

［63］鞠晓生，卢获，虞义华.融资约束、营运资本管理与企业创新可持续性［J］.经济研究，2013，48（1）：4-16.

［64］柯江林，等.企业R&D团队之社会资本与团队效能关系的实证研究：以知识分享与知识整合为中介变量［J］.管理世界，2007（3）：89-101.

［65］孔祥智，蒋忱忱.成员异质性对合作社治理机制的影响分析：以四川省井研县联合水果合作社为例［J］.农村经济，2010（9）：8-11.

［66］孔祥智.对农民合作社的非议从何而起［J］.人民论坛，2019，（4）：64-66.

［67］孔晓丹，张丹.创新网络知识流动对企业创新绩效的影响研究：基于网络嵌入性视角［J］.预测，2019，38（2）：45-51.

［68］寇光涛，卢凤君."互联网+农业产业链"的实践总结与创新路径［J］.农村经济，2016（8）：30-34.

［69］李爱萍.山西省"互联网+农产品"营销模式研究［J］.经济问题，2018，（4）：70-76.

［70］李博伟，徐翔.社会网络、信息流动与农民采用新技术：格兰诺维特"弱关系假设"的再检验［J］.农业技术经济，2017（12）：98-109.

［71］李纲，陈静静，杨雪.网络能力、知识获取与企业服务创新绩效的关系研究：网络规模的调节作用［J］.管理评论，2017，29（2）：59-68.

［72］李国英."互联网+"背景下我国现代农业产业链及商业模式解构［J］.农村经济，2015（9）：29-33.

［73］李宏贵，曹迎迎，陈忠卫.新创企业的生命周期、创新方式与关系网络［J］.外国经济与管理，2017，39（8）：16-27.

［74］李后建.信息通讯技术应用对企业创新的影响分析［J］.软科学，2017，31（12）：56-59.

［75］李继学，高照军.信息技术投资与企业绩效的关系研究：制度理论与社会网络视角［J］.科学学与科学技术管理，2013，34（8）：111-119.

［76］李静怡，王祯阳，武咸云.政策激励与研发投入交互作用对创新绩效的影响［J］.科研管理，2020，41（5）：99-110.

［77］李先江.绿色创业企业复合导向战略、营销创新和组织绩效的关系研究［J］.管理评论，2014，26（9）：199-208.

［78］李旭.农民专业合作社成长性的评价与决定机制：基于利益相关者

理论 [J]. 农业技术经济, 2015 (5): 76-84.

[79] 李仪."互联网+"背景下的农业商业模式创新: 基于农业全产业链闭合平台的视角 [J]. 学习与探索, 2016 (9): 101-106.

[80] 李奕莹, 戚桂杰. 基于系统动力学的企业开放式创新社区中用户生成内容管理研究 [J]. 情报杂志, 2017, 36 (4): 112-117.

[81] 李颖, 赵文红, 薛朝阳. 创业导向、社会网络与知识资源获取的关系研究: 基于信号理论视角 [J]. 科学学与科学技术管理, 2018 (2): 130-141.

[82] 李颖灏. 关系营销导向对营销创新的影响研究 [J]. 科研管理, 2012, 33 (3): 42-48.

[83] 李永强, 等. 企业家社会资本的负面效应研究: 基于关系嵌入的视角 [J]. 中国软科学, 2012 (10): 104-116.

[84] 李永周, 等. 创新网络嵌入与高技术企业研发人员创新绩效关系研究 [J]. 管理科学, 2018, 31 (2): 3-19.

[85] 李云, 李锡元. 组织因素满意度与职业经理人组织承诺的关系 [J]. 科研管理, 2013, 34 (3): 154-160.

[86] 梁安琪, 武晓芬. 管理者能力与企业创新: 基于上市公司的实证 [J]. 统计与决策, 2020, 36 (9): 159-164.

[87] 梁祺, 张纯. 社会网络影响个体创业意图的传导机制研究 [J]. 管理评论, 2017, 29 (4): 59-67.

[88] 梁巧, 董涵. 从国内外农民合作社相关研究看我国农民合作社发展问题: 基于对 2015—2018 年相关文献的梳理 [J]. 农业经济问题, 2019 (12): 86-98.

[89] 梁雯, 刘淑莲, 李济含. 独立董事网络中心度与企业并购行为研究 [J]. 证券市场导报, 2018 (1): 54-63.

[90] 林筠, 刘伟, 李随成. 企业社会资本对技术创新能力影响的实证研究 [J]. 科研管理, 2011, 32 (1): 35-44.

[91] 凌先勇, 彭珏, 张明. 社会关系网络与劳动力工资的户籍歧视 [J]. 农业技术经济, 2014 (5): 59-66.

[92] 刘放, 杨筝, 杨曦. 制度环境、税收激励与企业创新投入 [J]. 管理评论, 2016, 28 (2): 61-73.

[93] 刘俊文. 农民专业合作社对贫困农户收入及其稳定性的影响: 以山东、贵州两省为例 [J]. 中国农村经济, 2017 (2): 44-55.

[94] 刘善仕, 彭娟, 邝颂文. 人力资源管理系统、组织文化与组织绩效

的关系研究 [J]. 管理学报, 2010 (9): 1282-1289.

[95] 刘学元, 丁雯婧, 赵先德. 企业创新网络中关系强度、吸收能力与创新绩效的关系研究 [J]. 南开管理评论, 2016, 19 (1): 30-42.

[96] 刘毅, 薛捷, 李岱素. "互联网+知识管理"对企业创新研发活动的促进机理研究: 基于广东若干新兴业态的分析 [J]. 科技管理研究, 2019, 39 (15): 17-21.

[97] 刘宇翔. 信任、民主、规范与农民合作社绩效提升 [J]. 河南牧业经济学院学报, 2019, 32 (2): 1-9.

[98] 鲁兴启. 互联网与企业管理创新 [J]. 中国软科学, 2002 (4): 92-95.

[99] 鲁成, 陈洁. 实体零售业互联网创新演进机理: 基于适应性营销能力的多案例研究 [J]. 管理案例研究与评论, 2020, 13 (2): 149-169.

[100] 罗家德. 社会网分析讲义 [M]. 第2版. 北京: 社会科学文献出版社, 2010.

[101] 罗建利, 郑阳阳. 农民专业合作社自主创新能力影响因素分析: 一个多案例研究 [J]. 农林经济管理学报, 2015, 14 (3): 267-278.

[102] 罗庆朗, 蔡跃洲, 沈梓鑫. 创新认知、创新理论与创新能力测度 [J]. 技术经济, 2020 (2): 185-191.

[103] 罗政, 李玉纳. 企业价值链协同知识创新影响因素的系统动力学建模与仿真 [J]. 现代图书情报技术, 2016, 32 (5): 80-90.

[104] 马光荣, 杨恩艳. 社会网络、非正规金融与创业 [J]. 经济研究, 2011 (3): 83-94.

[105] 马柯航. 虚拟整合网络能力对创新绩效的作用机制研究: 知识资源获取的中介作用 [J]. 科研管理, 2015, 36 (8): 60-67.

[106] 马莉莉, 廖静雯, 陈镕秀. 技术董事、股权激励对企业创新效率的影响 [J]. 科技进步与对策, 2020, 37 (21): 82-90.

[107] 马彦丽, 孟彩英. 我国农民专业合作社的双重委托—代理关系: 兼论存在的问题及改进思路 [J]. 农业经济问题, 2008 (5): 55-60.

[108] 毛基业, 张霞. 案例研究方法的规范性及现状评估: 中国企业管理案例论坛 (2007) 综述 [J]. 管理世界, 2008, (4): 115-121.

[109] 梅冰菁, 罗剑朝. 财政补贴、研发投入与企业创新绩效: 制度差异下有调节的中介效应模型检验 [J]. 经济经纬, 2020, 37 (1): 167-176.

[110] 欧阳仁根. 试论我国合作经济法律体系的构建 [J]. 中国农村观察, 2003 (2): 50-57.

[111] 潘秋玥，魏江，黄学. 研发网络节点关系嵌入二元拓展，资源整合与创新能力提升：鸿雁电器 1981-2013 年纵向案例研究 [J]. 管理工程学报，2016 (1)：19-25.

[112] 庞兰心，官建成. 政府财税政策对高技术企业创新和增长的影响 [J]. 科学学研究，2018，36 (12)：2259-2269.

[113] 彭玉生. 当正式制度与非正式规范发生冲突：计划生育与宗族网络 [J]. 社会，2009 (1)：37-65.

[114] 秦佳良，张玉臣，贺明华. 互联网知识溢出对包容性创新的影响 [J]. 中国科技论坛，2018，(5)：11-22.

[115] 秦佳良，张玉臣. 个人知识吸收能力与双元创新关系研究 [J]. 科技进步与对策，2018，35 (8)：128-136.

[116] 秦鹏飞，等. 知识吸收与集成能力双重调节下知识搜索对创新能力的影响效应研究 [J]. 管理学报，2019 (2)：219-228.

[117] 秦愚，苗彤彤. 合作社的本质规定性 [J]. 农业经济问题，2017 (4)：4-13.

[118] 任爱莲. 吸收能力对合作创新绩效的影响研究：来自中小电子信息科技企业的证据 [J]. 科学管理研究，2010 (1)：70-73.

[119] 任大鹏，李琳琳，张颖. 有关农民专业合作社的凝聚力和离散力分析 [J]. 中国农村观察，2012 (5)：13-20.

[120] 任胜钢，等. 基于企业内外部网络视角的创新绩效多因素影响模型与实证研究 [J]. 中国工业经济，2010 (4)：100-109.

[121] 阮荣平，等. 新型农业经营主体辐射带动能力及影响因素分析：基于全国 2615 家新型农业经营主体的调查数据 [J]. 中国农村经济，2017 (11)：17-32.

[122] 阮荣平，郑风田. 市场化进程中的宗族网络与乡村企业 [J]. 经济学季刊，2013 (1)：331-356.

[123] 邵慧敏，秦德智. 内部信任对农民合作社绩效的影响分析 [J]. 农村经济，2018 (3)：124-128.

[124] 邵科，徐旭初. 成员异质性对农民专业合作社治理结构的影响 [J]. 西北农林科技大学学报（社会科学版），2008 (2)：5-9.

[125] 施威，曹成铭. "互联网+农业产业链"创新机制与路径研究 [J]. 理论探讨，2017 (6)：110-114.

[126] 孙善林，彭灿. 产学研协同创新项目绩效评价指标体系研究 [J]. 科技

管理研究, 2017, 37（4）: 89-95.

［127］孙亚范. 农民专业合作社运行机制与产权结构: 江苏205个样本 ［J］. 改革, 2011（12）: 85-92.

［128］孙艳华, 禹城荣. 农民专业合作社内部信任结构特征及其优化 ［J］. 湖南农业大学学报（社会科学版）, 2014, 15（4）: 41-46.

［129］唐春晖, 曾龙风. 资源、网络关系嵌入性与中国本土制造企业升级案例研究 ［J］. 管理案例研究与评论, 2014, 7（6）: 477-490.

［130］唐丹, 徐瑛. 应对方式、社会网络对留守老人抑郁症状的作用及机制分析 ［J］. 人口研究, 2019, 43（5）: 54-65.

［131］唐凯江, 杨启智, 李玫玫. "互联网+" 休闲农业运营模式演化研究 ［J］. 农村经济, 2015（11）: 28-34.

［132］唐宗焜. 合作社功能和社会主义市场经济 ［J］. 经济研究, 2007（12）: 11-23.

［133］屠万婧, 傅翠晓, 钱省三. 基于互联网知识生产的组织模式及动态过程的研究 ［J］. 科技进步与对策, 2009,（3）: 122-124.

［134］万宝瑞. 新形势下我国农业发展战略思考 ［J］. 农业经济问题, 2017（1）: 4-8.

［135］万俊毅, 曾丽军. 合作社类型、治理机制与经营绩效 ［J］. 中国农村经济, 2020（2）: 30-45.

［136］万元, 李永周. 基于关系嵌入的创新网络知识共享及协调机制研究 ［J］. 科技管理研究, 2014, 34（20）: 160-164, 179.

［137］汪涛, 等. 来源国形象是如何形成的?: 基于美、印消费者评价和合理性理论视角的扎根研究 ［J］. 管理世界, 2012（3）: 113-126.

［138］王昌海. 效率、公平、信任与满意度: 乡村旅游合作社发展的路径选择 ［J］. 中国农村经济, 2015（4）: 59-71.

［139］王伏虎, 赵喜仓. 知识获取、吸收能力与企业创新间关系研究 ［J］. 科技进步与对策, 2014（6）: 130-134.

［140］王建明, 王俊豪. 公众低碳消费模式的影响因素模型与政府管制政策: 基于扎根理论的一个探索性研究 ［J］. 管理世界, 2011（4）: 58-68.

［141］王健忠, 高明华. 反腐败、企业家能力与企业创新 ［J］. 经济管理, 2017, 39（6）: 36-52.

［142］王其藩. 系统动力学（2009年修订版）［M］. 上海: 上海财大出版社, 2009.

[143] 王舒阳, 等. 知识搜索与突破式创新: 产品创新策略的调节作用 [J]. 科技进步与对策, 2020, 37 (1): 137-145.

[144] 王馨. 互联网金融助解"长尾"小微企业融资难问题研究 [J]. 金融研究, 2015 (9): 128-139.

[145] 王兴伟, 李婕, 谭振华, 等. 面向"互联网+"的网络技术发展现状与未来趋势 [J]. 计算机研究与发展. 2016 (4): 729-741.

[146] 韦影. 企业社会资本与技术创新: 基于吸收能力的实证研究 [J]. 中国工业经济, 2007 (9): 119-127.

[147] 魏江, 许庆瑞. 企业技术能力与技术创新能力之关系研究 [J]. 科研管理. 1996 (1): 22-26.

[148] 吴欢, 刘西川, 扶玉枝. 农民合作社二次返利的增收效应分析: 基于浙江 185 家合作社的调查数据 [J]. 湖南农业大学学报 (社会科学版), 2018, 19 (4): 18-26.

[149] 吴新玲, 王卫红. 基于互联网技术的广东国有企业商业模式创新路径 [J]. 科技管理研究, 2016, 36 (17): 224-228.

[150] 吴尧, 沈坤荣. 信贷期限结构对企业创新的影响 [J]. 经济与管理研究, 2020, 41 (1): 104-117.

[151] 肖琴, 等. 财政扶持农民专业合作社的瞄准机制研究: 基于东部某市农业综合开发产业化经营项目的思考 [J]. 农业经济问题, 2015, 36 (5): 98-103, 112.

[152] 谢洪明, 等. 网络互惠程度对企业技术创新绩效的影响: 外部社会资本的中介作用 [J]. 研究与发展管理, 2012, 24 (3): 49-55.

[153] 谢洪明, 等. 学习、创新与核心能力: 机制和路径 [J]. 经济研究, 2007 (2): 59-70.

[154] 谢洪明, 等. 网络嵌入对技术创新绩效的影响: 学习能力的视角 [J]. 科研管理, 2014, 35 (12): 1-8.

[155] 谢洪明, 等. 学习、创新与核心能力: 机制和路径 [J]. 经济研究, 2007 (2): 59-70.

[156] 谢慧娟, 王国顺. 社会资本、组织学习对物流服务企业动态能力的影响研究 [J]. 管理评论, 2012, 24 (10): 133-142.

[157] 徐超, 池仁勇. 多维企业家社会资本、企业吸收能力与企业绩效研究 [J]. 科技进步与对策, 2016, 33 (10): 82-88.

[158] 徐洁, 隗斌贤, 揭筱纹. 互联网金融与小微企业融资模式创新研究

[J]．商业经济与管理，2014（4）：92-96.

[159] 徐洁，隗斌贤，揭筱纹．互联网金融与小微企业融资模式创新研究[J]．商业经济与管理，2014（4）：92-96.

[160] 徐少华，王文献．我国农村新型合作经济组织的收入分配问题研究[J]．工业技术经济，2007（1）：123-125.

[161] 徐旭初，吴彬．异化抑或创新？：对中国农民合作社特殊性的理论思考 [J]．中国农村经济，2017（12）：2-17.

[162] 徐旭初，吴彬．治理机制对农民专业合作社绩效的影响：基于浙江省526家农民专业合作社的实证分析 [J]．中国农村经济，2010（5）：43-55.

[163] 徐旭初．合作社的本质规定性及其他 [J]．农村经济，2003（8）：38-40.

[164] 徐旭初．农民合作社发展中政府行为逻辑：基于赋权理论视角的讨论 [J]．农业经济问题，2014（1）：19-29.

[165] 徐旭初．农民专业合作社发展辨析：一个基于国内文献的讨论[J]．中国农村观察，2012（5）：2-12.

[166] 徐志刚，等．产品溢价、产业风险与合作社统一销售：基于大小户的合作博弈分析 [J]．中国农村观察，2017（5）：102-115.

[167] 许海玲，等．互联网推荐系统比较研究 [J]．软件学报，2009，20（2）：350-362.

[168] 许小虎，项保华．企业网络理论发展脉络与研究内容综述 [J]．科研管理，2006（1）：114-120，126.

[169] 杨光华，贺东航，朱春燕．群体规模与农民专业合作社发展：基于集体行动理论 [J]．农业经济问题，2014（11）：80-86.

[170] 杨继瑞，薛晓，汪锐．"互联网+现代农业"的经营思维与创新路径[J]．经济纵横，2016，362（1）：78-81.

[171] 杨军．农民合作社异化的成因及趋势 [J]．农村经济，2012（7）：118-121.

[172] 杨汝岱，陈斌开，朱诗娥．基于社会网络视角的农户民间借贷需求行为研究 [J]．经济研究，2011（11）：116-129.

[173] 杨善林，等．互联网的资源观 [J]．管理科学学报，2016，19（1）：1-11.

[174] 杨伟，等．管理创新与营销创新对企业绩效的实证研究：基于新创企业和成熟企业的分类样本 [J]．科学学与科学技术管理，2011，32（3）：67-73.

[175] 杨张博. 网络嵌入性与技术创新：间接联系及联盟多样性如何影响企业技术创新 [J]. 科学学与科学技术管理, 2018, 39 (7): 51-64.

[176] 杨震宁, 李东红, 王以华. 中国企业研发国际化：动因、结构和趋势 [J]. 南开管理评论, 2010, 13 (4): 44-55.

[177] 叶江峰, 陈珊, 郝斌. 知识搜寻如何影响企业创新绩效？：研究述评与展望 [J]. 外国经济与管理, 2020, 42 (3): 17-34.

[178] 易法敏, 耿蔓一. 农户电商融资选择行为分析 [J]. 华南农业大学学报（社会科学版）, 2018, 17 (1): 94-103.

[179] 易行健, 等. 社会网络与农户储蓄行为：基于中国农村的实证研究 [J]. 管理世界, 2012 (5): 43-51.

[180] 尹士, 周开乐. 基于资源观的互联网与企业技术创新模式演化研究 [J]. 科技进步与对策, 2018, 35 (6): 93-98.

[181] 禹献云, 周青. 外部搜索策略、知识吸收能力与技术创新绩效 [J]. 科研管理, 2018, 39 (8): 11-18.

[182] 苑鹏. 试论合作社的本质属性及中国农民专业合作经济组织发展的基本条件 [J]. 农村经营管理, 2006 (8): 16-21, 15.

[183] 悦中山, 等. 从"先赋"到"后致"：农民工的社会网络与社会融合 [J]. 社会, 2011, 31 (6): 130-152.

[184] 展进涛, 沈婷, 俞建飞. 技术进步影响农村的内部信任了吗？：基于农业机械技术与互联网技术的考量 [J]. 华中农业大学学报（社会科学版）, 2020 (3): 84-90, 172-173.

[185] 张保仓. 虚拟组织网络规模、网络结构对合作创新绩效的作用机制：知识资源获取的中介效应 [J]. 科技进步与对策, 2020, 37 (5): 27-36.

[186] 张波, 等. 系统动力学简介及其相关软件综述 [J]. 环境与可持续发展. 2010, 35 (2): 1-4.

[187] 张东驰, 罗教讲, 张晓楠. 创业企业家的社会网络对企业创新绩效的影响研究：以苏州高新企业调研数据为例 [J]. 苏州大学学报（哲学社会科学版）, 2017, 38 (5): 127-134.

[188] 张航, 徐珂. 企业人力资源管理的创新发展策略 [J]. 学术交流, 2015 (5): 153-156.

[189] 张晋华, 冯开文, 黄英伟. 农民专业合作社对农户增收绩效的实证研究 [J]. 中国农村经济, 2012 (9): 4-12.

[190] 张莉侠, 吕国庆, 贾磊. 技术引进、技术吸收能力与创新绩效：基

于上海农业企业的实证分析［J］. 农业技术经济, 2018 (9): 80-87.

［191］张连刚, 等. 农民合作社发展顶层设计: 政策演变与前瞻: 基于中央"一号文件"的政策回顾［J］. 中国农村观察, 2016 (5): 10-21, 94.

［192］张敏. 倚靠政商关系还是嵌入创新网络? 小微企业创新转型的动力机制研究［J］. 中国行政管理, 2019 (3): 140-147.

［193］张鹏. 大数据背景下企业创新能力提升研究: 基于知识吸收能力视角［J］. 山东社会科学, 2018, (3): 130-135.

［194］张烁珣, 独旭. 银行可得性与企业融资: 机制与异质性分析［J］. 管理评论, 2019, 31 (5): 3-17.

［195］张晓亮, 杨海龙, 唐小飞. CEO学术经历与企业创新［J］. 科研管理, 2019, 40 (2): 154-163.

［196］张晓雯, 眭海霞, 陈俊江. 促进"互联网+"现代农业科学发展研究［J］. 农村经济, 2017, (2): 95-99.

［197］张秀娥, 周荣鑫, 王于佳. 创业团队成员信任对社会网络与企业创新能力关系的影响［J］. 经济与管理研究, 2012 (3): 105-111.

［198］张璇, 等. 信贷寻租、融资约束与企业创新［J］. 经济研究, 2017, 52 (5): 161-174.

［199］张延禄, 杨乃定. 新产品研发项目的复杂性内涵及形成机理［J］. 科技管理研究, 2017, 37 (5): 149-154.

［200］张艳, 张建琦. 社会网络和高管团队构建对企业家机会识别能力的影响: 基于民营企业的实证分析［J］. 科技管理研究, 2016, 36 (15): 173-179.

［201］张永安, 严嘉欣. 政府研发资助、企业研发投入与创新绩效的动态关系［J］. 科技管理研究, 2020, 40 (2): 1-10.

［202］章元, 陆铭. 社会网络是否有助于提高农民工的工资水平?［J］. 管理世界, 2009 (3): 45-54.

［203］赵泉民, 李怡. 关系网络与中国乡村社会的合作经济: 基于社会资本视角［J］. 农业经济问题, 2007 (8): 40-46.

［204］赵晓峰, 孔荣. 中国农民专业合作社的嵌入式发展及其超越［J］. 南京农业大学学报: 社会科学版, 2014 (5): 42-52.

［205］赵晓峰, 王艺璇. 阶层分化、派系竞争与村域合作社发展: 基于河南省先锋村新型农民合作社发展实践的调查［J］. 中国农村观察, 2013 (3): 72-79.

［206］赵炎, 王冰, 郑向杰. 联盟创新网络中企业的地理邻近性、区域位

置与网络结构特征对创新绩效的影响 [J]. 研究与发展管理, 2015, 27 (1): 124-131.

[207] 郑双胜, 冯小林. 农村社区公共产品供给绩效之制度分析: 以 C 县白露村、T 县永昌村为例 [J]. 社会科学辑刊, 2009 (4): 37-40.

[208] 郑炫圻. 企业家创新精神与区域经济增长方式转变 [J]. 经济经纬, 2020 (2): 9-18..

[209] 智勇, 倪得兵, 曾勇. 企业家社会关系网络、资源交换与企业经济业绩 [J]. 管理工程学报, 2011, 25 (1): 170-176.

[210] 周晓惠, 田蒙蒙, 聂浩然. 高管团队异质性、盈余管理与企业绩效 [J]. 南京审计大学学报, 2017, 14 (3): 75-85.

[211] 周月书, 笪钰婕, 于莹. "互联网+农业产业链"金融创新模式运行分析: 以大北农生猪产业链为例 [J]. 农业经济问题, 2020 (1): 94-103.

[212] 周振. 互联网技术背景下农产品供需匹配新模式的理论阐释与现实意义 [J]. 宏观经济研究, 2019 (6): 108-121.

[213] 朱丽, 等. 高管社会资本、企业网络位置和创新能力: "声望"和"权力"的中介 [J]. 科学学与科学技术管理, 2017, 38 (6): 94-109.

[214] 朱荣. 基于扎根理论的产业集群风险问题研究 [J]. 会计研究, 2010 (3): 44-50, 96.

[215] 朱哲毅, 宁可, 应瑞瑶. 农民专业合作社的"规范"与"规范"合作社 [J]. 中国科技论坛, 2018 (1): 102-107.

[216] 庄小将. 结构嵌入性对集群企业技术创新绩效的影响 [J]. 技术经济与管理研究, 2016 (2): 19-24.

[217] ACUN V, YILMAZER S. A grounded theory approach to investigate the perceived soundscape of open-plan offices [J]. Applied Acoustics, 2018: 28-37.

[218] ADLER P S, KWON S. Social Capital: Prospects for a New Concept [J]. Academy of Management Review, 2002, 27 (1): 17-40.

[219] AHUJA G. Collaboration networks, structural holes and innovation: A longitudinal study [J]. Administrative Science Quarterly, 2000, 45 (3): 425-455.

[220] ALMEIDA R, FERNANDES A. openness and technological innovations in developing countries: evidence from firm-level surveys [J]. The Journal of Development Studies, 2008, 44 (5): 701-727.

[221] ARAL S, VAN ALSTYNE M. The Diversity – Bandwidth Trade – off [J]. American Journal of Sociology, 2011, 117 (1): 90-171.

［222］ BARLAS Y. Formal aspects of model validity and validation in system dynamics ［J］. System Dynamics Review. 1996, 12 (3): 110-183.

［223］ BARNEY J B. Firm Resources and Sustained Competitive Advantage ［J］. Journal of Management, 1991, 17 (1): 99-120.

［224］ BARNEY J B. Is the resource-based view a useful perspective for strategic management research? Yes ［J］. Strategic Management Journal, 2001, 26 (1): 41-56.

［225］ BARNEY J. Firm Resources and Sustained Competitive Advantage ［J］. Advances in Strategic Management, 1991, 17 (1): 3-10.

［226］ BAYARçELIK E B, TAEL F, APAK S. A Research on Determining Innovation Factors for SMEs ［J］. Procedia - Social and Behavioral Sciences, 2014, 150: 202-211.

［227］ BI K, HUANG P, WANG X. Innovation performance and influencing factors of low-carbon technological innovation under the global value chain: A case of Chinese manufacturing industry ［J］. Technological Forecasting and Social Change, 2016, 111: 275-284.

［228］ BLACK J A, BOAL K B. Strategic resources: Traits, configurations and paths to sustainable competitive advantage ［J］. Strategic Management Journal, 2007: 131-148.

［229］ BOHLMANN J D, CALANTONE R J, ZHAO M. The Effects of Market Network Heterogeneity on Innovation Diffusion: An Agent-Based Modeling Approach ［J］. Journal of Product Innovation Management, 2010, 27 (5): 741-760.

［230］ BOURDIEU P. The Forms of Capital, Handbook of Theory & Research of for the Sociology of Education, 1986, 280-291.

［231］ BURT R S. Structural holes ［M］. Cambridge: Harvard university press, 1992.

［232］ CARBONI O A. R&D subsidies and private R&D expenditures: evidence from Italian manufacturing data ［J］. International Review of Applied Economics, 2011, 25 (4): 419-439.

［233］ CARMONALAVADO A, et al. Social and organizational capital: Building the context for innovation ［J］. Industrial Marketing Management, 2010, 39 (4): 681-690.

［234］ CARNABUCI G, DIOSZEGI B. Social Networks, Cognitive Style, and

Innovative Performance: A Contingency Perspective, Academy of Management Journal, 2015, 58 (3): 881-905.

[235] CASSIMAN B, VEUGELERS R. In Search of Complementarity in Innovation Strategy: Internal R&D, Cooperation in R&D and External Technology Acquisition [J]. Management Science, 2006, 52 (1): 68-82.

[236] CHANG J. The effects of buyer-supplier's collaboration on knowledge and product innovation [J]. Industrial Marketing Management, 2017, 65: 129-143.

[237] CLAUDINO T B, et al. Fostering and limiting factors of innovation in Micro and Small Enterprises [J]. RAI Revista de Administração e Inovação, 2017, 14 (2): 130-139.

[238] CLAUSEN T H. Do subsidies have positive impacts on R&D and innovation activities at the firm level? [J]. Structural Change and Economic Dynamics, 2009, 20 (4): 239-253.

[239] COHEN W M, LEVINTHAL D A. Absorptive Capacity: A New Perspective on Learning and Innovation [J]. Administrative Science Quarterly, 1990, 35 (1): 128-152.

[240] CORBIN J M, STRAUSS A. Grounded theory research: Procedures, canons, and evaluative criteria [J]. Qualitative Sociology, 1990, 13 (1): 3-21.

[241] CROSS R, CUMMINGS J N. Tie and Network Correlates of Individual Performance in Knowledge-Intensive Work [J]. Academy of Management Journal, 2004, 47 (6): 928-937.

[242] CUADRADO-BALLESTEROS B, MARTíNEZ-FERRERO J, GARCíA-SáNCHEZ I M. Mitigating information asymmetry through sustainability assurance: The role of accountants and levels of assurance [J]. International Business Review, 2017, 26 (6): 1141-1156.

[243] DAFT R L. A Dual-Core Model of Organizational Innovation [J]. Academy of Management Journal, 1978, 21 (2): 193-210.

[244] DANG X H, LI Y L, ZHANG W. The effect of resource heterogeneity and the core enterprise formed in technological innovation network [J]. Studies in Science of Science, 2010, 28 (2): 299-306.

[245] DAVID P A, HALL B H, TOOLE A A. Is public R&D a complement or substitute for private R&D? A review of the econometric evidence [J]. Research policy, 2000, 29 (4-5): 497-529.

［246］ DING Z, WANG Y, ZOU P X W. An agent based environmental impact assessment of building demolition waste management: Conventional versus green management ［J］. Journal of Cleaner Production, 2016, 133: 1136-1153.

［247］ DITTRICH K, DUYSTERS G. Networking as a means to strategy change: the case of openinnovation in mobile telephony ［J］. Journal of Product Innovation Management, 2007, 24 (6): 510-521.

［248］ EISENHARDT K M, GRAEBNER M E. Theory building from cases: Opportunities and challenges ［J］. Academy of management journal, 2007, 50 (1): 25-32.

［249］ EKHOLM K, et al. Manufacturing restructuring and the role of real exchange rate shocks ［J］. Journal of International Economics, 2012, 86 (1): 101-117.

［250］ ELENKOV D S, MANEV I M. Top Management Leadership and Influence on Innovation: The Role of Sociocultural Context ［J］. Journal of Management, 2005, 31 (3): 381-402.

［251］ ELLISON G, FUDENBERG D. Word-of-mouth communication and social learning ［J］. Levines Working Paper Archive, 1995, 110 (1): 93-125.

［252］ EMODI N V, et al. Factors Influencing Innovation and Industrial Performance in Chinese Manufacturing Industry ［J］. International Journal of Innovation and Technology Management, 2017, 14 (6): 1750040.

［253］ FABIANI S, SBRAGIA R. Tax Incentives for Technological Business Innovation in Brazil: The Use of the Good Law ［J］. Journal of Technology Management & Innovation, 2014, 9 (4): 3318-3322.

［254］ FOSS N J, et al. Governing Knowledge Sharing in Organizations: Levels of Analysis, Governance Mechanisms, and Research Directions ［J］. Journal of Management Studies, 2010, 47 (3): 455-482.

［255］ GITTELL J H, WEISS L. Coordination networks within and across organizations: A multi-level Framework ［J］. Journal of management studies, 2004, 41 (1): 127-153.

［256］ GONZALEZ X, PAZO C. Do public subsidies stimulate private R&D spending? ［J］. Research Policy, 2008, 37 (3): 371-389.

［257］ GONZALEZBRAMBILA C N, et al. The impact of network embeddedness on research output ［J］. Research Policy, 2013, 42 (9): 1555-1567.

[258] GRANOVETTER M. Economic Action and Social Structure: The Problem of Embeddedness [J]. American Journal of Sociology, 1985, 91 (3): 481-510.

[259] GROVER V, RAMANLAL P. Six Myths of Information and Markets: Information Technology Networks, Electronic Commerce, and the Battle for Consumer Surplus [J]. Mis Quarterly, 1999, 23 (4): 465-495.

[260] GULATI R. Alliances and networks [J]. Strategic management journal, 1998, 19 (4): 293-317.

[261] GULATI R. Alliances and networks [J]. Strategic Management Journal, 1998, 19 (4): 293-317.

[262] GULATI R. Network location and learning: The influence of network resources and firm capabilities on alliance formation [J]. Strategic management journal, 1999, 20 (5): 397-420.

[263] HAGEDOORN J. Inter-firm R&D partnerships: an overview of major trends and patterns since 1960 [J]. Research Policy, 2002, 31 (4): 477-492.

[264] HALL B H. LERNER J. The Financing of R&D and Innovation [J]. Handbook of the Economics of Innovation, 2010, 1: 609-639.

[265] HANSEN M T. The Search-Transfer Problem: The Role of Weak Ties in Sharing Knowledge across Organization Subunits [J]. Administrative Science Quarterly, 1999, 44 (1): 82-111.

[266] HEANG J F, KHAN H U. The Role of Internet Marketing in the Development of Agricultural Industry: A Case Study of China [J]. Journal of Internet Commerce, 2015, 14 (1): 65-113.

[267] HIRANO K, IMBENS G W. The propensity score with continuous treatments [J]. Applied Bayesian modeling and causal inference from incomplete-data perspectives, 2004, 226164: 73-84.

[268] HOANG H, ANTONICIC B. Network-based research in entrepreneurship: A critical review [J]. Journal of Business Venturing, 2003, 18 (2): 165-187.

[269] HOKEN H, SU Q. Measuring the effect of agricultural cooperatives on household income: Case study of a rice-producing cooperative in China [J]. Agribusiness, 2018, 34 (4): 831-846.

[270] HOSODA T, DISNEY S M. On the replenishment policy when the market demand information is lagged [J]. International Journal of Production Economics,

2012, 135 (1): 458-467.

[271] HUANG W. Information lag and dynamic stability [J]. Journal of Mathematical Economics, 2008, 44 (5): 513-529.

[272] HUBER G P. Transfer of knowledge in knowledge management systems: unexplored issues and suggested studies [J]. European Journal of Information Systems, 2001, 10 (2): 72-79.

[273] IANSITI M, CLARK K B. Integration and Dynamic Capability: Evidence from Product Development in Automobiles and Mainframe Computers [J]. Industrial & Corporate Change. 1994, 3 (3): 557-605.

[274] INKPEN A C, TSANG E W. Social Capital, Networks, and Knowledge Transfer [J]. Academy of Management Review, 2005, 30 (1): 146-165.

[275] Ivanov A E. The Internet's Impact on Integrated Marketing Communication [J]. Procedia Economics and Finance, 2012, 3: 536-542.

[276] IYENGAR K, SWEENEY J R, MONTEALEGRE R. Information technology use as a learning mechanism: The impact of IT use on knowledge transfer effectiveness, absorptive capacity, and franchisee performance [J]. Mis Quarterly, 2015, 39 (3).

[277] JAN KRATZER, HANS GEORG GEMüNDEN, CHRISTOPHER LETTL. Balancing creativity and time efficiency in multi-team R&D projects: the alignment of formal and informal networks [J]. R&D Management, 2008, 38 (5).

[278] Jansen J J P, Bosch F A J V, Volberda H W. Exploratory Innovation, Exploitative Innovation, and Performance: Effects of Organizational Antecedents and Environmental Moderators [J]. Erim Report, 2006, 52 (11): 1661-1674.

[279] JANSEN J J P, et al. Exploratory innovation, exploitative innovation, and performance: Effects of organizational antecedents and environmental moderators [J]. Management Science, 2006, 52 (11): 1661-1674.

[280] JIAN Z, et al. The Relationships among Relational Embeddedness, Structural Embeddedness and Innovation Performance: An Empirical Study of South China [C]. mobile adhoc and sensor systems, 2009: 1-5.

[281] KAHN K B. Understanding innovation [J]. Business Horizons, 2018, 61 (3): 453-460.

[282] KELLEY D, et al. Intra-organizational networking for innovation-based corporate entrepreneurship [J]. Journal of Business Venturing, 2009, 24 (3): 221-235.

[283] KILDUFF M, TSAIW. Social Networks and organazitions [M]. London: Sage Publications, 2003.

[284] KNIGHT G, CAVUSGIL S T. Erratum: Innovation, organizational capabilities, and the born-global firm [J]. Journal of International Business Studies, 2004, 35 (4): 334-334.

[285] KOKA B R, PRESCOTT J E. Designing alliance networks: the influence of network position, environmental change, and strategy on firm performance [J]. Strategic Management Journal, 2008, 29 (6): 639-661.

[286] LANDRY R, et al. Does social capital determine innovation? To what extent? [J]. Technological Forecasting and Social Change, 2002, 69 (7): 681-701.

[287] LANE P J, KOKA B R, PATHAK S. The Reification of Absorptive Capacity: A Critical Review and Rejuvenation of the Construct [J]. Academy of Management Review. 2006, 31 (4): 833-863.

[288] LANKTON N K, SPEIER C, WILSON E V. Internet-based knowledge acquisition: Task complexity and performance [J]. Decision Support Systems, 2012, 53 (1): 55-65.

[289] LAU A K W, LO W. Regional innovation system, absorptive capacity and innovation performance: An empirical study [J]. Technological Forecasting and Social Change, 2015, 92: 99-114.

[290] LAURSEN K, et al. Regions Matter: How Localized Social Capital Affects Innovation and External Knowledge Acquisition [J]. Organization Science, 2012, 23 (1): 177-193.

[291] LAURSEN K, SALTER A. Open for innovation: the role of openness in explaining innovation performance among U. K. manufacturing firms [J]. Strategic Management Journal. 2006, 27 (2): 131-150.

[292] LAVIE D. Alliance portfolios and firm performance: a study of value creation and appropriation in the U. S. software industry [J]. Strategic Management Journal, 2007, 28 (12): 1187-1212.

[293] LI E Y, et al. Co-authorship networks and research impact: A social capital perspective [J]. Research Policy, 2013, 42 (9): 1515-1530.

[294] LIANG Q, HENDRIKSE G. Pooling and the yardstick effect of cooperatives [J]. Agricultural Systems, 2016, 143: 97-105.

[295] LIAO J, WELSCH H. Roles of Social Capital in Venture Creation: Key

Dimensions and Research Implications [J]. Journal of Small Business Management, 2005, 43 (4): 345-362.

[296] LICHTENTHALER U. Absorptive Capacity, Environmental Turbulence, and the Complementarity of Organizational Learning Processes [J]. Academy of Management Journal, 2009, 52 (4): 822-846.

[297] LIN J L, et al. Network embeddedness and technology transfer performance in R&D consortia in Taiwan [J]. Technovation, 2009, 29 (11): 763-774.

[298] LIN N. Social Capital: A Theory of Social Structure and Action (review), Cambridge University press, 2001, 167-186.

[299] LIU X, et al. Relational embeddedness, exploratory learning and firm technological innovation performance [J]. International Journal of Technology, Policy and Management, 2010, 10 (4).

[300] LOHRKE F T, FRANKLIN G M, FROWNFELTERLOHRKE C. The Internet as an Information Conduit [J]. International Small Business Journal, 2006, 24 (2): 159-178.

[301] LU Y, et al. Knowledge management and innovation strategy in the Asia Pacific: Toward an institution-based view [J]. Asia Pacific Journal of Management, 2008, 25 (3): 361-374.

[302] LUO J, GUO H, JIA F. Technological innovation in agricultural co-operatives in China: Implications for agro-food innovation policies [J]. Food Policy, 2017, 73: 19-33.

[303] MANCUSI M L. International spillovers and absorptive capacity: A cross-country cross-sector analysis based on patents and citations [J]. Journal of International Economics, 2008, 76 (2): 155-165.

[304] MARCH J G. Exploration and Exploitation in Organizational Learning [J]. Organization Science, 1991, 2 (1): 71-87.

[305] MAZZOLA E, et al. Network embeddedness and new product development in the biopharmaceutical industry: The moderating role of open innovation flow [J]. International Journal of Production Economics, 2015, 160 (2): 106-119.

[306] MCFADYEN M A, CANNELLA A A. social capital and knowledge creation: diminishing returns of the number and strength of exchange relationships [J]. Academy of Management Journal, 2004, 47 (5): 735-746.

[307] MOJO D, et al. The determinants and economic impacts of membership

in coffee farmer cooperatives: recent evidence from rural Ethiopia [J]. Journal of Rural Studies, 2017: 84-94.

[308] MOL M J, BIRKINSHAW J. The sources of management innovation: When firms introduce new management practices [J]. Journal of Business Research, 2009, 62 (12): 1269-1280.

[309] NAHAPIET J, GHOSHAL S. Chapter 6 - Social Capital, Intellectual Capital, and the Organizational Advantage, Knowledge & Social Capital, 1998, 23 (2): 242-266.

[310] NAIDOO V. Firm survival through a crisis: The influence of market orientation, marketing innovation and business strategy [J]. Industrial Marketing Management, 2010, 39 (8): 1311-1320.

[311] NGO L V, O'CASS A. In Search of Innovation and Customer-related Performance Superiority: The Role of Market Orientation, Marketing Capability, and Innovation Capability Interactions, Journal of Product Innovation Management, 2012, 29 (5): 861-877.

[312] NIDUMOLU R, , et al. why sustainability is now the key driver of innovation [J]. Harvard Business Review, 2009, 87 (9): 56-64.

[313] NIEVES J, SEGARRA-CIPRÉS M. Management innovation in the hotel industry [J]. Tourism Management, 2015, 46: 51-58.

[314] OGUTU S O, QAIM M. Commercialization of the small farm sector and multidimensional poverty [J]. World Development, 2019: 281-293.

[315] OLIVER A L. On the duality of competition and collaboration: network-based knowledge relations in the biotechnology industry? [J]. Scandinavian Journal of Management, 2004, 20 (1-2): 151-171.

[316] OPARA L U, MAZAUD F. Food traceability from field to plate [J]. Outlook on Agriculture, 2001, 30 (4): 239-247.

[317] PADULA G. Enhancing the innovation performance of firms by balancing cohesiveness and bridging ties [J]. Long Range Planning, 2008, 41 (4): 395-411.

[318] PALCIC I, KOREN R, BUCHMEISTER B. Technical Innovation Concepts in Slovenian Manufacturing Companies [J]. Procedia Engineering, 2015, 100: 141-149.

[319] PANDIT N R. The creation of theory: A recent application of the grounded theory method [J]. Qualitative Report, 1996, (4): 1-15.

［320］ PAPADAKIS V M, BOURANTAS D. The chief executive officer as corporate champion of technological innovation: aii empirical investigation ［J］. Technology Analysis & Strategic Management, 1998, 10 （1）: 89-110.

［321］ PARÉ G. Investigating information systems with positivist case study research ［J］. Communications of the Association for Information Systems, 2004, 13 （1）: 233-264.

［322］ PERERA C, VASILAKOS A V. A knowledge-based resource discovery for Internet of Things ［J］. Knowledge-Based Systems, 2016, 109: 122-136.

［323］ PERKS H, JEFFERY R. Global Network Configuration for Innovation: A Study of International Fibre Innovation ［J］. R & D Management, 2006, 36 （1）: 67-83.

［324］ PHELPS C C. A longitudinal study of the influence of alliance network structure and composition on firm exploratory innovation ［J］. Academy of Management Journal, 2010, 53 （4）: 890-913.

［325］ POLANYI K. The Great Transformation: The Political and Economic Origins of Our Time ［J］. Academic Internet Publishers, 1957, 155-160.

［326］ PORTES A. Social Capital: Its Origins and Applications in Modern Sociology ［J］. Review of Sociology, 1998, 24 （1）: 1-24.

［327］ PRASAD V K, RAMAMURTHY K, NAIDU G M. The Influence of Internet - Marketing Integration on Marketing Competencies and Export Performance ［J］. Journal of International Marketing, 2001, 9 （4）: 82-110.

［328］ PREACHER K J, et al. Addressing Moderated Mediation Hypotheses: Theory, Methods, and Prescriptions ［J］. Multivariate Behavioral Research, 2007, 42 （1）: 185-227.

［329］ PURANAM P, et al. Organizing for Innovation: Managing the Coordination-Autonomy Dilemma in Technology Acquisitions ［J］. Academy of Management Journal, 2006, 49 （2）: 263-280.

［330］ RANGUS K, SLAVEC A. The interplay of decentralization, employee involvement and absorptive capacity on firms' innovation and business performance ［J］. Technological Forecasting and Social Change, 2017, 120: 195-203.

［331］ RITTER T, GEMUNDEN H G. Network competence: Its impact on innovation success and its antecedents ［J］. Journal of Business Research, 2003, 56 （9）: 745-755.

[332] RIVERS D, VUONG Q H. Limited information estimators and exogeneity tests for simultaneous probit models [J]. Journal of Econometrics, 1984, 39 (3): 347-366.

[333] Romijn, H. and Albaladejo, M. Determinants of Innovation Capability in Small Electronics and Software Firms in Southeast England [J]. Research Policy, 2002, 31 (7): 1053-1067.

[334] ROWLEY T, et al. Redundant Governance Structures: An Analysis of Structural and Relational Embeddedness in the Steel and Semiconductor Industries [J]. Strategic Management Journal, 2000, 21 (3): 369-386.

[335] SAMBAMURTHY V, SUBRAMANI M. Special issue on information technologies and knowledge management [J]. MIS quarterly, 2005: 193-195.

[336] SAMPSON R C. R&D alliances and firm performance: The impact of technological diversity and alliance organization on innovation [J]. Academy of Management Journal. 2007, 50 (2): 364-386.

[337] SANTORO G, et al. The Internet of Things: Building a knowledge management system for open innovation and knowledge management capacity [J]. Technological Forecasting and Social Change, 2017: 347-354..

[338] SASTRY M A. Problems and Paradoxes in a Model of Punctuated Organizational Change [J]. Administrative Science Quarterly. 1997, 42 (2): 237-275.

[339] SAWHNEY M, VERONA G, PRANDELLI E. Collaborating to create: The Internet as a platform for customer engagement in product innovation [J]. Journal of Interactive Marketing, 2010, 19 (4): 4-17.

[340] SHENG M L. A dynamic capabilities-based framework of organizational sensemaking through combinative capabilities towards exploratory and exploitative product innovation in turbulent environments [J]. Industrial Marketing Management, 2017, 65: 28-38.

[341] SHIRE M I, JUN G T, ROBINSON S. The application of system dynamics modelling to system safety improvement: Present use and future potential [J]. Safety Science. 2018, 106: 104-120.

[342] SHROPSHIRE C. The Role of the Interlocking Director and Board Receptivity in the Diffusion of Practices [J]. Academy of Management Review, 2010, 35 (2): 246-264.

[343] SIRMON D G, HITT M A, IRELAND R D. Managing Firm Resources in

Dynamic Environments to Create Value: Looking Inside the Black Box. [J]. Academy of Management Review, 2007, 32 (1): 273-292.

[344] SMITH K G, COLLINS C J, CLARK K D. Existing Knowledge, Knowledge Creation Capability, and the Rate of New Product Introduction in High-Technology Firms [J]. Academy of Management Journal, 2005, 48 (2): 346-357.

[345] SRIVASTAVA M K, GNYAWALI D R. When do relational resources matter? Leveraging portfolio technological resources for breakthrough innovation [J]. Academy of Management Journal, 2011, 54 (4): 797-810.

[346] STAM W, et al. Social capital of entrepreneurs and small firm performance: A meta-analysis of contextual and methodological moderators [J]. Journal of Business Venturing, 2014, 29 (1): 152-173.

[347] STRAUSS A, CORBIN J M. Basics of Qualitative Research: Grounded Theory Procedures and Techniques [J]. Modern Language Journal, 1990b, 77 (2): 129.

[348] SUBRAMANIAM M, YOUNDT M. The Influence of Intellectual Capital on the Types of Innovative Capabilities [J]. Academy of Management Journal, 2005, 48 (3): 450-463.

[349] SZETO E. Innovation capacity: working towards a mechanism for improving innovation within an inter-organizational network [J]. Tqm Magazine, 2000, 12 (2): 149-158.

[350] TANG H, ZHANG Y. Exchange Rates and the Margins of Trade: Evidence from Chinese Exporters [J]. CESifo Economic Studies, 2012, 58 (4): 671-702.

[351] TEECE D J, et al. Dynamic Capabilities and Strategic Management [J]. Strategic Management Journal, 1997, 18 (7): 509-533.

[352] THOMPSON M. Social capital, innovation and economic growth [J]. Journal of behavioral and experimental economics, 2018, 73: 46-52.

[353] TIAN Y, et al. The impact of business-government relations on firms' innovation: Evidence from Chinese manufacturing industry [J]. Technological Forecasting and Social Change, 2019: 1-8.

[354] TSAI W. knowledge transfer in intraorganizational networks: effects of network position and absorptive capacity on business unit innovation and performance [J]. Academy of Management Journal, 2001, 44 (5): 996-1004.

[355] TZOUNIS A, et al. Internet of Things in agriculture, recent advances and future challenges [J]. Biosystems Engineering, 2017, 164: 31-48.

[356] VASSILIS PAPADAKIS, DIMITRIS BOURANTAS. The chief executive officer as corporate champion of technological innovation: aii empirical investigation [J]. Technology Analysis & Strategic Management, 1998, 10 (1): 89-110.

[357] VON KROGH G. How does social software change knowledge management? Toward a strategic research agenda [J]. The Journal of Strategic Information Systems. 2012, 21 (2): 154-164.

[358] VRONTIS D, et al. Transcending innovativeness towards strategic reflexivity [J]. Qualitative Market Research, 2012, 15 (4): 420-437.

[359] WALKER R M, DAMANPOUR F, DEVECE C A. Management Innovation and Organizational Performance: The Mediating Effect of Performance Management [J]. Journal of Public Administration Research and Theory, 2011, 21 (2): 367-386.

[360] WANG C L, et al. Knowledge networks, collaboration networks, and exploratory innovation [J]. Academy of Management Journal, 2014, 57 (2): 484-514.

[361] WELLMAN B, WORTLEY S. Different Strokes from Different Folks: Community Ties and Social Support [J]. American Journal of Sociology, 1990, 96 (3): 558-588.

[362] WIDENWULFF G, GINMAN M. Explaining knowledge sharing in organizations through the dimensions of social capital [J]. Journal of Information Science, 2004, 30 (5): 448-458.

[363] WOOLDRIDGE J M. Control Function Methods in Applied Econometrics [J]. Journal of Human Resources, 2015, 50 (2): 420-445.

[364] XIAO Z, TSUI A S. When Brokers May Not Work: The Cultural Contingency of Social Capital in Chinese High-tech Firms [J]. Administrative Science Quarterly, 2007, 52 (1): 1-31.

[365] Xie X, Zou H, Qi G. Knowledge absorptive capacity and innovation performance in high-tech companies: A multi-mediating analysis [J]. Journal of Business Research, 2018, 88: 289-297.

[366] XUE C, XU Y. Influence Factor Analysis of Enterprise IT Innovation Capacity Based on System Dynamics [J]. Procedia Engineering, 2017: 232-239.

［367］ YAM R C M, et al. An audit of technological innovation capabilities in chinese firms: some empirical findings in Beijing, China ［J］. Research Policy, 2004, 33 （8）: 1123-1140.

［368］ YANG H B, et al. A multilevel framework of firm boundaries: Firm characteristics, dyadic differences and network attributes ［J］. Strategic Management Journal, 2010, 31 （3）: 237-261.

［369］ YANG M, et al. Value uncaptured perspective for sustainable business model innovation ［J］. Journal of Cleaner Production, 2017, 140: 1794-1804.

［370］ YENIYURT S, et al. Information technology resources, innovativeness, and supply chain capabilities as drivers of business performance: A retrospective and future research directions ［J］. Industrial Marketing Management, 2019: 46-52.

［371］ YLI-RENKO H, et al. Social capital, knowledge, and the international growth of technology-based new firms ［J］. International Business Review, 2002, 11 （3）: 279-304.

［372］ YUAN L, SU Z, YI L. Can strategic flexibility help firms profit from product innovation? ［J］. Technovation, 2010, 30 （5）: 300-309.

［373］ ZAHEER A, BELL G G. Benefiting from network position: firm capabilities, structural holes, and performance ［J］. Strategic Management Journal, 2005, 26 （9）: 809-825.

［374］ ZAHRA S A, GEORGE G. Absorptive Capacity: A Review, Reconceptualization, and Extension ［J］. Academy of Management Review, 2002, 27 （2）: 185-203.

［375］ ZENG Z. Model for evaluating the Technological Innovation Capability in High-tech Enterprises with Fuzzy Number Intuitionistic Fuzzy Information ［J］. Journal of Intelligent and Fuzzy Systems, 2017, 33 （4）: 2085-2094.

［376］ ZHANG M, LETTICE F, ZHAO X. The impact of social capital on mass customisation and product innovation capabilities ［J］. International Journal of Production Research, 2015, 53 （17）: 5251-5264.

［377］ ZHANG X. Frugal innovation and the digital divide: Developing an extended model of the diffusion of innovations ［J］. International Journal of Innovation Studies, 2018, 2 （2）: 53-64.